本书系国家社会科学基金一般项目"梁启超与中国近代政治思想范式转换研究"（12BZX045）的结题成果。

中南民族大学法学文库

梁启超与中国近代政治思想范式转换研究

陈敏荣 ◎ 著

中国社会科学出版社

图书在版编目(CIP)数据

梁启超与中国近代政治思想范式转换研究／陈敏荣著. —北京：中国社会科学出版社，2019.12

（中南民族大学法学文库）

ISBN 978-7-5203-5576-6

Ⅰ.①梁…　Ⅱ.①陈…　Ⅲ.①梁启超（1873-1929）—政治思想—研究②政治思想史—研究—中国—近代　Ⅳ.①D092.5

中国版本图书馆 CIP 数据核字（2019）第 249064 号

出 版 人　赵剑英
责任编辑　任　明
责任校对　周　昊
责任印制　郝美娜

出　　　版	中国社会科学出版社
社　　　址	北京鼓楼西大街甲 158 号
邮　　　编	100720
网　　　址	http://www.csspw.cn
发 行 部	010-84083685
门 市 部	010-84029450
经　　　销	新华书店及其他书店

印刷装订	北京君升印刷有限公司
版　　次	2019 年 12 月第 1 版
印　　次	2019 年 12 月第 1 次印刷

开　　本	710×1000　1/16
印　　张	19.75
插　　页	2
字　　数	286 千字
定　　价	110.00 元

目　录

导　　论

近些年来，学界关于在世界文化多元化格局下传统文化与现代化关系问题展开了诸多讨论，这可视为中国近代关于文化选择问题即"古今中西"之争的延续，不同的是，中国近代的文化选择问题集中在社会政治领域，因此，理论转型更多地表现在政治思想方面。

由于政治问题乃近代中国的核心关切，因此除了邵德门、桑咸之、陈旭麓、林茂生等学者的中国近代政治思想史著作外，在中国近代史（如范文澜、唐德刚、费正清等学者的论著）、中国近代思想史（如李泽厚、郭湛波、张锡勤、李华兴、许纪霖、郑大华、陈少明、熊月之等学者的著作）、中国近代哲学史（如侯外庐、冯契等哲学家的著作）、近代思潮（如高瑞泉论唯意志论思潮、胡伟希论自由主义思潮、王人博论宪政思潮等）等研究论著中，都涵括了中国近代政治思想的内容。这些著作从宏观的视角呈现了中国近代政治思想的演变脉络，同时也都论及中国近代重要人物梁启超。但是，在这些论著中，中国近代政治思想与传统政治思想之间的差异尚没有得到细致考辨和揭示，即中国政治思想在哪些方面体现了范式转换没有明晰地展现出来；另外，这些著作因侧重思想整体的研究，对于梁启超或关注不够，或对其思想的独特价值和意义论述得不充分，尤其是梁启超与中国近代政治思想范式转换之间的关系还未得到足够的关注和阐释，中国近代与古代政治思想范式的差异以及中国近代政治思想范式转换对当下中国的意义等问题还可进行进一步的探究。这是本书选题之缘由。

本书所谓"范式"，其实是借鉴了托马斯·库恩《科学革命的结构》一书中的"范式"概念。库恩是以物理科学及其历史作为研究模型，但其影响绝不限于物理学界或科学界，它对于哲学和公共文化等都产生了持久的效应。《科学革命的结构》中的"范式"与"科学共同体"一词是同时引入的，"范式"主要指一定历史时期的科学共同体所公认的科学实践的范例，从这一点看，将"范式"视作某一时期的思想家群体所共同认可和遵循的学术传统、思维形态、价值信念也未尝不可。本书正是在此意义上使用这一概念的。历史的发展除了各种事件的相继发生，更重要的是范式的不断转换或称转型，某些历史时期和历史人物的思想之所以值得大书特书，就是因为对于范式的转换从而对于人类文明向前跨步具有标志性或开创性的意义。中国春秋战国时代、中国近代便是这样的历史时期，在前一时代，有孔孟老庄等诸多先哲；在后一时代，有龚魏康梁严孙等众多贤才，他们都是中华文明发展链条上意义深远的重要环节。

之所以说中国政治思想在近代发生了范式的转换，是因为中国近代的政治思想与古代政治思想在指导思想、思维形态、政治理念与治理原则、范畴和观念体系等各个方面都有根本的不同。具体而言，古代政治思想范式的特征包括：以天命论为精神支柱，以王权为核心，以经学为指导思想，以民本论为理论基石，以德治为主要治理原则，以纲常论为纽带，大同理想，等等；而近代政治思想范式的主要特征为：重视个体与自我意志、同时寻求群己关系的平衡；自由、民主、平等的政治价值诉求；法治原则和宪政追求；以进化史观为变革依据；以建立独立的现代民族国家为政治目标，等等。

在中国近代政治思想范式转换的过程中，作为清末民初中国思想界"执牛耳"的人物，梁启超的作用是不可忽视的。关于梁启超与近代中国社会及思想变迁历程的关联，美国学者很早就曾论及。一位是列文森，他在其所著《梁启超与中国近代思想》（哈佛大学出版社1953年初版）的序言中声称，他这本书所关心的并非梁启超这一历史人物，而是因为以梁启超为中心可以勾勒近代中国思想、社会演变的轨迹。他认为，从1898年的戊戌维新到1919年的五四运动期间，梁启超是中国理论界的真正领导者。另一位是华裔美籍学者张灏，他在其名著《梁启超与中国思想的过渡（1890—1907）》（哈佛大学出版社1971年版）中认

为，从 19 世纪 90 年代中期到 20 世纪初，是近代中国思想转变的关键
时期，而在这一时期，梁启超一直活跃在中国思想舞台的中心，"对这
一时期思想气候的形成产生了重大的影响"，"在从传统到现代中国变化
的转变中，十九世纪九十年代中叶至二十世纪最初十年发生的思想变化
应被看成是比'五四'时代更为重要的分水岭。在这一过渡时期，梁启
超是一个关键人物"。还有一位华裔美籍学者萧公权也在《中国政治思
想史》（1945 年）中指出，梁启超开通风气、解放思想，在晚清和对民
国建立都有重要功绩。

　　在国内大陆学界，对梁启超的评价有一个逐渐转向的过程。自中华
人民共和国成立后的 30 年间，学界几乎都将梁启超作为否定的历史人
物看待。至 1979 年，李泽厚先生发表《梁启超王国维简论》，高度肯定
梁氏在中国近代史上的积极贡献，不过，他认为梁启超只是启蒙宣传家
而不是思想家，这显然忽略了梁氏思想本身的创造性。20 世纪 80 年代
后，梁启超思想的积极意义开始被挖掘并得到越来越多的肯定，如耿云
志肯定梁启超等清末立宪派的积极作用；董方奎用大量事实说明梁启超
在护国战争中的主导地位；许纪霖指出，20 世纪中国现代性的起源，
不能仅仅回溯到"五四"，晚清是比"五四"更重要的"转型时代"，
而梁启超的思想在其中显示出不可替代的意义，中国的启蒙，实自《新
民说》始；郑匡民则深入细致梳理了"日本化"了的西学对梁启超的
影响，深化了人们对梁启超思想的认识，也促使人们再思考中国近代政
治思想范式转换的催发原因；此外，陈少明认为现代新儒家实质上正是
以梁启超的落脚点为起点的，梁对新儒学的发展起了推波助澜的作用。
这些见解，使人们得以重新认识梁启超，也促使更多的学人去探讨梁启
超在中国近代社会变迁中的地位和意义。

　　梁启超政治思想观念体系上的转变在很大程度上可以体现中国近代
政治思想范式的转换。一是思维模式和方法论的转变。他通过对传统观
念的扬弃和对西方思想的撷取来建构新的政治观念体系，主要表现在：
他将公羊三世说与西方进化论相结合，力阐"变"的哲学；将儒家心性
修养论与倡导自由精神相结合；将《明夷待访录》等典籍中的民主主义
因素与现代民主观念相结合。二是政治观念系统的更新。"议会""国

会""立宪""民权""自由""民主""平等"等现代政治哲学概念和范畴开始高频率地出现在梁启超的论著中，逐渐取代传统的"民本""天命""王霸"等基本政治术语；批评仁政，力倡法治和民主政治；抨击君主专制，主张宪政；由圣贤理想人格转向新民理想人格，等等。梁启超在这些方面的转变，在其同时代学人中十分具有代表性，影响也较为广泛和深远。在中国近代一些重要思潮如自由主义、民族主义、文化保守主义、社会主义等形成的过程中，梁启超都是起过重要作用的历史角色。

本书主要从以下六个方面来揭示梁启超与中国近代政治思想范式转换的关系：批判奴性而宣扬"自由"价值；反专制、批仁政而主"兴民权"；强调"法治"和追求立宪民主制；批判民性和"旧伦理"以塑造"新民"和重建"新伦理"；在中国现代民族主义思潮形成中起了奠基作用；在中国最早介绍社会主义。至于梁启超思维方式和方法论的转变，如从公羊三世说到进化论、超越中体西用论、重科学精神和科学方法（如逻辑方法）等，因在有些章节内容中都会述及，故不单独立章目，以免重复。此外，梁启超对儒学的近代转型有一定的推动作用，而儒学的转型与中国政治思想范式转换之间关系较为密切，但二者自形式上看又不完全契合，故以"附录"形式置于正文后。

在中国近代政治思想范式转换过程中，梁启超的作用不可替代，但这绝不意味着贡献是他一人的，一种"范式"的转换绝非一人之力能达成。因此，本书中也论及了康有为、严复、谭嗣同、孙中山、早期改良派、张东荪等人思想的意义，有的集中论述，有的在部分章节中涉及。虽然他们在具体的观念上或有差异，但终极关怀和根本的价值信仰是基本一致的，作为近代的思想家群体，他们共同推动了中国政治思想的近代转型，促成国人思维方式和价值观念的逐渐转变，直至今日还影响着人们的政治心理和价值诉求。探究这些先辈们思想的历史意义，挖掘其思想的现代价值，是今日学人义不容辞的责任。

第一章

梁启超之进学及师友

19世纪中叶，在内忧外患中，中国逐渐步入了近代的历史进程。由于这一进程是伴随着中国的政治、民族、社会和文化等全方位的危机而展开的，因而它从一开始就具有与西方近代化不同的底色。在传统的政治秩序和价值体系都遭受着前所未有的严峻挑战时，中国的先进知识分子，无论他们所坚守的是哪一种信念，都包含着对国家命运和前途的深切关怀，"寻求救国救民的真理"，是他们思想和实践共同的意义。在这些寻求救国救民真理的人物之中，梁启超无疑是十分引人瞩目的一位。他自言："余生同治癸酉正月二十六日，实太平国亡于金陵后十年，清大学士曾国藩卒后一年，普法战争后三年，而意大利建国罗马之岁也。"① 他将其出生时间与中外大事件联系在一起，似是暗示着要在此风云变幻的时代承担起对国家民族的重大责任，而其起号"任公"，也正表明了他要勇担责任、奋斗不止的心志，综观其一生的活动，事实上他就是这么做的。而最让人惊讶和叹服的是，他在56年的生命中留下了1400多万字的著述，涉及政治、经济、文学、史学、哲学、新闻等诸多学术领域，给后人留下了一笔丰厚的精神文化遗产。

梁启超的生平与思想发展大致可分为四个阶段：第一阶段是从1873年出生到1898年的"戊戌政变"。在甲午战争之前，他同传统士人一样，主要是追求科举功名；在"甲午"之后则主要从事维新变法活动。

---

① 梁启超：《三十自述》，载林志钧编《饮冰室合集·文集》之11，中华书局1989年影印版，第15页。注：《饮冰室合集》分为《文集》和《专集》，《文集》共45卷，《专集》共104卷，每卷重新编页码。

第二阶段从 1898 年 9 月逃亡日本至 1912 年回国，这是他宣传介绍近代西方各种理论学说的主要时期。第三阶段从 1912 年至 1918 年欧游，他活跃于民国的政治舞台，曾先后任袁世凯政府的司法总长、段祺瑞内阁的财政总长。第四阶段从 1920 年 3 月欧游回国至 1929 年去世，他离开官场，专事教育和学术研究。①

第一节　科举之路与拜师康有为

一　家庭教育及追求科举功名

1873 年，梁启超出生于广东新会县一个乡村士绅家庭，他自小受学于祖父及父亲，由于天资聪颖，他颇受祖父宠爱，除了接受蒙学教育，还常听祖父谈论古代豪杰哲人的名言轶事，尤其是宋明灭亡的国难之事，这种家学的熏陶对他日后具有强烈的爱国心和民族责任感应产生了重要影响。6 岁后，他随父亲梁宝瑛（字莲涧）学习中国经史，梁父慈祥又严厉，由于对梁启超寄予较高的期望，因而对其读书及言行举止都严格要求，而梁启超也不忘父教，学习刻苦，"八岁学为文，九岁能缀千言"，表现出极高的资质。其母赵氏的慈教和言行，也是影响梁启超一生立身行事的一大动力。可见，梁启超的人格形成、为人行事等诸方面，与其自小所受的家庭教育有很大的关系。

光绪十年（1884 年）12 岁的梁启超即中秀才，但视野非常狭窄，只是日治帖括，"不知天地间于帖括外，更有所谓学也"②。1887 年，梁启超入广州学海堂，治训诂辞章之学，几年苦读奠定了扎实的经学基

---

① 美国学者列文森将梁启超一生的活动分为三大部分，也就是三个历史阶段，即 1873—1898 年：变迁；1898—1912 年：勇敢的新世纪；1912—1929 年：往事的回忆。参见列文森《梁启超与中国近代思想》，刘伟等译，四川人民出版社 1986 年版（原书作者译名为勒文森，现学界统一译为列文森——笔者注）。本书则以梁启超欧游为界，将他从日本归国后的活动分为两个阶段，因为在欧游之前他主要是从事政治活动，而在欧游之后他主要是从事教学和学术研究，两个阶段的经历和思想还是有明显的区别。

② 梁启超：《三十自述》，载《饮冰室合集·文集》之 11，第 16 页。

础。1889 年，梁启超参加广东乡试，中举人第 8 名，也因获得主考官李端棻的赏识，而收获了一段美好姻缘，1891 年冬十月，他与李端棻的堂妹李蕙仙（1869—1924）在北京喜结连理。

自 1890 年至 1895 年，梁启超曾三次入京参加会试，皆不中。最后一次是在 1895 年春天，他与康有为（1858—1927）同时入京会试，由于主考官徐桐是守旧派，反对变法维新，谓广东省考卷中有才气者必为康有为，不予录取，在阅卷时他误以梁启超卷为康有为卷，故弃置不用，最后康有为高中进士，梁启超却名落孙山。但副考官李文田对梁启超的文采十分赞赏，在卷末题"还君明珠双泪垂，恨不相逢未嫁时"。梁启超这次虽落榜，但无论是主考官的张冠李戴，还是副考官的惋惜，都从另一个角度表明，他的才华是毋庸置疑的。是年三月，《马关条约》签订，消息传来，康有为联名公车 3000 人上书拒绝议和，请求变法。"公车上书"是梁启超参与实际政治活动的起点，从此，他告别学堂生活，走上了变法图强、经画国运的道路。

二　师从康有为及维新思想之形成

在梁启超的求学经历中，最重要、也最应着笔墨的是万木草堂时期，这是他从学于康有为、奠定一生学问基石的阶段。

1890 年，梁启超赴京会试，落第之后取道上海南归，购得徐继畬编的《瀛环志略》，始知有五大洲各国，且看到了上海制造局翻译的一些西书，眼界大开。这一年也是梁启超人生中的一个转折点，他通过同学陈千秋的引荐结识了康有为，被康氏博大恢宏的气象和学识所深深折服，很快退出学海堂转投康门。

在见康有为之前，梁启超因自己少年及第，且于时流所推重之训诂辞章学，颇有所知，故内心不免有几分自得，且当时康氏不过是一个监生，连举人都不是，所以梁启超对于陈千秋谓康有为之学"为吾与子所未梦及"这样的评价还稍持怀疑态度。及见到康氏本人，听其言，则振聋发聩，受到极大震撼。梁启超这样描述他初见康有为时的情景："先生乃以大海潮音，作狮子吼，取其所挟持之数百年无用旧学更端驳诘，悉举而摧陷廓清之。自辰入见，及戌始退，冷水浇背，当头一棒，一旦尽失其故垒，惘惘然不知所从事，且惊且喜，且怨且艾，且疑且惧，与通甫联床竟夕不能寐。明日再谒，请为学方针，先生乃教以陆王心学，而并及史学、西学之梗概。自是决然舍去旧学，自退出学海堂，而间日请业南海之门。生平知有学自兹始。"① 短短十几个小时的交谈，便使梁启超这个年轻人大脑被洗了一遍，决心舍去旧学而追随康氏，足见康有为之人格魅力和感染力。徇梁启超和陈千秋之请，康有为于 1891 年讲学于广州长兴里之万木草堂。"先生为讲中国数千年来学术源流、历史政治、沿革得失，取万国以比例推断之。余与诸同学日札记其讲义，一生学问之得力，皆在此年。"②

万木草堂的教育旨趣、内容和方法，从《长兴学记》可窥一斑。康有为"著《长兴学记》，以为学规。与诸子日夕讲业，大发求仁之义，而讲中外之故，救中国之法"③。康氏有感于宋明学者太重讲学、流弊遂成只讲学而不读书，清代学者只知读书而不讲学，以致"读书之博而风俗之坏"，所以万木草堂的教学形式，以读书和讲学相结合，以防有所偏弊。本着"志于道，据于德，依于仁，游于艺"的学术纲领，康有为对于学生的要求主要在三个层面：一是要树立高远志向，"志于为仁义之道"，如此方能不受高科美官、货贿什器等外物欲望的诱惑，克己慎独，养心厉节，"成金刚不坏身"。二是既要培养自身的良好品质，敦行孝悌，又要广宣教惠，推行仁道，改变社会风气，以尽士人之责任。三是学要广博并能致用。除了义理、考据、辞章，还有经世之学；除了科举之学，还要适应时代需要，掌握图谱之学和枪械的使用之法，以备缓急之用。总而言之，万木草堂的教育，是对学生德与智、学识与能力等全方位素质的培养，也为后来的变法维新运动培养了一批骨干和人才。

万木草堂的求学生涯，不仅奠定了梁启超日后从事学术研究的基础，而且开启了他改良政治的意识，形成了变法维新的思想。这就不能

---

① 梁启超：《三十自述》，载《饮冰室合集·文集》之 11，第 16—17 页。

② 同上书，第 17 页。

③ 康有为：《长兴学记》"按语"，载姜义华、张荣华编校《康有为全集》第 1 集，中国人民大学出版社 2007 年版，第 340 页。

不提到康有为的今文经学。今文经学自东汉以后便逐渐湮没无闻，至清朝乾隆年间，庄存与首先倡导，经刘逢禄、宋祥凤和龚自珍、魏源等人的努力，终于开创了今文经学复兴的局面。今文学派推崇《公羊》之学，故称为"公羊学派"。钱穆评论庄存与说："庄氏为学，既不屑于考据，故不能如乾嘉之笃实，又不能效宋明先儒寻求义理于语言文字之表，而徒牵缀古经籍以为说，又往往比附以汉儒之迂怪，故其学乃有苏州惠氏好诞之风而益肆。"① 阮元也曾谓其"独得先圣微言大义于语言文字之外"，又谓其"所学与当时讲论或枘凿不相入"②。可见今文经学在学术性格上具有异端色彩，但就是晚清今文经学的这种异端性格，在龚自珍（1792—1841）那里超脱了传统经学的藩篱，产生了富有近代特色的社会批判意识，在对摧残个性的专制制度的痛斥中唤醒了个体自我意识的觉醒。梁启超说："晚清思想之解放，自珍确与有功焉。光绪间所谓新学家者，大率人人皆经过崇拜龚氏之一时期。初读《定庵文集》，若受电然。"③ 经学传统在晚清的流变，其最典型的特征就是"通经致用""以经术饰政术"，且因其实践指向终至因转型而终结。④ 这一特征到康有为这里，表现为将今文经学与变法改制联系在一起，由此，今文经学成为中国近代维新派之变法思想的一块重要理论基石。

康有为维新变法的另一理论依据是改制说。在任教于万木草堂期间，他著有《新学伪经考》（1891 年刊行）和《孔子改制考》（1897年问世）二书，《新学伪经考》认为西汉经学没有所谓古文，凡古文皆刘歆所伪作，目的是先谋湮乱孔子之微言大义以佐王莽篡汉。此书一出，在当时中国政治思想界产生了巨大的影响，梁启超评之说："第一，清学正统派之立脚点，根本摇动；第二，一切古书，皆须从新检查估价。此实思想界之一大飓风也。"⑤ 如果说《新学伪经考》是飓风的话，

---

① 钱穆：《中国近三百年学术史》下册，商务印书馆 1997 年版，第 582 页。

② 阮元：《庄方耕宗伯经说序》，转引自钱穆《中国近三百年学术史》下册，商务印书馆 1997 年版，第 580 页。

③ 梁启超：《清代学术概论》，载《饮冰室合集·专集》之 34，第 54 页。

④ 蒋国保、余秉颐、陶清：《晚清哲学》，安徽人民出版社 2002 年版，第 401 页。

⑤ 梁启超：《清代学术概论》，载《饮冰室合集·专集》之 34，第 56 页。

那么《孔子改制考》则是火山大喷发、大地震。《孔子改制考》谓《春秋》为孔子改制创作之书，又言六经皆孔子所作，尧舜不过是孔子所托之人，其盛德大业都是孔子所虚构的；不惟孔子，周秦诸子罔不改制，罔不托古。康有为喜言"通三统""张三世"，所谓"三统"，指夏、商、周三代不同，当随时因革；所谓"三世"，指人类历史要经过据乱世、升平世和太平世的发展过程，并且是愈改而愈进。改制说是康有为维新变法主张的理论依据，其意义同时也在于，既然六经都不过是孔子的托古之作，那么数千年来所公认为神圣不可侵犯的经典，都是值得怀疑的，由此就"引起学者怀疑批评的态度"；其次，康有为虽然推崇孔子，但是既然孔子创学派和诸子创学派之目的和手段并无二致，则孔子与诸子实际上处于同等的地位。由此，"所谓'别黑白定一尊'之观念，全然解放"①。

梁启超接受了康有为的公羊三世说，也逐渐形成了变法维新思想。他在 1896 年通过严复的《天演论》译稿接触了西方的进化论之后，就将"三世说"和进化论有机融合，作为其变法思想的理论基础。阅读梁启超的著作，不难发现，他非常习惯于在进化论的理论框架中论述社会政治问题。

从学于康有为，梁启超的学识可谓突飞猛进，连载于《时务报》、颇显才华的《变法通议》便足见他在万木草堂收获巨大。有学者认为，梁启超在万木草堂的四五年间，其治学实现了三大历史性转变："在学习内容上，由治帖括之学、训诂之学向治经世致用之学的转变；在治学方法上，讲求'取万国以比例推断之'，故能突破传统的'经学家法'，借助西方学术来改造和建设中国学术；在学术精神上，不再走'我注六经'汉学家之旧路，而是以'六经注我'陆王学派之精神，努力把中国旧学向洋溢着近代精神的新学'提升''推进'。"② 这一时期梁启超是否已经达到借助西方学术来改造和建设中国学术的高度，或还有待商榷，但康有为对于梁启超的影响是不言而喻的，梁启超曾说"启超之

---

① 梁启超：《清代学术概论》，载《饮冰室合集·专集》之34，第58页。
② 蒋广学、何卫东：《梁启超评传》上册，南京大学出版社 2011 年版，第 26 页。

学，实无一字不出于南海"①，此言可能含有表达对恩师的尊重和感激的成分，但也说出了部分事实。

康有为是个颇自负又执着的人。当时有人认为康有为取字"长素"，乃是自觉超过素王孔子，故用"狂悖"二字来形容康氏及其弟子；章太炎也对于康有为门下弟子视其老师为"南海圣人"且将有符命等语颇不以为然，以为"此病狂语，不值一笑"②。不过作为士人，康有为无疑又是值得尊重的，他有着极强的忧国忧民意识和使命感。正是自负执着的性格和忧天下的情怀，使他有勇气向皇帝上书直谏，并且即便上书不达也一而再、再而三上书。他一方面坚持直谏于君主，另一方面从事着培育人才、传播维新思想的工作，以图来日，"直线"与"曲线"两种救国路径，在他这里并行不悖地进行着。

梁启超与康有为的关系很微妙，与其说康有为"亦师亦友"，不如说二人是师徒更合适，因为康氏素来重师道尊严，虽然他看重和欣赏梁启超这高足之才，却总希望徒弟按照自己的思路来行事，比如在听闻梁启超与孙中山私下往来且有革命之倾向时，便怒呵徒弟如斥小儿，命令其即刻赴檀香山以远离孙中山。早已成年的梁启超，很多时候却还是只能奉师命而为，恐怕他也有太多无奈吧。由于康有为在当时的地位和影响，戊戌变法之前的梁启超，具有了双重角色和属性：一方面，康有为的教导和感召，使他成长为一个不可小觑的、具备未来思想大家潜质的青年才俊；另一方面，由于康有为当时的地位和影响，梁启超还无法成为一个完全独立的思想家，他只是"康有为的弟子"，甚至是"影子"，换句话说，那时的他一直是生活在康有为的光环之下。虽然走出万木草堂后，他的活动大致是自由的，但思想上还是受康有为的影响和支配，他自己也说过，1896年的变法之议也都是闻之于南海。如果不是变法失败逃亡日本，他在人们印象中的这一角色和身份定位，可能很长时间都难以改变。

---

① 丁文江、赵丰田编：《梁启超年谱长编》，上海人民出版社2009年版，第65页。

② 章太炎：《致谭献书》，转引自丁文江、赵丰田编《梁启超年谱长编》，上海人民出版社2009年版，第54页。

　　尽管梁启超在行动上是康有为的追随者，在思想上当时也与康有为一脉相承，但其实二人在观念上有不少扞格之处。实际上，康、梁之间的学术分歧，在 1895 年便已露端倪，此可以梁氏本人所言为据，他说："启超治《伪经考》，时复不慊于其师之武断，后遂置不复道。其师好引纬书，以神秘性说孔子，启超亦不谓然。"① 所以他在 30 岁以后，已绝口不谈"伪经"，也不甚谈"改制"，对于康有为的倡设孔教会定国教祀天配孔诸义，也时时予以辩驳。此外，他因为受黄公度（1848—1905）和严复的影响，渐渐放弃保教主张，后来甚至因为反对保教，与康有为发生意见冲突。至梁启超流亡日本后不久，二人更是由于对"自由"等问题的态度不同而思想走向分途。

　　二人的分歧，按梁启超的分析，首先源于性格上的差异。他这样评价康有为和自己："有为之为人也，万事纯任主观，自信力极强，而持之极毅。其对于客观的事实，或竟蔑视，或必欲强之以从我。其在事业上也有然，其在学问上也亦有然。其所以自成家数崛起一时者以此，其所以不能立健实之基础者亦以此。"② "启超与康有为有最相反之一点：有为太有成见，启超太无成见，其应事也有然，其治学也亦有然。有为常言：'吾学三十岁已成，此后不复有进，亦不必求进。'启超不然，常自觉其学未成，且忧其不成，数十年日在旁皇求索中。故有为之学，在今日可以论定；启超之学，则未能论定。然启超以太无成见之故，往往徇物而夺其所守，其创造力不逮有为，殆可断言矣。"③ 这种性格差异，当然不是二人产生分歧的根本原因，但却是他们在政治和思想学术上走向分途的心理基础。从中国近代政治史和思想史的角度来看，这种分歧未尝不是好事，以梁启超的学术地位，他作为学生对于老师的超越，恰恰为中国政治思想的近代转型提供了更多的思想动力和资源。

---

① 梁启超：《清代学术概论》，载《饮冰室合集·专集》之 34，第 61 页。
② 同上书，第 57 页。
③ 同上书，第 65—66 页。

第二节　交友与思想交流

自 1895 年走出万木草堂后，梁启超的生活又开启了另一番景象。20 出头的他即任《时务报》主笔，文才尽显，在学界崭露头角，加上性情随和、谦逊，又常来往于京师、上海间，因而结交到不少好友与社会名流。与梁启超关系密切的有同窗陈千秋、夏曾佑、谭嗣同、黄遵宪、唐才常等人；此外，梁启超还与当时各界诸多名流有交往，如晚清商界的风云人物马建忠（字眉叔），以及马建忠的四哥、复旦大学创始人马相伯等。1896 年七月，《时务报》出版，馆址设在上海英租界四马路石路，而梁启超住宅位于跑马厅泥城桥西新马路梅福里，与同住新马路的马相伯、马建忠二兄弟相隔甚近，也由此得以相识，过从甚密，在一年半时间里，几乎无日不相见，且任公等人从马建忠习拉丁文。当时的一批社会名流，如徐寿之子徐建寅、盛宣怀、陈季同、严复、江南制造局和汉阳铁厂诸公，以及洋务诸名公，皆因马氏兄弟而得以相识、相交。他们大多有在国外游学、游历或任职的经历，"谈笑有鸿儒，往来无白丁"，可以想见，他们的阅历、学识和见解，应大大拓宽了从未走出国门的年轻梁启超的视野。马建忠还请梁启超为他 1896 年出版的《适可斋记言记行》作序，而他参照拉丁语法体系编写的、中国关于汉语语法的第一部系统性著作《马氏文通》，也在出版之前即以手稿示任公，足见马氏对任公的友情与赏识。严复 1896 年脱稿的译著《天演论》，也同样在未出版时即持其稿以示任公。独学则无友，孤陋则寡闻，反之，广泛交友和涉猎，尤其是与社会上有影响人物的交往和交流，无疑会使人增长见识、获得思想上的进步。在上述人物中，对梁启超影响较大者，他自己曾提到的，有谭嗣同（1865—1898，字复生，号壮飞）、夏曾佑（1863—1924，字穗卿，号别士、碎佛，诗人、学者）等人，而实际上对他思想有明显影响的还有严复。在流亡日本之后，他也曾与孙中山有一段时间的交集，思想也因此有过较大的波动变化。

一 "笔友"严复对梁启超的影响

梁启超与严复（1854—1921）年龄相差 20 岁，二人之间属于淡如水的君子之交，或者说是笔友关系，因他们更多的是书信往来，内容也主要限于学术观点上的交流和探讨，在私下，二人的关系并不亲密。1896 年，严复收到梁启超九月二日（公历 10 月 8 日）写的信函，当时梁启超等人创办的《时务报》刚刚刊行两个月，但已风行海内，"譬如扶桑朝旭，气象万千"（严复回信中语），梁启超由《变法通议》系列文论而声名鹊起。可能正是由于初获声誉，加上梁启超的年轻好学、求知欲盛，促使他向在早一年因发表《论世变之亟》《原强》等政论文①而广为人知的严复去函一封，讨教政治学术。严复在信中述及甲午年作《原强》《救亡决论》等文章的宗旨，特别强调了"富强"与"民之智、德、力"之间的关系，他在回信的最后一段云"拙译《天演论》，仅将原稿寄出"②，可知他将《天演论》手稿示梁启超，使梁得以先睹为快。

严复等 30 人是清廷派遣的第二批留学生（1877 年），皆由福州船厂选出，派到英国和法国，其中严复等 12 人到英国学习海军，而严复是其中唯一一个始终没有登上英舰实习的留英学生，他主要是学习海军基础理论，或许，这原本就是清廷有意之安排，目的是为培养军事教育人才。严复不仅在教育领域，而且在译介西方著作、传播西学方面做出了巨大贡献，成为中国近代着力于开启民智的启蒙思想家。

严复 1879 年 6 月回国后，先在福州船政学堂任教习，次年到天津北洋水师学堂任总教习，直到 1900 年避难离开天津。可以说，1895 年之前的严复，基本上是寂然无闻的，仕途也很不得志，在北洋水师学堂没有实权，回国后的十几年间四次参加乡试皆不中；他自己又受病痛困扰并染上鸦片癖……无论是身体上还是精神上，他都处于一种痛楚和

---

① 严复 1895 年在天津《直报》上发表了四篇论文——《论世变之亟》《救亡决论》《原强》和《辟韩》（学人常简称"四论"），宣传西方自由、民主思想，主张"鼓民力""开民智""新民德"，变法维新。

② 严复：《与梁启超书》，载王栻主编《严复集》第 3 册，中华书局 1986 年版，第515 页。

压抑的状态。在那段"清静"的日子里，他最大的收获是对西方典籍的深入研读，而这为其后来的译介事业奠定了坚实的基础。他的文章和译著将西方的社会政治学说介绍给国人，起到了重要的思想启蒙作用。关于严复在中国近代思想史上的作用，用梁启超的话说，"西洋留学生与本国思想界发生关系者，复其首也"①。

严复对梁启超的思想影响，十分明显的至少有三个方面：一是自由思想，二是进化论，三是关于民智、民力、民德的"三民"思想。

首先是自由思想。1895 年 2 月，严复在天津《直报》上发表《论世变之亟》，首次宣传了自由思想。他指出，自由与否是中西方文化和政治根本差别之所在。他说，汽机兵械之类，并非西治命脉之所在，其命脉"苟扼要而谈，不外于学术则黜伪而崇真，于刑政则屈私以为公而已。斯二者，与中国理道初无异也。顾彼行之而常通，吾行之而常病者，则自由不自由异耳"②。他第一次将政治和思想文化问题归结为"自由不自由"问题，认为不论是能否做到思想学术上求真，还是能否实现政治上为公，都取决于是否坚持自由的原则。

严复认为儒家的恕道和絜矩之道与西方的自由思想最相似，但这只是表面，实际上二者并不相同，因为"中国恕与絜矩，专以待人及物而言。而西人自由，则于及物之中，而实寓所以存我者也"。也就是说，中国的恕与絜矩，重心在他人，而西方自由，更多强调的是个体自我。正是由于这一根本差异，中西文化间就有了其他诸多差别："中国最重三纲，而西人首明平等；中国亲亲，而西人尚贤；中国以孝治天下，而西人以公治天下；中国尊主，而西人隆民；……其于为学也，中国夸多识，而西人尊新知。其于祸灾也，中国委天数，而西人恃人力。"③ 总而言之，在严复看来，中西方在政治、伦理道德、风俗和思想文化等各方面的差别，都源于西方重自由而中国缺乏自由。自由是西方文明之源，

---

① 梁启超：《清代学术概论》，载《饮冰室合集·专集》之 34，第 72 页。
② 严复：《论世变之亟》，载王栻主编《严复集》第 1 册，中华书局 1986 年版，第 2 页。
③ 同上书，第 3 页。

"推求其故，盖彼以自由为体，以民主为用"①，而中国历古圣贤从不敢以"自由"立为教，中国统治者从不以自由为政治的根本目的，这是中国传统思想文化和政治理论中的一大缺憾和弊病。

严复将西人所言"天赋人权"译为"唯天生民，各具赋畀，得自由者乃为全受"②，认为个体自由是天赋的神圣不可侵犯的权利，它对于每个人来说都是平等的，即使是国君也无权侵犯他人的天然权利，否则，就是违背了天理人道。出于对天赋人权的倡导和维护，他反对和批判君主专制制度，主张限制政府的权力，"去其所以困吾民之才、德、力者，使其无相欺、相夺而相患害"③，认为只有"悉听其自由"，国民才能至于自治，国家才能进于富强。他不仅强调个体自由的神圣不可侵犯，而且从个体自由推导出国家自由的不可侵犯。"人人各得自由，国国各得自由，第务令毋相侵损而已"④，同个人的自由权利不可侵夺一样，一个国家的自由同样不可随意干涉和侵损，"身贵自由，国贵自主"⑤。无论是从个人的角度还是国家的角度而言，自由都具有崇高的价值，而维护个体自由和国家自由，是每个公民的重大责任。严复对自由主义的宣扬，一方面具有思想启蒙的意义，另一方面也具有救亡的意义，这一特点，在梁启超那里也有充分的体现。

由于受康有为的影响，梁启超曾一度主张保教，并且欲设立保教公会。保教，即"保圣教之不失"。在听了严复关于教不可保亦不必保的言论后，梁启超的思想认识发生转变，后来他甚至因为反对保教和定教于一尊、主张思想学术自由而与康有为走向分途。

此外，从梁启超流亡日本后接受西方自由主义之迅速，我们不难想象，严复先前对自由思想的宣传在梁启超自由思想形成过程中所起的铺垫作用。梁启超在1900年给康有为的一封信中曾有言："试观现时世界

---

① 严复：《原强》，载王栻主编《严复集》第1册，中华书局1986年版，第11页。

② 严复：《论世变之亟》，载王栻主编《严复集》第1册，中华书局1986年版，第3页。

③ 严复：《辟韩》，载王栻主编《严复集》第1册，中华书局1986年版，第35页。

④ 严复：《论世变之亟》，载王栻主编《严复集》第1册，中华书局1986年版，第3页。

⑤ 严复：《原强》修订稿，载王栻主编《严复集》第1册，中华书局1986年版，第17页。

之奉耶稣新教之国民，皆智而富；奉天主旧教之国民，皆愚而弱。无他，亦自由与不自由之分而已。"① 其语调与严复何其相似！

其次是进化论。严复是近代中国引进西方进化论的第一人，他之所以首先选择译介赫胥黎的《天演论》，主要的是出于强烈的民族危机意识和自强意识。《天演论》"于自强保种之事，反复三致意焉"②，用来唤醒国人再适合不过，于是，他站在救亡图存的立场上，借赫胥黎的著作来"取便发挥"。他说："物竞者，物争自存也；天择者，存其宜种也。意谓民物于世，樊然并生，同食天地自然之利矣。然与接为构，民民物物，各争有以自存。其始也，种与种争，群与群争，弱者常为强肉，愚者常为智役。"③ 这就是自然界的规律——"物竞天择，优胜劣败"的丛林法则。本来赫胥黎捍卫的是达尔文的学说，认为自然界遵循着"优胜劣败"的规律，弱肉强食是常态，但他反对斯宾塞所主张的人类社会发展也遵循这一规律的观点。严复翻译的是赫胥黎的《天演论》（1898 年出版），但实际上支持和运用的是斯宾塞的进化观，即社会达尔文主义。需要指出的是，斯宾塞将赫胥黎的"物竞天择，优胜劣败"转换成了"物竞天择，适者生存"，也就是说，天下事物本无所谓优劣，适宜者即为优，才能生存。严复是借赫胥黎的著作发挥其要求变法自强的主张，他以此进化原理，向中国人敲起警钟，警醒国人不要在竞争中沦为"弱者""愚者"而惨遭淘汰，要自立自强，在世界竞争中立于不亡之地。就当前中国来说，要实现自立自强，必须实行社会政治的变革，唯有变法维新，学习西方建立自由民主之制，才能走向富强而免于灭亡。

进化论出现在中国后，风行全国，对其原因和表现，胡适曾这样分析和描述："它在社会上与政治上的运用，对于一个感受惰性与濡滞日

---

① 梁启超：《致南海夫子大人书》，载丁文江、赵丰田编《梁启超年谱长编》，上海人民出版社 2009 年版，第 154 页。

② 严复：《天演论》"自序"，载王栻主编《严复集》第 5 册，中华书局 1986 年版，第 1321 页。

③ 严复：《原强》修订稿，载王栻主编《严复集》第 1 册，中华书局 1986 年版，第 16 页。

久的民族，乃是一个合宜的刺激。数年之间，许多的进化名词在当时报章杂志的文字上，就成了口头禅。"① "几年之中，这种思想像野火一样，延烧着许多少年人的心和血。"② 他自己的名字也是取自"适者生存"这一进化原则。在进化名词成为众人的口头禅之前，梁启超就已接触到了进化论思想，他在1896年读到严复《天演论》的译稿后，很快就将《天演论》中的观点运用到了《变法通议》及后来的一系列文论中，在进化论的思维架构中阐述维新变法的必要性和各种政治主张。进化论不仅被梁启超所接受，甚至成为他的一种信仰（至少在1918年欧游之前他是进化论忠诚的信仰者）。他由衷地赞叹道："伟哉！近四十年来之天下，一进化论之天下也。……进化论实取数千年旧学之根柢而摧弃之翻新之者也。"③ 此足见进化论思想在他心目中的地位。

最后是关于民智、民力、民德的"三民"思想。严复十分推崇英国社会学家斯宾塞，也深受其思想的影响。严复将斯宾塞的社会学译为"群学"，他对"三民"的重视，也正由"群"推演而出，因为"群"是由积人而成的，所以，要尽群学之事理，必须以"人学"为急务，"人学者，群学入德之门也"④，而人的三要素，即为智、德、力。"一种之所以强，一群之所以立，本斯而谈，断可识矣。盖生民之大要三，而强弱存亡莫不视此：一曰血气体力之强，二曰聪明智虑之强，三曰德行仁义之强。是以西洋观化言治之家，莫不以民力、民智、民德三者断民种之高下，未有三者备而民生不优，亦未有三者备而国威不奋者也。"⑤ 所以，统治者发政施令之所归，都应以其民之力、智、德三者为准的，他认为这是西方政教精神之所在。

---

① 胡适：《我的信仰》，载欧阳哲生编《胡适文集》第1册，北京大学出版社2013年版，第11页。

② 胡适：《四十自述》，载欧阳哲生编《胡适文集》第1册，北京大学出版社2013年版，第65页。

③ 梁启超：《进化论革命者颉德之学说》，载《饮冰室合集·文集》之12，第79页。

④ 严复：《原强》，载王栻主编《严复集》第1册，中华书局1986年版，第7页。

⑤ 严复：《原强》修订稿，载王栻主编《严复集》第1册，中华书局1986年版，第18页。

严复 1895 年发表在天津《直报》上的几篇文章中，民智、民力、民德这"三民"被频繁论及。这几篇文章是严复受中国甲午战败之刺激而作，他虽深以中国败给日本为耻辱，但认为与中国战败这一事情相比，"所可悲者，民智之已下，民德之已衰，与民气之已困耳"①。当时的许多中国人，包括康有为、梁启超等先进之士，都认为中国的失败，原因在制度，而严复则认识到，国弱之根源，乃在民之弱，这是他的见识超出时人之处。他对君主专制制度和秦以来之法制的批判，立脚点也与其他人不同，在他看来，专制社会及其法制，"质而论之，其什八九皆所以坏民之才、散民之力、漓民之德者也"②。基于自己与众不同的思路，严复指出，要图自强，非标本并治不可，"标者何？收大权、练军实，如俄国所为是已。至于其本，则亦于民智、民力、民德三者加之意而已。果使民智日开，民力日奋，民德日和，则上虽不治其标，而标将自立"③。他将"民智、民力、民德"的改造视为国家富强的根本，自百余年来世界历史发展的进程来看，严复的这一观念是十分正确的。

严复的"开民智、鼓民力、新民德"主张被梁启超继承并发挥。戊戌政变失败后，梁启超很快就认同了严复的观点，认识到"民智、民力、民德不进者，虽有英仁之君相，行一时之善政，移时而扫地以尽矣"④，于是开始致力于开民智的工作。他大量介绍近代西方的各种理论学说，极力宣传自由思想，他最重要的代表作之一《新民说》就是其启蒙思想的集中体现。在严复、梁启超之后，国民性理论在陈独秀、鲁迅等人那里得到了进一步的阐发，可以说，严复开启了近现代中国知识分子进行国民性改造的路向。

美国学者史华兹认为，严复对于梁启超后来发展的影响远比他的老师康有为对他的影响深刻，只不过康有为和他的追随者们是通过科举考试上来的，并且十分注重把他们自己的思想置于传统的参照系中，他们

① 严复：《原强》，载王栻主编《严复集》第 1 册，中华书局 1986 年版，第 9 页。
② 严复：《辟韩》，载王栻主编《严复集》第 1 册，中华书局 1986 年版，第 36 页。
③ 严复：《原强》，载王栻主编《严复集》第 1 册，中华书局 1986 年版，第 14 页。
④ 梁启超：《自由书·文野三界之别》，载《饮冰室合集·专集》之 2，第 9 页。

构成了一个学术派系，而严复不属于这个圈子，他是个未能通过官方考试的人。① 严复和康有为，谁对梁启超的影响更大更深远，我们无法用量化的方式去比较，但从思想层面看，严复对梁启超的影响的确是显而易见的。

晚年的严复，私下对梁启超有较多的非议。在民国成立至严复去世前的 10 年间（1912—1921），严复写给其得意门生熊元锷（字季廉）的堂弟熊育锡（字纯如）的信有 100 多封，其中，1915 年袁世凯复辟帝制失败后，严复信中数次谈到对梁启超的看法，尤以负面评价较多，这里摘取几段，以见严复晚年对于梁启超之态度：

> 吾国自甲午、戊戌以来，变故为不少矣。而海内所奉为导师，以为趋向标准者，首屈康、梁师弟。顾众人视之，则以为福首，而自仆视之，则以为祸魁。……至于任公，妙才下笔，不能自休。……敢为非常可喜之论，而不知其种祸无穷。……今夫亡有清二百六十年社稷者，非他，康、梁也。②
>
> 大抵任公操笔为文时，其实心救国之意浅，而俗谚所谓出风头之意多。……嗟呼！任公既以笔端搅动社会至如此矣。然惜无术再使吾国社会清明，则于救亡本旨又何济耶？③
>
> （任公）好为可喜新说，尝自诩可为内阁总理，然在前清时不论，其入民国，一长司法，再任币制，皆不能本坐言以为起行，至为凤凰草大政方针，种种皆成纸上谈兵，于时世毫无裨补。④

---

① ［美］本杰明·史华兹：《寻求富强——严复与西方》，叶凤美译，江苏人民出版社 1996 年版，第 75 页。

② 严复：《与熊纯如书》三十，载王栻主编《严复集》第 3 册，中华书局 1986 年版，第 631—632 页。

③ 严复：《与熊纯如书》三十八，载王栻主编《严复集》第 3 册，中华书局 1986 年版，第 646 页。

④ 严复：《与熊纯如书》四十八，载王栻主编《严复集》第 3 册，中华书局 1986 年版，第 661 页。

　　仅以此三段，已足见梁启超在晚年严复心目中的形象，"亡国之祸魁"，对于一个学者而言，这应该是至高的"名声"了。严复将梁启超比作浮士德，认为他搅动社会变化动荡而无法收场，这未免将梁启超的影响力"夸"得太大。社会的变化常由多种因素共同推动所至，绝非某一人的几篇文章就能乾坤扭转，梁启超只是一个思想家和政治活动家，其影响力终究是有限的，他不可能有最高权力拥有者的能效，主宰一个国家社会的风云变幻，即便是最高权力者，一般也很难凭一己之力改变社会秩序和发展的方向。至于严复说梁启超操笔为文多是出风头、不是实心救国这一点，现代哲学家、政论家张东荪（1886—1973）的看法却与之正相反，他说："梁任公先生一生为新中国而奋斗，在前辈中我当然是最推崇他，因为他对于国家完全是出于真诚，没有私心。"① 孰是孰非，就留与历史去评说吧。

二　"闺蜜"谭嗣同及其平等观

　　谭嗣同比梁启超年长 8 岁，也算同龄人。梁启超初交谭嗣同于 1895 年秋天，至 1898 年戊戌变法失败谭嗣同被杀害，不过 3 年时间，然而在短短 3 年间，二人建立起了深厚笃切的情谊。

　　谭嗣同之父谭继洵官至湖北巡抚，然谭嗣同虽为官宦子弟，却没有一般官宦子弟的习气，相反，由于家庭原因及所受教育，他性格十分沉毅坚定。对于自己的身世，他是以一种充满悲情的笔调来描述的："吾自少至壮，遍遭纲伦之厄，涵泳其苦，殆非生人所能任受，濒死累矣，而卒不死。"② 在谭 11 岁时，他的姐姐患白喉症去世，他的母亲和二哥也受传染，相继去世，在 5 天时间里，他失去了 3 位至亲，而他自己也是短死 3 日才苏醒，其名"复生"便因此而来。失去亲人对年幼的谭嗣同打击很大，而他又常受父亲小妾的虐待，这使他在精神和肉体上都遭受了巨大的痛苦。正是由于经历这样悲惨的遭遇，他十分痛恨三纲伦常，在《仁学》中毫不留情地予以揭露批判。

---

① 张东荪：《理性与民主》，岳麓书社 2010 年版，第 5 页。
② 谭嗣同：《仁学·自叙》，印永清评注，中州古籍出版社 1998 年版，第 68 页。

在学术上，谭嗣同除了研究中国传统学术，如"《易》《春秋公羊传》《论语》《礼记》《孟子》《庄子》《墨子》《史记》，及陶渊明、周茂叔、张横渠、陆子静、王阳明、王船山、黄梨洲之书"，也兼治西学和佛学，他认为"凡为仁学者，于佛书当通《华严》及心宗、相宗之书；于西书当通《新约》及算学、格致、社会学之书"①。他与梁启超共同研究佛学，佛教普度众生的悲悯情怀和追求平等的精神对他们有深刻的影响，梁启超以佛家"自度度人"的精神来从事启蒙的事业，谭嗣同则在《仁学》一书中对"平等"价值进行系统的论证。由此看来，谭嗣同自谓"轻其生命，以为块然躯壳，除利人之外，复何足惜"②，毅然将头颅献给中国改革的祭坛，是其经历、性情和信仰所致的必然选择。

梁启超在为谭嗣同写的传记里这样评论他："少倜傥有大志，淹通群籍，能文章，好任侠，善剑术。"③ 但更能看出他对谭嗣同欣赏之情的，是他向康有为和严复的介绍。他在给康有为的信中夸赞道："谭复生才识明达，魄力绝伦，所见未有其比。"④ 在与严复相识不久，梁启超就向严隆重地推介谭嗣同，他说："侪辈之中，见有浏阳谭君复生者，其慧不让穗卿，而力过之，真异才也。著《仁学》三卷，仅见其上卷，已为中国旧学所无矣。此君前年在都与穗卿同识之，彼时觉无以异于常人，近则深有得于佛学，一日千里，不可量也。"⑤ 对谭嗣同本人及其学养都评价甚高。

梁启超与谭嗣同的关系及谭对他的影响，下面两段话最能体现：

> 时谭复生宦隐金陵，间月至上海，相过从，连舆接席。复生著《仁学》，每成一篇，辄相商榷。相与治佛学，复生所以砥砺之者

① 谭嗣同：《仁学》，印永清评注，中州古籍出版社1998年版，第75页。
② 同上书，第68页。
③ 梁启超：《谭嗣同传》，载《饮冰室合集·专集》之1，第106页。
④ 丁文江、赵丰田编：《梁启超年谱长编》，上海人民出版社2009年版，第32页。
⑤ 梁启超：《与严幼陵先生书》，载《饮冰室合集·文集》之1，第110页。

良厚。①

连舆接席，意思是行并车、止同席。足见两人关系之亲密友爱。

　　启超屡游京师，渐交当世士大夫，而其讲学最契之友，曰夏曾
佑、谭嗣同。曾佑方治龚、刘今文学，每发一义，辄相视莫逆。
……嗣同方治王夫之之学，喜谈名理，谈经济。及交启超，亦盛言
大同，运动尤烈。而启超之学，受夏、谭影响亦至巨。②

　　梁启超和谭嗣同，性情志趣相投，政治信仰一致，他们不仅在学问
上砥砺研讨，相与进步，而且在生活中，二人也是无话不谈、亲密无
间，这与梁和严复间的关系明显有所不同。谭嗣同对梁启超充分信任，
梁启超则不负谭的信任和嘱托，将谭赴死前托付的手稿一一出版，其中
就包括谭嗣同的代表作——《仁学》，这是一部颇具原创性的政治哲学
著作。谭嗣同一生虽短暂，但他至少有两点值得世人永远铭记：一是以
身殉道的牺牲精神和改革精神，二是对于专制和不平等社会现象的控诉
以及对于"平等"价值的强烈诉求，而后者也是中国政治思想和价值观
念转型的一个重要推动力和显著体现。
　　谭嗣同虽以儒家的核心范畴"仁"来命名其著作，但却是以"以
太"这一近代科学中的概念为其理论的基点。以太（Ether）（或译"乙
太"）是古希腊哲学家所设想出来的一种物质，是一种被假想的电磁波
的传播媒质。17 世纪笛卡尔最先将以太引入科学，19 世纪以太概念曾
被人们普遍接受，但科学家始终未能通过实验来证实它的存在。19 世
纪末传入中国后，谭嗣同、康有为和章太炎等人将此概念借用到其哲学
思想体系中，以此来印证充实其思想理论。
　　谭嗣同既把以太说成宇宙间无所不在的物质，同时又作了种种精神
性的解释，把孔子的"仁""元""性"，墨家的"兼爱"，佛家的"慈

① 梁启超：《三十自述》，载《饮冰室合集·文集》之 11，第 18 页。
② 梁启超：《清代学术概论》，载《饮冰室合集·专集》之 34，第 61 页。

悲"，基督的"灵魂"等，都看作以太的作用。在中华人民共和国成立后的一段时期，很多学者都是运用"唯物—唯心"的二元分析框架去研究和判定谭嗣同的思想，但笔者以为，谭嗣同选择"以太"作为其哲学和政治思想体系的起点，并不在"以太"是物质性的还是精神性的，他只是力图以其所接触到的近代科学知识为基础来阐发其仁学思想意旨。谭嗣同并没有西方哲学的视野，当时在中国所能看到的西书，基本上都是"格致"类书籍。按梁启超的说法，谭嗣同是将当时所能有的科学知识，尽量应用，试图以其相对先进的科学知识来融合佛教"唯识宗"和"华严宗"以及今文经学的"太平""大同"之义来创立其"新学"著作。① 梁氏所言当然并不能概括谭嗣同思想来源的全部，但却透露了谭氏运用"以太"范畴的出发点，即借助这一基本概念来实现中国传统思想、佛学与西方现代价值观念之间的融通。

"以太"之所以能成为谭嗣同"以太—仁—通—平等"思想体系的逻辑起点，主要在于：首先，它作为一种本体，一种原初物质，是构成自然界、人身、人类社会的基础。谭嗣同对"以太"物理特性的并不太深的了解，使他认为这种"至精微"的物质完全可以成为世界万物之所以具有共通性的基础条件。其次，"以太"的意义还在于它具有巨大的维系力量和感通功能。从微小事物的"粘砌""凝结"到星球之间的绕行运转，乃至一身、家、国和天下之间的相系不散，无不是"以太"作用的结果。既然人我感通，原本无隔，就不当有彼我之分，不应当有对待。由此，谭嗣同从"以太"着手，从自然科学层面初步论证了人与人之间、事物与事物之间应当具有平等的关系。

如果说在谭嗣同那里，"以太"是人我平等的基础条件，那么"仁"则是平等的形上依据。同样是以"以太"为构成原质的众生和万物本来是平等无差、相亲相爱的，可是现实中的状态却并非如此，人们妄分彼此、人为疏隔，这便是"不仁"。"仁"本指人与人之间的相互亲爱，孔子把它作为最高的道德原则和道德境界，试图依此建立一种合乎伦理规范的社会秩序。谭嗣同借用了传统儒学的"仁"概念，也包含

---

① 梁启超：《清代学术概论》，载《饮冰室合集·专集》之34，第67页。

了人与人相互亲近的基本义，但他所讲的"仁"与传统儒学的"仁"实际上已有相当的距离，二者差异颇著：儒家"仁"虽本具仁爱之意，但由于是以血缘亲疏远近为基础的，因而爱有差等，有差等必不能通；谭氏"仁"以通为第一义，所宗的是墨家的"兼爱"、基督教的"博爱"和佛教的众生无差别相之平等爱；儒家"克己复礼为仁"，谭氏却猛烈攻击和批判"礼"、纲常伦理。在他看来，人与人间若要实现平等，必不能有君臣父子之等级秩序，即便是父子夫妻之间也应是朋友一样的关系，他说："君主废，则贵贱平；公理明，则贫富均。千里万里，一家一人。视其家，逆旅也；视其人，同胞也。父无所用其慈，子无所用其孝，兄弟忘其友恭，夫妇忘其倡随。"① 可见，谭嗣同虽使用儒家核心概念"仁"，但某种程度上却是对儒家"仁"的理论的颠覆。有学者说，谭嗣同对传统儒学道德观的改造，"在根本精神之处歧出了传统儒学的总体方向"②。实际上，这正是谭嗣同的新仁学所以"新"之处，也是其仁学思想具有近代色彩的根本原因之所在。可以说，他是从儒家核心概念出发，来破传统儒学之壁垒。谭氏的"仁"已远非儒家的"仁"所能涵盖，它已经综纳了上述各家各派的思想和精神，而其核心意旨就是论证平等的天经地义。

在谭嗣同的视界里，以太使世界上的存在者具有了共通性的基础，它是所以通之具；同样具有本体意义的"仁"，其第一义也是"通"。有"通"方能言平等，不通则不可能有平等。由是，"以太—仁—通—平等"的理论体系就具有了逻辑上的合理性。而在这些核心概念中，"通"出现的频率是最高的，《仁学》中论"通"达百次之多。谭嗣同所论的"通"主要包括四个维度：上下通、中外通、男女通和人我通。"仁之为道也凡四：曰'上下通'。天地交泰，不交否；损上益下，益反之损，是也。曰'中外通'。子欲居九夷，《春秋》大黄池之会，是也。曰'男女内外通'。'子见南子'是也。终括其义，曰'人我通'。

---

① 谭嗣同：《仁学》，印永清评注，中州古籍出版社1998年版，第235页。
② 易燕明：《谭嗣同与孔子论仁的比较》，《船山学刊》2006年第3期。

此三教之公理，仁民之所以为仁也。"① "四通"反映了谭嗣同对政治、经济、社会等各方面平等精神和平等原则的追求。因上下通、中外通、男女通皆可视为人我通，故此处主要从三个方面来进行评述。

"上下通"是谭嗣同着力论述的内容，其核心就是要废除君主制，在这一点上他与同为维新派代表人物的康有为、梁启超截然不同，康、梁反对专制，但不反对君主，主张君主立宪的民主制度；谭嗣同则认为要实现民主、平等，必须摒除君主制，特别是要推翻清朝君主政权。关于君主的产生、地位、职责及权力的来源，他有着与西方社会契约论十分契合的见解，关于这一点，梁启超亦曾论及，他说："《仁学》下篇，多政治谈。其篇首论国家起原及民治主义，实当时谭、梁一派之根本信条，以殉教的精神力图传播者也。由今观之，其论亦至平庸，至疏阔，然彼辈当时，并卢骚《民约论》之名亦未梦见，而理想多与暗合，盖非思想解放之效不及此。"②

谭嗣同"中外通"的主张，主要是要求实现中外通商。虽不能说谭嗣同已预感全球化的可能，但他比那些顽固守旧之士要清醒地看到世界潮流发展之趋势，闭关锁国已绝不可能。他认为通商是实现"双赢"的行为，是仁的精神的体现，"通商者，相仁之道也，两利之道也，客固利，主尤利也"③。当然，他的理解有时未免天真，他将西方向中国销售商品视为"仁我"，而将西方从中国购买原料和商品视为"仁彼"，认为这是礼尚往来的事，忽略了在当时形势下中外通商中所隐含的不平等因素。世界各民族间的平等是中外通的另一要求，如同康有为在《大同书》中设想破国界、族界一样，谭嗣同也寄望于打破国与国的界限，各民族间按"兼爱"的原则来友好相处。他说："地球之治也，以有天下而无国也。……人人能自由，是必为无国之民。无国则畛域化，战争息，猜忌绝，权谋弃，彼我亡，平等出；且虽有天下，若无天下矣。

① 谭嗣同：《仁学》，印永清评注，中州古籍出版社 1998 年版，第 228 页。
② 梁启超：《清代学术概论》，载《饮冰室合集·专集》之 34，第 68 页。
③ 谭嗣同：《仁学》，印永清评注，中州古籍出版社 1998 年版，第 148 页。

……若西书中百年一觉者,殆仿佛《礼运》大同之象焉。"① 谭嗣同试图通过消除国家来实现世界民族间的平等,无疑是一种离现实很远的理想,但他世界主义的眼光和立场,却是值得肯定的。

对两性平等的强烈要求是《仁学》又一突出的特点。谭嗣同看到了传统伦理规范对女性身体和精神的摧残,而母亲的遭遇更使他对女性充满了同情。在《仁学》中,他以"以太"和佛教"无人相,无我相"的原理为理论根基,呼吁两性的平等,指出男女的差别应仅仅在生理上,而不应有社会地位上的不同。他说:"夫男女之异,非有他,在牝牡数寸间耳,犹夫人之类也。……故重男轻女者,至暴乱无理之法也。……男女同为天地之菁英,同有无量之盛德大业,平等相均。"② 谭嗣同在"男女内外通"问题上的最主要特色,是他从性科学这一角度来展开对所谓"淫"和"天理"的批判,从而强调男女间的无差别相,试图为女性在社会生活中争得一席之地。更重要的是,谭嗣同没有停留于理论上的论证,他与梁启超等人创立不缠足会,从实际行动上为妇女的解放做出不懈努力,在中国妇女解放运动史上留下了不可忽视的一页。

谭嗣同的平等思想充满近代色彩,其论证方式也富有创见,是中国近代启蒙思潮中重要的一环。他的平等思想中激进的一面深刻影响了后来的资产阶级民主革命派,革命派中的许多人都视他为前驱先路,争相传阅《仁学》,而《革命军》的作者邹容则满怀敬仰的心情将谭嗣同的遗像放在座侧,他把自己的革命事业,当作谭嗣同事业的继续。他们吸取《仁学》的精华,决心为"冲决世界之层层网罗"而奋斗。谭嗣同这颗"晚清思想界之彗星"(梁启超语),一生虽短暂,却发出了耀眼的光芒。

三 "同道"和"对手":梁启超和孙中山的合与分

梁启超在认识孙中山之前,对其已有所闻,孙中山给他的印象是

---

① 谭嗣同:《仁学》,印永清评注,中州古籍出版社 1998 年版,第 235 页。

② 同上书,第 101 页。

"略通西学，愤嫉时变之流"①。1897 年冬，日本横滨华侨冯镜如等人欲创办中西学校，孙中山竟推荐素未谋面的梁启超为校长，虽然最后由康有为的另一弟子代往，却可见孙中山对年轻的梁启超颇为看重。

根据冯自由《中华民国开国前革命史》的记载，康、梁亡命日本不久，孙中山曾偕支持中国革命事业的日本人宫崎寅藏（1871—1922）前往慰问，并商量以后合作的问题，但康有为因得光绪帝眷顾，以帝师自居，认为革命党大逆不道，羞于为伍，故托事不见。康有为目孙中山等人为叛徒的鄙弃态度，成了日后两党轧轹的最大原因。然而老师自老师，学生自学生，梁启超并未因老师的态度而放弃自己内心的想法，他与孙中山不仅没有止于初见，反而是越走越近，甚至介绍孙中山与章太炎相识，使后来的革命派多了一名干将。在 1899 年夏秋间，梁启超由于与孙中山频繁来往，渐有赞成革命的趋向，也曾与孙磋商两党联合救国的问题，但终因康有为的坚决反对而未成。根据冯文，似乎梁启超的革命主张是受孙中山的影响，但实际上，梁启超在与孙中山交往之前，革命的火焰已时时在他心中跳跃。他在 1897 年冬，与谭嗣同和唐才常等任教于长沙时务学堂，拟定的教学宗旨有四："一渐进法；二急进法；三以立宪为本位；四以彻底改革，洞开民智，以种族革命为本位。"② 梁启超极力主张的是第二和第四两种宗旨，所以学堂教员的课本里，都充满了急进之语。梁启超也曾自述在时务学堂时"所言皆当时一派之民权论，又多言清代故实，胪举失政，盛倡革命。其论学术，则自荀卿以下汉、唐、宋、明、清学者，掊击无完肤。……堂内空气日日激变"③。我们可以想象，一个 25 岁的知识青年，眼看国家面临危亡，心中是何等愤慨和忧虑！当这种愤慨和忧虑转变成了对清廷的不满，他们就会强烈地希望改变现状；在他们看来，朝廷的无能，追根溯源，又在专制制度及维护专制的理论。所以，时务学堂时期的梁启超及其同人，盛倡革命，抨击君主专制政体，是自然而然的事。也就是说，在梁启超与孙中

---

① 丁文江、赵丰田编：《梁启超年谱长编》，上海人民出版社 2009 年版，第 24 页。

② 同上书，第 57 页。

③ 梁启超：《清代学术概论》，载《饮冰室合集·专集》之 34，第 62 页。

山交往时，孙中山的革命主张不过是与梁启超心中本有的想法一拍即合，使二人成了"同道"和"战友"。康有为的其他部分弟子，如徐勤、麦孟华等人都极力反对与革命党的合作，所以对于梁启超亲近孙中山的行为，他们认为是梁启超落入了孙中山的圈套，非立即设法解救不可。而梁启超的做法也引起康有为的盛怒，他令梁启超去檀香山办理保皇会事务，以远离孙中山，但梁启超私下仍与孙中山书信往来，并表示会想出调停之法，"矢言合作到底，至死不渝"。可是，距离的遥远、往来的疏阔，加上误会，终使"合作到底"的誓言无法"至死不渝"。

梁启超之能与孙中山成为"同道"，根本上还是由于二人的最终目标皆在建立独立的国家，因而不固执于某一种途径。他对孙中山说："至于办事宗旨，弟数年来，至今未尝稍变，惟务求国之独立而已。若其方略，则随时变通。但可以救我国民者，则倾心助之，初无成心也。"[1] 但"随时变通"，也可能会导致另一种相反的结果，即二人不能合作。是时梁启超与唐才常等人也常常一起商榷，"共图革命"，最后付诸行动，发起庚子勤王运动。同样是"革命"，孙中山一派是坚定地要赶走清朝皇帝，推翻清政权；而梁启超与唐才常所言革命，却是挽救光绪皇帝，两派的路径大相径庭。与对"革命"的理解不同一样，二人在对光绪帝的认知和态度上也大不同，梁曾反满清，但不反对光绪，一心寄希望于光绪当权而实现政治理想，所以才会有既不认满洲政府又试图通过勤王运动以拥护光绪复辟的看似矛盾的举措。之所以说"看似矛盾"，是因为这在梁启超自己看来并不矛盾，他反对满洲政府，是因他看到了满洲政府的专制和腐败，他不反对光绪，是因他认为光绪是主革新的一派，与慈禧等人不同。但问题是，光绪帝也是满洲政府的一部分，反满而不反帝，除非将光绪帝与整个清朝政治集团剥离开来，而这显然是不可能的。所以，梁启超与孙中山的分歧，与其说是方略的不同，不如说是逻辑前提的差异，这导致他们终究不可能走到一起。

康有为无法阻止梁启超与孙中山的交往，也改变不了梁启超的信念和想法，然而一旦梁启超自己想通了、思想自觉转变，同样也是孙中山

---

[1]　丁文江、赵丰田编：《梁启超年谱长编》，上海人民出版社 2009 年版，第 119 页。

说服不了的，他游美归国后力反革命之论便是如此，自此后，他与孙中山再也没有恢复以前的亲近状态。尽管他曾在给孙中山的信中表示，"我辈既已订交，他日共天下事必无分歧之理"①，但世事难料，生活中矛盾分歧无处不在，这样的"表白"只是年轻人一时的血气冲动罢了。

梁启超佩服孙中山者有三点：一是意志力坚强，经历多少风波，始终未尝挫折；二是临事机警，长于应变，尤其对于群众心理，最善观察和应用；三是操守廉洁。他认为孙中山的价值也就在这三件。而他对于孙中山最不满的，是孙"为目的而不择手段"，认为"孙君所以成功者在此，其所以失败者亦未必不在此"②。他还引孟子言"行一不义，杀一不辜，而得天下，皆不为也"③，影射孙中山之所为乃"行不义"之举。如此看来，两位曾经的"同道之人"终是"道不同，不相为谋"了。而世人所知道的、也常津津乐道的，便是二人及其所代表党派的激烈论战，没有人记得，他们也曾有过"合作到底，至死不渝"的誓言。

平心而论，梁启超与孙中山虽然由于政见不同而分道扬镳，但二人其实并非完全对立，他们的终极目标是一致的，那就是建立一个独立自主的现代民族国家，并且由于这个终极目标，他们都反对专制政体、主张政治革命，这也是他们最初能相投契的原因。但是，由于致思趋向和对民族关系认知的差异，二人终究走向分途。孙中山坚决要推翻清政权，而且他认可民族革命、政治革命和社会革命可以毕其功于一役；梁启超的主要目标是实现立宪政治，他只问政体而不问国体，认为实行政治革命即可，不必行民族革命，更不必急着行社会革命。但无论怎样，二人都是中国近代历史发展和政治变革的重要推动力量。

---

① 梁启超：《致孙中山函》，载夏晓虹辑《〈饮冰室合集〉集外文》上册，北京大学出版社 2005 年版，第 65 页。

② 梁启超：《孙文之价值》，载夏晓虹辑《〈饮冰室合集〉集外文》中册，北京大学出版社 2005 年版，第 957 页。

③ 《孟子·公孙丑上》。

第二章

"舍自由无他道"：
梁启超的"自由"理念

政治思想范式的转换，一个重要的表现是价值观念的变化。现代人非常熟悉的一些词汇，如自由、民主、平等、人权等，在中国传统典籍里很少见到，即便有的偶尔出现，含义也往往不同，至于宪政、议院等，更是近代以后的舶来品。从无到有，从陌生到熟悉，这些观念和价值形态在人们头脑中经历的变化，离不开"中国近代"这个过渡时期及这个时期中的伟大思想家们，由于他们的努力，闭塞的中国人才逐渐摆脱旧观念的束缚，在文明的道路上迈进。

在上述词汇中，"自由"无疑是最核心的价值。黑格尔说过："一个民族之所以存在，即在于它自己知道自己是自由的，是有普遍性的；自由和普遍性就是一个民族整个伦理生活和其余生活的原则。"[1] 对于一个民族的存在和文明的成长，自由意识是如此关键的因素。然而，就像严复所说的，被视为西方文明之源的自由，在中国却是"历古圣贤之所深畏，而从未尝立以为教者也"[2]。从未尝立以为教的观念，要变成人们所信奉的价值观，其难度可想而知。正因为如此，在"自由"已成为社会主义核心价值观之一的今天，呼吸着自由空气的中国人，更应感念以严复、梁启超等为代表的近代思想家们的筚路蓝缕之功。

---

[1] ［德］黑格尔：《哲学史讲演录》第1卷"导言"，贺麟、王太庆译，商务印书馆1978年版，第98页。

[2] 严复：《论世变之亟》，载王栻主编《严复集》第1册，中华书局1986年版，第2页。

第一节　梁启超自由思想的形成

梁启超不是中国近代自由思想的最早传播者，却可以说是 1899 年至 1902 年宣扬自由价值最有力的中国思想家。他对自由的认识有一个由浅入深的过程，因而他对自由的态度也经历了由慎用到大力宣扬再到辩证看待的变化。

一　梁启超对"自由"态度的变化

"自由"是自由主义的核心概念，也是政治哲学中最难以阐述的概念。其实自由的本义并不复杂，就是指一个人的行动和选择不受限制或阻碍。对此，不少自由主义思想家都曾有过论述。霍布斯（Thomas Hobbes，1588－1679）指出："自由一词就其本义说来，指的是没有阻碍的状况，……自由人一词根据这种公认的本义来说，指的是在其力量和智慧所能办到的事物中，可以不受阻碍地做他愿意做的事情的人。"① 哈耶克也认为，自由的原始意义就是"独立于他人的专断意志"②。罗尔斯说："自由总是可以参照三个方面的因素来解释的：自由的行动者；自由行动者所摆脱的种种限制和束缚；自由行动者自由决定去做或不做的事情。一个对自由的完整解释提供了上述三个方面的有关知识。……于是，对自由的一般描述可以具有以下形式：这个或那个人（或一些人）自由地（或不自由地）免除这种或那种限制（或一组限制）而这样做（或不这样做）。"③ 这些都是关于自由本义的阐发，其他的意义都是由此延伸出来的。

在中国古代典籍中，"自由"的意思就是"由自"，即由自己任意

---

① ［英］霍布斯：《利维坦》，黎思复、黎廷弼译，商务印书馆 1985 年版，第 162—163 页。

② ［英］哈耶克：《自由秩序原理》上册，邓正来译，生活·读书·新知三联书店 1997 年版，第 5 页。

③ ［美］罗尔斯：《正义论》，何怀宏等译，中国社会科学出版社 1988 年版，第 199—200 页。

去做事。虽然含有现代的"自由"意思，但主要意思是"任意"。由自己就是不由外力，是"自己作主"，在中国传统文化里，它主要是从精神境界（如庄子的"游心"）或者道德层面（如孔子的"为仁由己"）来讲的，其对立面并非他人的强制，这与西方的"自由"强调从外力的约束或制裁下解放出来有区别，后者主要是指"不受外力拘束压迫的权利，是在某一方面的生活不受外力限制束缚的权利"①，是外在的自由权利。

　　晚清具有近代意义的"自由"一词最早出现在 1868 年 7 月 28 日（同治 7 年）签订的《中美续增条约》中，其文如下："大清国与大美国，切念民人前往各国，或愿常住入籍，或随时来往，总听其自便，不得禁阻为是。现在两国人民互相来往，或游历，或贸易，或久居，得以自由，方有利益。"② 这里的"自由"指个人行动的自由，与中国古代典籍中的用法有一定的差别。在 1885 年傅兰雅与应祖锡翻译的《佐治刍言》中有关于自由思想的介绍，但他们用的是"自主之权"而不是"自由"概念。最早具体介绍西方自由概念的当是 1887 年 10 月 2 日《申报》上的一篇文章《论西国自由之理相爱之情》，介绍了自由思想、自由的原则和培根等人对自由的理解。其中关于自由的原则叙述如下："西国之所谓自由者，谓君与民近，其势不相悬殊，上与下通，其情不相隔阂，国中有大事，必集官绅而讨论，而庶民亦得参清议焉。君曰可而民尽曰否，不得行也。民尽曰可，而君独曰否，亦不得行也。盖所谓国事者，君与庶民共之者也。虽有暴君在上，毋得私虐一民。民有罪，君不得曲法以宥之。盖法者，天之所定，人心之公义，非君一人所能予夺其间，故亦毋得私庇一民。维彼庶民，苟能奉公守法，兢兢自爱，怀刑而畏罚，虽至老死，不涉讼庭，不见官长，以优游于牖下，晚饭以当肉，安步以当车，无罪以当富贵，清静贞正以自娱，即贫且贱，何害

---

① 胡适：《自由主义》，载欧阳哲生编《胡适文集》第 12 册，北京大学出版社 2013 年版，第 734 页。

② 转引自熊月之《中国近代民主思想史》（修订本），上海社会科学院出版社 2002 年版，第 267 页。

焉。此之谓自由。"① 这里所解释的"自由",实际上体现的是君主立宪制的特征,它包含着自由主义的一些基本原则,如平等("君与民近,其势不相悬殊")、民主("庶民亦得参清议")、法治("虽有暴君在上,毋得私虐一民。民有罪,君不得曲法以宥之")等。

但最初引起知识界对"自由"予以关注的,应是严复。严复1895年在天津《直报》上发表的几篇文章中论及自由问题,直截了当地指出中西方政治和文化有诸多差别的根本原因在于"自由不自由异耳"。在中国败给蕞尔岛国日本的历史条件下,这个命题式的结论在当时士人心中引起的震荡应该是十分剧烈的,对统治者的神经也会是一个极大的刺激,而严复也成了"中国近代自由主义运动的真正开创者"②。

梁启超虽然关注到严复的文论,但他当时在"自由"概念的运用上十分谨慎。据笔者对梁启超文本的考察,梁启超最早用到"自由"一词是在1896年的《变法通议·论变法必自平满汉之界始》一文中。当时有维新人士提倡政治革命以推翻满洲政权,梁启超对此持不赞成态度,他说,"今我国民智未开,明自由之真理者甚少,若倡革命,则必不能如美国之成就,而其糜烂将有甚于法兰西西班牙者"③,认为革命是"最险之着""最下之策"。从中我们至少可以看出梁启超对自由的两点看法:一是认为只有民智已开方能谈论自由,享自由之福;二是将"自由"与革命联系在一起,认为在人们对自由的意义没有完全把握的情况下,不能倡革命,否则就会导致大乱。我们不能确定梁启超的自由概念是不是得自严复,但有一点是显而易见的,那就是虽然当时严复已经宣传了西方自由理念的积极意义,但是梁启超对之仍然持保留态度。不过,尽管这一时期梁启超在"自由"概念的使用上持谨慎态度,他还是在一定程度上肯定了其积极价值,他曾言:"西方之言曰:人人有自主

---

① 转引自熊月之《中国近代民主思想史》(修订本),上海社会科学院出版社2002年版,第268页。

② 胡伟希、高瑞泉、张利民:《十字街头与塔——中国近代自由主义思潮研究》,上海人民出版社1991年版,第23页。

③ 梁启超:《变法通议·论变法必自平满汉之界始》,载《饮冰室合集·文集》之1,第80页。

之权。何谓自主之权？各尽其所当为之事，各得其所应有之利，公莫大焉，如此则天下平矣。"① 他所说的"自主之权"，实际上就是近代西方高扬的天赋人权，即自由权，他指出若能实现每个人的自主之权，天下就太平了，这表明他还是看到了"人人有自主之权"的重要性。当然，梁启超此时对"自由"并无太多的了解，更多的是一种直观感性的认识。

但有限认识、感性认识终究胜过毫无认知，如果说梁启超在维新变法时期由于各种原因而慎谈自由，那么，当变法已失败、他自己也身居日本并大量阅读日译西籍后，那些制约他思想发挥的因素便不存在了，他的思想犹如脱缰的野马，开始尽情地"驰骋"。他对"自由"尽情地讴歌，不遗余力地宣扬自由主义，由此开启了他作为宣传家和启蒙思想家的黄金时代。

对于日本这个紧邻岛国，梁启超并不陌生。在流亡日本之前，他已读到过黄遵宪的《日本国志》和康有为的《日本书目志》，也曾提出中国改革当效法日本明治维新的主张。他说，日本学习西方实行变法维新，30 年治艺已成，中国若借鉴日本的经验，"察其变法之条理先后，则吾之治效，可三年而成"②。变法失败为梁启超近距离地了解日本提供了契机，他到日本后，与另一名维新志士罗孝高研究出一种"和文汉读法"，在不到半年的时间内，就基本上能阅读日文书报。

当时的日本，对于梁启超来说，无疑是个全新的天地，大量的日文书籍带给他巨大的欣喜，他的反应是十分热烈的，如饥似渴的阅读大大开阔了他的视野。"既旅日数月，肆日本之文，读日本之书，畴昔所未见之籍，纷触于目，畴昔所未穷之理，腾跃于脑，如幽室见日、枯腹得酒。"③ 日本，成为梁启超学习西方的重要平台，正如有的日本学者所言，当时已是明治维新 30 年以后，日本的国家体制框架基本上已固定，对于立志在中国变法维新的梁启超而言，在日本随处可见的都是值得

---

① 梁启超：《论中国积弱由于防弊》，载《饮冰室合集·文集》之 1，第 99 页。

② 梁启超：《读〈日本书目志〉书后》，载《饮冰室合集·文集》之 2，第 53 页。

③ 梁启超：《论学日本文之益》，载《饮冰室合集·文集》之 4，第 80 页。

"拿来"的东西。① 在 1899 年，梁启超自述了对日本的感受及其逃亡一年来的生活情形和思想变化："自居东以来，广搜日本书而读之，若行山阴道上，应接不暇，脑质为之改易，思想言论，与前者若出两人。每日阅日本报纸，于日本政界学界之事，相习相忘，几于如己国然。盖吾之于日本，真所谓有密切之关系，有许多之习惯印于脑中，欲忘而不能忘者也。"② 梁启超对新知识的接受是十分迅速的，日本书籍很快就对他产生了重要影响。

那么，是什么使梁启超在短短一年内就"脑质为之改易，思想言论，与前者若出两人"呢？我们不妨来看看梁启超在到日本后不久所接触到的书籍。根据梁启超所列目录可知，当时日本学校普通科目有十多种，包括伦理学、历史、地理、数学、博物、法制、经济等。但梁启超最关注的是两类：伦理学和历史，凡属这两类科目已出版的书籍，他几乎都进行了罗列和说明。而他之所以对这两类情有独钟，他本人有清楚的解释："学问所以能救世者，以其有精神也，苟无精神，则愈博学而心术愈以腐败，志气愈以衰颓，品行愈以诐邪，特安取之？今者中国旧有之道德，既不足以范围天下之人心，将有决而去之之势，苟无新道德以辅佐之，则将并旧此之善美者亦不能自存，而横流之祸，不忍言矣。故今日有志救世者，正不可不研究此学，斟酌中外，发明出一完全之伦理学以为国民倡也。"③ 原来，他研究伦理学的动机就在试图以一种"新道德"来取代"旧道德"，从而维系人心和社会。由此我们也可以得知，他在 1902 年《新民说》中提出的"道德革命"论，其实在几年前就已经开始孕育了。至于历史学，他认为，西洋史中记有西方民族变迁和政治之异同得失，所以"学者欲知泰西民族立国之大原，不可不注意于此"④；而对日本史，他认为一是要阅读明治史以求知其近今之进步，二是要阅读幕末史以知其所以得此进步之由。显然，他是希望国人

---

① ［日］狭间直树：《梁启超·明治日本·西方：日本京都大学人文科学研究所共同研究报告》"日文本序"，狭间直树编，社会科学文献出版社 2001 年版，第 7 页。

② 梁启超：《夏威夷游记》，载《饮冰室合集·专集》之 22，第 186 页。

③ 梁启超：《东籍月旦》，载《饮冰室合集·文集》之 4，第 86 页。

④ 同上书，第 94 页。

将西方史和日本史作为一面镜子，从中学习经验教训以求得国家富强之道。

但以上这些是否就是让他脑质为之改易的全部因素呢？当然不是。在这一时期，他屡屡提到的还有西方自由主义著作，并且经常加以引用。如当他力推和称赞《欧罗巴文明史》时，他是将它与孟德斯鸠的《万法精理》（即《论法的精神》）和卢梭的《民约论》（即《社会契约论》）一并提出的，可见，《万法精理》和《民约论》这些经典自由主义著作已经在他心中有了很高的地位。事实还不止于此。从1899年起，他在《清议报》和《新民丛报》上发表了包括叙言在内的64篇杂感，命之为《自由书》。在《自由书》中，他再次提到孟德斯鸠的《万法精理》和卢梭的《民约论》，以及密尔的《自由公理》（即《论自由》），并且以这些著作为据展开对张之洞（1837—1909）《劝学篇》①的批评，他认为张著虽能挟朝廷之力而行，一时誉满海内，但"不三十年将化为灰烬，为尘埃野马，其灰其尘，偶因风扬起，闻者犹将掩鼻而过之"②。张之洞乃清廷重臣，其《劝学篇》当时在国内也有很大影响，而梁启超竟对之如此鄙弃，并且他批判张著的有力依据就是上述几种著作，这足见这些著作在梁启超心中的分量，表明他对自由主义理论学说已十分崇信。他说，精神上的学问就是"民权自由"之说，"人民一知民权自由之理，则其操纵驾驭苟且粉饰之术，将无所用，故不得不以死力挫其锋也。……民权自由者，天下之公理也。世界自然之进步，积其资格以及于今日，既已磅礴郁积，持满而必发，譬之经严冬冱寒以后，春风一度，勾出萌达，万绿齐苗，夫宁可压制耶？夫宁可压制邪？譬之奔流，壅之愈甚，则决之愈烈"③。在戊戌变法之前，梁启超也倡民权之

---

① 张之洞的《劝学篇》于1898年出版。全书24篇，分内篇和外篇。该书自称"内篇务本，以正人心"，"外篇务通，以开风气"。其中心思想是"中学为体，西学为用"，主张先明"我中国先圣先师立教之旨"，"然后择西学之可以补吾缺者用之"，将冯桂芬在1860—1861年所作《校邠庐抗议》中的"以中国之伦常名教为原本，辅以诸国富强之术"思想系统化，形成了"中体西用"论。

② 梁启超：《自由书·地球第一守旧党》，载《饮冰室合集·专集》之2，第7页。

③ 同上。

说，但从未将民权与自由一词联系在一起，而现在他往往将这两个词并提。这种语词使用上的变化，实际上蕴含着梁启超对自由理论态度的极大转变，自由再不是会造成大乱的可怕之物，而是"天下之公理"，是绿芽，是奔流，不可遏制，不可阻挡。

从1899年开始，梁启超在许多文论中都热情地宣传自由主义，至1903年游历美洲，由于对海外华人尤其是旧金山华人的散漫无纪表现十分失望，梁启超对自由的态度不再似此前几年那般热烈，他意识到，在国民程度未及格的情况下，若宣传无限制的自由平等说，只会产生无穷流弊，所以，他开始转而强调自由与法律的辩证关系，指出只有在法律的范围内谈论自由才有意义。关于此点，后文中有论及，此处不再赘述。

回到前面的话题：梁启超引用和宣传的是卢梭、密尔等人的思想，但他并不能直接阅读他们的原著，而只能通过日本人翻译的著作来了解他们的自由主义思想。我们知道，就翻译学而言，即使翻译者本身十分忠实于原著，也会由于某些个人的因素而与原著多少有些出入，身处维新自强历史时期的日本启蒙学者，他们在翻译西方著作时很难说不带有主观的思想倾向，也就是说，为了适应国内形势发展的需要，他们在翻译时难免会在语词甚至思想上对原著的面貌有所改变。所以梁启超通过日译作品所了解的西学，实际上是经过日本思想家过滤了的西学，或者如同有的研究者所说的是"日本化"了的西学。"由于梁启超是在日本的土地上通过日本人的译著或著作来了解西方的，所以梁启超所接受的西方思想，是一种被'日本化'了的西方思想，因此也可以这样说，中国近代所受到的西方思想的影响，在某种程度上，是一种受到了'日本化'的西方思想的影响。"①

被"日本化"了的西方思想涉及方方面面，那么就自由主义而言，有哪些被日本学界所吸收又有所变异呢？梁启超又主要以谁为媒介而接受了西方自由理论？他为什么要接受并宣传自由呢？为了解答这些疑问，我们不能不把目光投向日本明治时代的两位启蒙思想家中江兆民和

---

① 郑匡民：《梁启超启蒙思想的东学背景》，上海书店出版社2009年版，第2页。

中村正直，以从梁启超与他们的思想关系中梳理出梁氏自由思想形成的脉络。

二 对卢梭—中江兆民自由思想的继承和发展

梁启超最初接触到中江兆民的著作是通过康有为的《日本书目志》，该书约收录了日本明治前后的书籍 7100 多册，其中就有中江笃介（即中江兆民）所译的《理学沿革史》。梁启超当时不一定读过该书，但他到日本后，《理学沿革史》是他经常读的书并对他产生了重大影响。

中江兆民（1847—1901），又名中江笃介，生于日本的一个下层武士家庭。他在 1872 年到达法国，在那里度过了两年半的留学生活，其间他结识了日本自由民权派的领袖马场辰猪和公爵西园寺公望。西园寺公望是卢梭系统政治学者阿格拉斯（Emile Acollas，1826—1891）的学生。中江兆民在留法期间，读了大量的阿格拉斯的著作，对卢梭思想有了较深入的了解。1874 年中江兆民回到日本，以法国自由主义为武器，大力宣传自由民权思想。他发行《政理丛谈》，以卢梭主义和革命主义为其精髓；翻译了卢梭的《民约论》，使之成为民权论的源泉。在这里有必要提一下日本的自由民权运动。就在中江兆民归国的那一年即 1874 年（明治七年）1 月，日本在野的前参议们提出了"设立民选议院建议"，成为日本自由民权运动的导火线。"建议"引起了所谓的"民选议院论战"，通过这次论战，以设立民选议院的根本思想——天赋人权说为根据的人民自由论，便迅速地扩大到知识分子中间，并且利用各种形式浸透到广大群众中去。1881 年（明治 14 年），西园寺公望和中江兆民等人创办《东洋自由新闻》。这个刊物虽然出版不到几个月便由于受到政府压迫宣告停刊，但在这个刊物上，中江兆民向社会广泛地宣传了与过去以密尔、斯宾塞为代表的英国自由主义性质完全不同的卢梭的社会契约学说和民权思想，并且具体地把它应用到反政府运动方面去，给自由民权思想奠定了抵抗权和革命权的理论基础。①

---

① ［日］近代日本思想史研究会：《近代日本思想史》第 1 卷，马采译，商务印书馆1983 年版，第 60—65 页。

根据留日学者郑匡民的研究，虽然梁启超对明治日本有影响的学派的著作都有所注意，但他受中江兆民的影响而写的文章最多，他在《清议报》和《新民丛报》上发表的《霍布士（Hobbes）学案》《斯片挪莎（Spinoza）学案》《卢梭（Rousseau）学案》《近世文明初祖二大家之学说》《法理学大家孟得斯鸠（Montesquien）之学说》《乐利主义泰斗边沁（Benthan）之学说》《近世第一大哲康德（Kant）之学说》等一系列介绍西洋思想的文章，其中大部分是以中江兆民的《理学沿革史》为蓝本写成的。郑氏将梁启超的文章与中江兆民的《理学沿革史》逐字逐句进行了对照，指出梁启超的文章基本上可以说是对中江兆民文章的节译。以《卢梭学案》为例，梁启超说："按卢氏此论，可谓铁案不移。夫使我与人立一约，而因此尽捐弃我之权利，是我并守约之权而亦丧之也，果尔，则此约旋成随毁，当初一切所定条件，皆成泡幻，若是者，谓之真约得乎？"①再看中江兆民的原文："卢梭此论诚当也，我若与人定立契约，而因此尽捐弃我之权利时，是我并遵守契约之权亦丧之也，果尔，则此约旋成随坏，一切当初所定之条款，后皆一时消散，若是者，当初即非真约也。"②另外梁启超的《霍布士学案》《斯片挪莎学案》等几乎都是重复中江兆民的意思，"从这点来说，中江兆民的《理学沿革史》，既使梁启超深受了日本的法兰西自由主义学派的影响，同时也是梁启超了解西方世界的一个窗口"③。郑氏以梁启超到日本后所写杂感命名为《自由书》作为根据，认为这是梁启超深受中江兆民自由思想影响的表现。郑氏的观点自有其理据，不过，即使梁启超所写的一系列学案多来自中江兆民译的《理学沿革史》，但这并不代表梁启超的自由观完全是中江兆民自由思想的翻版，有一个事实需要注意，那就是梁启超在《自由书》的"叙言"中引用的乃是密尔的话："西儒弥勒·约翰曰：'人群之进化，莫要于思想自由、言论自由、出版自由。'三大自

①　梁启超：《卢梭学案》，载《饮冰室合集·文集》之6，第101页。

②　转引自郑匡民《梁启超启蒙思想的东学背景》，上海书店出版社2009年版，第152页。

③　同上。

由，皆备于我焉，以名吾书。"① 这说明梁启超当时已经注意到了密尔的著作，在他的自由思想中，除了有卢梭思想的成分，还有密尔思想的成分。当然，如果说中江兆民是梁启超了解和接受西方自由主义的一个重要中介，或者说梁启超了解卢梭主要是通过中江兆民，这是无可置疑的。

梁启超曾一度十分推崇卢梭，他说："欧洲近世医国之国手，不下数十家。吾视其方最适于今日之中国者，其惟卢梭先生之《民约论》乎！是方也，当前世纪及今世纪之上半，施之于欧洲全洲而效；当明治六、七年至十五、六年之间，施之于日本而效。今先生于欧洲与日本既已功成而身退矣，精灵未沬，吾道其东，大旗舳舳，大鼓冬冬，大潮汹汹，大风蓬蓬，卷土挟浪，飞沙走石，杂以闪电，趋以万马，尚其来东。……呜呼，《民约论》兮，尚其来东！大同大同兮，时汝之功！"② 他认为卢梭的《民约论》不仅是欧洲人思想解放的源泉、日本自由民权运动的理论依据，也是今日中国的救治良方。他热烈地呼唤国人以民权自由说为思想旗帜，破坏数千年之旧物，像日本一样建立一个新兴的世界，"历观近世各国之兴，未有不先以破坏时代者，此一定之阶级，无可逃避者也"③。梁启超为何要将卢梭的《社会契约论》与破坏主义联系在一起，这要从卢梭自由思想自身的特点来进行探究。

卢梭的《社会契约论》要论证的主要是两点：一是自然权利论（natural rights），即人是生而自由平等的，任何人都没有强使他人服从的天然权威。二是人民主权论，即国家的主权在人民，政府是人民自由意志的产物，如果自由被强力所剥夺，则被剥夺了自由的人民有革命的权利，可以用强力夺回自己的自由。这一学说代表了18世纪法国启蒙运动中激进的民主思想，为资产阶级革命提供了理论纲领，曾起过积极的作用。

卢梭倡导天赋人权说，认为每个人都生而自由、平等，如果"放弃

① 梁启超：《自由书·叙言》，载《饮冰室合集·专集》之2，第1页。
② 梁启超：《自由书·破坏主义》，载《饮冰室合集·专集》之2，第25—26页。
③ 同上书，第25页。

自己的自由，就是放弃自己做人的资格，就是放弃人类的权利，甚至就是放弃自己的义务。对于一个放弃了一切的人，是无法加以任何补偿的。这样一种弃权是不合人性的；而且取消了自己意志的一切自由，也就是取消了自己行为的一切道德性"①。对卢梭的这一思想，梁启超不仅继承而且多有发挥，他在不少文章中都呼吁不要放弃固有的自由权，斥责放弃自由的罪过，这从正面来讲，就是承认人人都生而具有自由和权利，也就是承认天赋人权说。对于卢梭学说，他给予了高度评价，他认为"自此说一行，欧洲学界，如平地起一霹雳，如暗界放一光明，风驰云卷，仅十余年，遂有法国大革命之事。自兹以往，欧洲列国之革命，纷纷继起，卒成今日之民权世界。《民约论》者，法国大革命之原动力也；法国大革命，十九世纪全世界之原动力也"②。这与他在维新变法时期对自由思想和法国大革命的态度已有天壤之别，那时，他担心在人们还没有明白自由之真义的情况下倡革命会导致动乱，而现在，他认定自由是人的本质属性，是不可剥夺的人权，必须通过破坏旧的政治权力结构来获得这本有的天赋权利。当然，这是梁启超思想最激进的时候对卢梭学说的看法，在1903年后他开始反对破坏和革命时，他对卢梭学说也相应地由推崇转为了批评，开始更多强调自由与法律间的辩证统一关系（这在前文中已提及）。

在《社会契约论》中，卢梭提出了三个关于自由的概念："天然的自由""社会的自由"和"道德的自由"。卢梭指出，在自然状态下，人们所享有的是"仅仅以个人的力量为其界限的自然的自由"③，这就是他所称的"天然的自由"。在人类进入社会状态后，人们相互间订立契约以保护每个结合者的人身和财富，这样所得的约定的自由，就是社会的自由。为了社会的自由，人们必须放弃天然的自由，"每个结合者及其自身的一切权利全部都转让给整个的集体，……每个人既然是向全体奉献出自己，他就并没有向任何人奉献出自己；而且既然从任何一个

---

① ［法］卢梭：《社会契约论》，何兆武译，商务印书馆2003年版，第12页。
② 梁启超：《论学术之势力左右世界》，载《饮冰室合集·文集》之6，第112—113页。
③ ［法］卢梭：《社会契约论》，何兆武译，商务印书馆2003年版，第26页。

结合者那里，人们都可以获得自己本身所渡让给他的同样的权利，所以人们就得到了自己所丧失的一切东西的等价物以及更大的力量来保全自己的所有"。由此，社会契约可简化为一句话："我们每个人都以其自身及其全部的力量共同置于公意的最高指导之下，并且我们在共同体中接纳每一个成员作为全体之不可分割的一部分。"① 由此，人类由于社会契约而丧失其"天然的自由"以及他所能得到的一切东西的那种无限权利，而所获得的是"社会的自由"以及对于他所享有的一切东西的所有权。"社会的自由"受"公意"的约束，但它所得到的是根据正式的权利而奠定的所有权，也就是说这种自由受到由契约所形成的法律的保护，因而它比天然的自由更具有稳定性和可靠性。卢梭又指出，人们在社会状态下除了获得社会的自由、懂得了权利和义务、具有正义感和理性外，"还应该在社会状态的收益栏内再加上道德的自由，唯有道德的自由才使人类真正成为自己的主人；因为仅只有嗜欲的冲动便是奴隶状态，而唯有服从人们自己为自己所规定的法律，才是自由"②。可见，在卢梭看来，"道德的自由"才是真正的自由。

卢梭的"天然的自由"和"社会的自由"概念，在中江兆民的《民约译解》中被译为"天命之自由"和"人义之自由"。"虽自由权亦有二焉，上古之人肆意为生，绝无被检束，纯乎天者也，故谓之'天命之自由'"，而"民相共约，建邦国，设法度，兴自治之制，斯以得各遂其生长其利，杂乎人者也，故谓之人义之自由。……天命之自由，本无限极，而其弊也，不免交侵互夺之意，于是咸自弃天命之自由，相约建邦国，作制度以自治，而人义之自由生焉，如此者所谓弃自由权之正道也。无他，弃其一而取其二，究竟无有所丧也"③。中江兆民和卢梭的自由概念虽稍有不同，但意思是完全一样的。中江兆民进一步将自由分为两类，一是"心思之自由"，二是"行为之自由"。他解释道："'心

---

① ［法］卢梭：《社会契约论》，何兆武译，商务印书馆 2003 年版，第 20 页。

② 同上书，第 26 页。

③ 转引自郑匡民《梁启超启蒙思想的东学背景》，上海书店出版社 2009 年版，第 154 页。

思之自由'者，我之精神心思绝不受他物之束缚，是得谓完全发达而无遗余也。古人所谓，配义与道，浩然一气即此物也。内省无疚，自反而缩，亦此物也，乃俯仰天地无愧怍，外之则不为政府教门所箝制，内之则不为五恶六欲所妨碍，活泼泼，转辘辘，凡其得驰骛之所，愈驰骛之，则愈进，而亦不少挠者也。故心思之自由者，以我本有之根基，为第二类行为自由之始，其他百般自由之类，皆从此出，凡人生之行为，福祉、学艺皆从此出，盖吾人之最可当留心涵养之所，莫此物为尚矣。"① 而"行为之自由"包括一身之自由，思想、言论、出版自由，集会、结社自由，民事之自由，从政之自由，等等。其中，"心思之自由"是源泉和根基，其他各种行为自由都从中生出，中江兆民所说的"心思之自由"，其实正是从卢梭的"道德之自由"演变而来。

尽管梁启超大量借鉴中江兆民的《理学沿革史》，但在他关于自由的论述中，并没有直接借用兆民的"天命之自由""人义之自由"和"心思之自由"等概念，而是根据他自己的理解和偏好运用了一些自由概念。他有时将"自由"等同于"自治"，有时与民权并提，称"民权自由"，此外他常提到的还有"团体之自由"和"个人之自由"、"野蛮自由"和"文明自由"（如《新民说·论自由》）、"良心之自由"（如《近世第一大哲康德之学说》）、"思想自由"（如《十种德性相反相成义》《近世文明初祖二大家之学说》《保教非所以尊孔论》）等。梁启超认为："野蛮时代个人之自由胜，而团体之自由亡；文明时代团体之自由强，而个人之自由减。斯二者盖有一定之比例，而分毫不容忒者焉。"② 这里要注意的是，梁启超此处所讲的"个人之自由"指的是野蛮时代任意妄为的个人自由，而不是现在一般意义上以个体为本位的自由。而所谓文明的自由，就是"自由于法律之下，其一举一动，如机器之节腠，其一进一退，如军队之步武"③。法律看起来是约束自由的，但

①　转引自郑匡民《梁启超启蒙思想的东学背景》，上海书店出版社 2009 年版，第156页。

②　梁启超：《新民说·论自由》，载《饮冰室合集·专集》之 4，第 44—45 页。

③　同上书，第 45 页。

由于它是由我自己所制定的，故自制之、自守之，此乃真自由。根据梁启超对自由概念的解释，我们可以看出，其"个人之自由"或"野蛮自由"大致相当于卢梭的"天然的自由"和中江兆民的"天命之自由"；"团体之自由"或"文明自由"则类似于卢梭的"社会的自由"和中江兆民的"人义之自由"。至于他所说的"思想自由"和"良心之自由"可与中江兆民的"心思之自由"相对应，其中"良心之自由"相当于卢梭的"道德的自由"①。下面不妨用图示来直观反映三者所讲的"自由"概念间的大致对应关系。

卢梭		中江兆民		梁启超
天然的自由	……	天命之自由	……	野蛮之自由
社会的自由	……	人义之自由	……	文明之自由
道德的自由	……	心思之自由	……	良心之自由

从上述分析来看，梁启超的自由思想确实与卢梭自由思想之间具有某种承袭关系，而中江兆民则为其中介，这是梁启超自由观的一条思想脉络。但是，梁启超的自由思想并非完全是受法国自由主义思想影响的结果，如前文所说，梁启超当时还注意到了密尔的自由思想，在他的自由观中，除了有卢梭一派自由思想的成分，还有密尔一派自由思想的成分，而对密尔自由思想的吸纳，主要是通过日本的另一位启蒙思想家中村正直来实现的。

三 对密尔—中村正直自由思想的继承和发展

中村正直（1832—1891），号敬宇，生于日本的一个下级武士家庭，曾于1866年2月至1867年6月留学英国，是明治时期著名的启蒙思想家。梁启超对他评价甚高："日本中村正直者，维新之大儒者也，尝译

---

① 梁启超所强调的"思想自由"主要是指思想的独立自主，与卢梭所谓的"道德的自由"指谓并不相同，所以将它们区别开。梁启超的"良心之自由"在《新民说》中解释为用"道德心以自主之"或"克己"，这与卢梭讲的道德的自由基本上一致。

英国斯迈尔斯氏所著书，名曰《西国立志编》，又名之为《自助论》，其振起国民之志气，使日本青年人人有自立自重之志气，功不在吉田（松阴）、西乡（隆盛）下矣。"①

梁启超首先注意到的不是中村正直翻译的《论自由》，而是《自助论》，这可能与《自助论》是著名的"明治三书"②之一有关。中村正直在 1871 年（明治 4 年）译完《自助论》后，次年又翻译了密尔的《自由之理》（即《论自由》，发表于 1859 年），这部书译成以后也曾风行一时，在当时产生了广泛的影响。不过中村正直翻译《自由之理》的目的并不十分明确，他说："如予之梼昧者，本应无定是非之知见，此书所论之事，是耶非耶，非予所知也。或有人曰：然何故译此书耶？对曰：所有世上之议论，无论其或是或非，知之终比不知为善，故英国与欧罗巴诸国务广译他邦之书也。此书所论之自由之理（又曰自主之理——原注）虽于皇国本无关系，然于欧罗巴诸国乃为至要至紧之事而常被言及。故译此书以为研究外国政体之人万一之补裨也。"③

中村正直之所以说《自由之理》与日本没有关系，这大概是指日本当时所处的时代环境与密尔著《论自由》的背景并不相同，因而《论自由》中的思想不适于当时的日本。在 19 世纪五六十年代，英国资产阶级已经在与少数特权阶级的斗争中取得了胜利并巩固了自己的政权统治，在密尔看来，当时的自由问题已不是政治自由的问题，而是在社会本身中，即在人民大众中，将产生一种新的对个人自由更危险的威胁，所以以后阶段的问题就是防止个人被比以往更为强大和自信的人类大众所压迫，这也就是他所说的要防止"多数的暴虐""社会暴虐"。密尔在引论中开宗明义地指出："这里所要讨论的乃是公民自由或称社会自由，也就是要探讨社会所能合法施用于个人的权力的性质和限度。"④ 密尔为什么要探讨公民自由问题，因为他已觉察到，"所谓'自治政府'和所谓'人民施用于自身的权力'等类词句，并不表述事情

① 梁启超：《自由书·自助论》，载《饮冰室合集·专集》之 2，第 16 页。
② 另两部书是福泽谕吉的《西洋事情》和内田正雄的《舆地志略》。
③ 转引自郑匡民《梁启超启蒙思想的东学背景》，上海书店出版社 2009 年版，第 109 页。
④ ［英］约翰·密尔：《论自由》，许宝骙译，商务印书馆 1959 年版，第 1 页。

的真实情况。运用权力的'人民'与权力所加的人民并不永是同一的；而所说的'自治政府'亦非每人管治自己的政府，而是每人都被所有其余的人管治的政府。至于所谓人民意志，实际上只是最多的或者最活跃的一部分人民的意志，亦即多数或者那些能使自己被承认为多数的人们的意志。于是结果是，人民会要压迫其自己数目中的一部分；而此种妄用权力之需加防止正不亚于任何他种"①。一般人认为多数的暴虐之所以可怕，主要在于它会通过公共权威的措施而起作用，但密尔指出，当社会本身是暴君时，就是说，当社会作为集体而凌驾于构成它的个体时，它的肆虐手段并不限于通过其政治机构而做出的措施，这种社会暴虐比许多种类的政治压迫还可怕，因为它"奴役到灵魂本身"。因此，他进一步指出："关于集体意见对个人独立的合法干涉，是有一个限度的；要找出这个限度并维持它不遭侵蚀，这对于获致人类事务的良好情况，正同防御政治专制一样，是必不可少的。"② 因此，密尔致力于在个人独立与社会控制之间划出一道界限。中村正直翻译《论自由》时，日本尚处于明治初期，社会的主题一是要求设议院伸张民权，二是要求维新变法以求富强，这与密尔所处的背景大不相同，因此，密尔所论述的"自由之理"不如《自助论》和卢梭的《社会契约论》那样"实用"和受关注也就是自然而然的事情了。

那么，密尔的自由理论在梁启超的心目中是什么地位呢？在梁启超于1901 年至 1903 年写的一系列学案中，唯独没有关于密尔及其学说的介绍，这使人误以为梁启超对密尔思想的作用和地位是比较忽略的。但事实并非如此。实际上梁启超对密尔及《论自由》的评价相当高，他说："十九世纪之有弥勒约翰，其犹希腊之有亚里士多德乎。论古代学术之起源，无论何科，殆皆可谓滥觞于亚里士多德；论今代学术之进步，无论何科，殆皆可谓集成于弥勒约翰。弥勒约翰在数千年学界中之位置，如此其崇伟而庄严也。"③ 至于他为什么没有专门撰文介绍密尔学说，他也作了解释："《自由原理》一书，为弥

---

① [英] 约翰·密尔：《论自由》，许宝骙译，商务印书馆 1959 年版，第 4 页。

② 同上书，第 5 页。

③ 梁启超：《〈自由原理〉序》，载夏晓虹辑《〈饮冰室合集〉集外文》上册，北京大学出版社 2005 年版，第 141 页。

尔中年之作，专发明政治上、宗教上自由原理。吾涉猎弥氏书十数种，谓其程度之适合于我祖国，可以为我民族药者，此编为最。久欲绍介输入之，而苦无暇也。"① 与中村正直认为《论自由》不适合于日本相反，梁启超认为此书可以为我国的医治良方，是严译《天演论》之后我国所得第二个善译本，可见他将密尔在西方自由主义思想史上置于了很高的地位。不过从梁启超的论断，即《自由原理》一书"专发明政治上、宗教上自由原理"，亦可见他对密尔所论述和捍卫的核心价值并没有真正地理解，他也未能觉察到"社会暴虐"与政治专制之间的区别。

　　最能体现梁启超自由思想与密尔思想之间渊源关系的，是他 1902年发表的《论政府与人民之权限》一文。梁启超作此文，主要是力图防止出现两种极端倾向——无政府主义和专制主义，他认为，若将国家主权给人民，发展到极端就会使人民之权无限，从而导致无政府主义；若国家主权由政府来掌握，发展到极端就会使政府之权无限，导致专制主义，所以要"构成一完全至善之国家，必以明政府与人民之权限为第一义"。"纵观数千年之史乘，大率由政府滥用权限，侵越其民，以致衰致乱者，殆十而八九焉，若中国又其尤甚者也。故本论之宗旨，以政府对人民之权限为主眼，以人民对政府之权限为附庸。"② 从文章的主要内容来看，确实与密尔的《论自由》看起来很接近，但若深入考察，就会发现与密尔的原意发生了偏离。如上文所述，密尔《论自由》的核心精神是维护个人自由，反对"社会的暴虐""多数或公众意见的暴虐"，要在个人独立与社会控制之间做出恰当的调整。但在梁启超的文中，个人与社会之间的对立，变成了人民与政府之间的对立，限制社会的暴虐，换成了限制政府的权力。而正是这一主题的转换，引来了诸多的争议，如张灏认为梁启超没有领会英国自由主义的核心③；另一位华裔美国学

① 梁启超：《〈自由原理〉序》，载夏晓虹辑《〈饮冰室合集〉集外文》上册，北京大学出版社 2005 年版，第 142 页。这篇序言是为马君武所译《自由原理》而作，马君武译本与严复译本《群己权界论》都于 1903 年出版。

② 梁启超：《论政府与人民之权限》，载《饮冰室合集·文集》之 10，第 1 页。

③ ［美］张灏：《梁启超与中国思想的过渡（1890—1907）》，崔志海、葛夫平译，江苏人民出版社 1997 年版，第 136 页。

者黄宗智（Philip.C.Huang）也认为梁启超无法像密尔一样将个性本身当作目的来看待①；而日本学者土屋英雄则强调这一现象与梁启超通过中村正直的译本来摄取密尔思想之间的关系。

土屋英雄曾在他其他论文中将《论政府与人民之权限》中所引的密尔的词句与中村正直译本《自由之理》进行了比较和对照，认为梁文的主要部分正是以中村正直《自由之理》为蓝本写成的。他首先指出了中村正直在翻译《论自由》时的一些变化：密尔《论自由》主题是"公民自由或称社会自由"，而中村正直把这一主题翻译为："人民的自由，即讨论人伦交际上的自由理论。也就是说，讲明同伙同伴即政府对各个人施加权势为何物，其本性如何之事也。且讲明其权势之界限是也。"②在这里，密尔的"society"被译成"同伙同伴即政府"，"individual"被译为"各个人"。"各个人"还比较接近原意，但"同伙同伴即政府"的意思则模棱两可。《论自由》中的"多数的暴虐""社会暴虐"都被译为"多数同伙的暴威"，这使"社会暴虐"这一新问题变得难以理

① ［美］Philip. C. Huang, *Liang Ch'i-ch'ao and Modern Chinese Liberalism*, University of Washington Press, 1972, p. 73. 张灏和黄宗智是基于英美自由主义的立场而评价的。在西方，依据对自由主义本质特征的不同体认，形成了欧陆自由主义传统和英美自由主义传统。欧陆自由主义是以卢梭、黑格尔为典型的民主传统，英美自由主义是以密尔的《论自由》一书为代表的自由民主传统。前者主张建立一个可以彻底表达人民意志并消除所有阶级间剥削的政治体制，具有强烈的改造世界的乌托邦精神；后者的代表人物除了密尔之外还有在他之前的洛克和美国的联邦主义者，与在他之后的韦伯、熊彼特和20世纪美国主流的政治思想家，他们的理论则以承认阶级划分之社会为起点，力图以一套民主的架构来保障个人不受政府压迫，并进一步提供人们自我发展的机会。（参见黄克武《一个被放弃的选择——梁启超调适思想之研究》，"中研院"近代史研究所1994年版，第3—4页。）哈耶克曾论述了两种自由传统之间的差异："一为经验的且非系统的自由理论传统，另一为思辨的及唯理主义的（rationalistic）的自由理论传统。前者立基于对自生自发发展的但却未被完全理解的各种传统和制度所做的解释，而后者则旨在建构一种乌托邦，虽说人们此后亦曾反复尝试过这一乌托邦，但却从未获致成功。"哈耶克认为两个传统关于社会秩序的进化和功用，以及自由在其间所起作用的观点，区别之大，难以想象。参见哈耶克《自由秩序原理》上册，邓正来译，三联书店1997年版，第61—62页。

② 转引自［日］土屋英雄《梁启超的"西洋"摄取与权利—自由论》，载狭间直树编《梁启超·明治日本·西方》，社会科学文献出版社2001年版，第132页。

解。社会的意见、思想、感情被译为"普遍地流行的、一般地可视为善的意见、讨论";独立的个人有时被译为"一个人民",有时则干脆直接译成"人民",结果,个人与社会之间的关系问题就变成了人民自主之权与政府管辖之权之间的关系问题,"这样,就把'作为集团的社会'的暴虐这一穆勒的论点搞得无影无踪了"①。对于中村正直的误译,日本石田雄教授的一番话颇值得深思:"由于中村敬宇在《自由之理》中将Society译成'同伙们'即政府,使人们对于穆勒原书中所强调的'多数的专制',即所谓社会的压力对个人自由的影响,完全未能理解。于是,使问题的重心专朝政府与所谓'人民'这样的集团间对立关系的方面倾斜。于是,在政府与'人民'之间,作为对抗一方主体的'人民'被当作集团而成为一个有机体的实在时,不仅被称作'人民'运动的自由民权运动中的个人诸自由被忽视,而且对个人意见如何形成集体意志的程序也缺乏考虑。其结果,只允许一种意见存在,必然会被视为作为有机集团'人民'的前提。"②

从梁启超的《论政府与人民之权限》,我们不难看出中村正直的翻译对他的影响。与在中村正直那里一样,密尔讨论的限制社会暴虐的主题在梁启超这里也变成了限制政府权力的政治自由问题,"个人"与"社会"概念也换成了"人民"与"政府",并且在梁文中也看不到"社会的暴虐""多数的暴虐"概念。虽然他也知道"多数之专制"不同于君主专制,甚至有时比后者危害更大,但他所理解的"多数"是指在议院中占多数而执政的党派,"民政国必有政党,其党能在议院占多数者,即握政府之权,故政治者,实从国民多数之欲也"。③ 这显然不符合密尔的原意。

郑匡民认为,由于中村正直的误译直接影响到梁启超,使密尔的"社会"与"个人"对立的问题在梁文中变成了政府与人民的权限问

---

① ［日］土屋英雄:《梁启超的"西洋"摄取与权利—自由论》,载狭间直树编《梁启超·明治日本·西方》,社会科学文献出版社2001年版,第132—133页。

② 转引自郑匡民《梁启超启蒙思想的东学背景》,上海书店出版社2009年版,第111页。

③ 梁启超:《论政府与人民之权限》,载《饮冰室合集·文集》之10,第4页。

题,"以致使英国式的自由思想在近代中国一直未能占据主导地位"①。
对此,笔者以为,英国式的自由思想在近代中国未占据主导地位,绝非
由于梁启超的误传这么简单,应该有更深刻的原因。众所周知,在戊戌
变法之前,严复就已在中国大力宣传了英国的自由主义,在 1903 年又
出版了《群己权界论》,而且相对于中村和梁启超来说,严复对密尔自
由思想的核心把握得是比较准确的。他说:"贵族之治,则民对贵族而
争自繇。专制之治,则民对君上而争自繇,乃至立宪民主,其所对而争
自繇者,非贵族非君上。贵族君上,于此之时,同束于法制之中,固无
从以肆虐。故所与争者乃在社会,乃在国群,乃在流俗。穆勒此篇,本
为英民说法,故所重者,在小己国群之分界。然其所论,理通他制,使
其事宜任小己之自繇,则无间君上贵族社会,皆不得干涉者也。"② 严复
把密尔的"个人"译为"小己",把"社会"译为"社会""国群",
其解释基本上遵从了密尔的意思,虽然并不算严格,但至少没有出现中
村正直的"人民自主之权"和"政府管辖之权"与梁启超的"政府与
人民之权限"的问题。但即便是这样,英国式的自由主义也没能在中国
占据主导,这就表明,即使启蒙宣传家的译介有一定影响,其主要原因
还是存在于当时中国的时代大环境中。对于梁启超与中村的关系,土屋
英雄指出,虽然梁启超的"政府"与"人民"这一构图确实受到了中
村译本《自由之理》的影响,但使二者一点不矛盾地组合到一块的,则
是梁启超的"合群"论,"合群"论的形成与"社会性暴虐"论的消失
是表与里的关系。③ 与郑匡民相比,土屋英雄更多地强调了梁启超自身
思想特质的因素。不过,以上两种意见虽有分歧,但有一点是共同的,
即认为梁启超是通过中村正直翻译的《自由之理》而在一定程度上吸取
了密尔的自由思想,并且梁启超对"政府"与"人民"概念的使用与
中村的误译有直接的关系(后一点往往为学界所忽略)。由以上所述可

---

① 郑匡民:《梁启超启蒙思想的东学背景》,上海书店出版社 2009 年版,第 121 页。

② 严复:《〈群己权界论〉译凡例》,载王栻主编《严复集》第 1 册,中华书局 1986 年版,第 134 页。

③ [日]土屋英雄:《梁启超的"西洋"摄取与权利—自由论》,载狭间直树编《梁启超·明治日本·西方》,社会科学文献出版社 2001 年版,第 135 页。

见，以中村正直为中介，梁启超吸收了密尔自由思想的成分，这是其自由观形成的另一条脉络。

　　从《论政府与人民之权限》一文，我们看到了梁启超与密尔自由主义之间的关联，但这篇文章之所以引起研究者的关注，原因还不止于此。该文发表于1902年3月，那时梁启超对西方自由主义理论已经有了相当的了解，因而这篇文章对于准确把握梁启超与西方自由主义之间的关系以及其自由思想的特点具有重要价值。根据上文的分析，这篇文章的主体部分是以密尔的《论自由》为思想资源。但在政府的起源上，梁启超依据的却是卢梭的《社会契约论》，他明确指出："政府之所以成立，其原理何在乎？曰：在民约。"① 卢梭的契约论在19世纪遭到了历史法学派的猛烈攻击，被指责为是想当然的臆造，全无史实的根据。对这种批评，梁启超虽承认有一定道理，但他还是坚持认为契约论只是背离了国家起源的历史，而并没有违背国家成立的原理。在主权的归属问题上，他认为主权当属于国家，因为国家在政府和人民之上，政府和人民都是构成国家的重要组成部分，"国家握独一最高之主权，而政府、人民皆生息于其下者也"②。主权归属于具有人格的国家，这依据的是德国政治理论家伯伦知理（Bluntchli Johann Caspar，1808—1881）的国家有机体论，而国家有机体论又是大异于卢梭、密尔自由思想的学说，它既反对君主专制，也反对人民主权说。由此，在梁启超这篇颇具代表性的论文中，我们看到了梁启超自由思想的一个重要特征，即不同的、甚至是相互冲突的思想派别能够和谐地彼此共存，这确实是一个令人讶异的思想特质。土屋英雄认为梁启超摄取权利自由论的目的，不是为了系统地研究学问，而是要在实践的意义上寻找救国良药，因此在他摄入西洋思想后，其思想理论便具有了多层性和选择性的倾向。这种温和而充满理解的说法是容易让人接受的，但梁启超的这一思想特点实际上受到了学界的诸多批评，如上文提到的张灏、黄宗智和郑匡民等，这与学者们所处的理论立场有很大关系，而笔者比较倾向于土屋英雄的解释。

---

① 梁启超：《论政府与人民之权限》，载《饮冰室合集·文集》之10，第1页。
② 同上。

　　另一个问题是，为什么梁启超如此迅速地接受了西方自由主义思想呢？笔者认为，当梁启超在日本阅读了大量的西方自由主义著作后，他在戊戌政变前对自由民主观念还相对较模糊的认识就逐渐变得清晰起来，他意识到了日本明治维新的成功与西方自由主义理论学说之间具有密不可分的关系，因此他接受自由主义就是自然而然的事情了。如果说，1895 年严复纯理论上的宣传还使梁启超对自由的价值有所犹疑的话，那么日本生机勃勃的社会状况则使他对自由主义理论的重要意义有了深刻的体认。很快，他就同严复那样，将自由理论与开民智联系起来，以为中国社会变革做准备工作，并认为这是必不可少且有效的途径。他说："善治国者必先进化其民。非有孟的斯鸠、卢梭，则法国不能成革命之功；非有亚丹斯密之徒，则英国不能行平税之政。"① 这就是明确表示他要以自由主义理论作为思想武器对中国民众进行思想启蒙，把这些他认为属于西方富强之原的理论学说介绍到中国以"开民智"，从而实现维新变法和国家富强。他感叹道："我中国英文英语之见重，既数十年，学而通之者不下数千辈，而除严又陵外，曾无一人能以其学术思想输入于中国，此非特由其中学之缺乏而已，得毋西学亦有未足者耶。直至通商数十年后之今日，而此事尚不得不有待于读东籍之人，是中国之不幸也；然犹有东籍以为之前驱，使今之治东学者得以干前此治西学者之盅，是又不幸中之幸也！"② 抱着"开明智"以实现国家独立富强的目的，梁启超办了多种报纸刊物来宣传西学，将西方各种社会政治理论尽量输入中国，用他的话说，是"'梁启超式'的输入"，其特点表现为"无组织，无选择，本末不具，派别不明，惟以多为贵"③。在当时中国"学问饥荒"的年代，这种输入特点是可以理解的，不过也正是由于多重选择，使梁启超的自由思想呈现出了比较复杂的特征。

---

① 梁启超：《自由书·文野三界之别》，载《饮冰室合集·专集》之 2，第 9 页。
② 梁启超：《东籍月旦》，载《饮冰室合集·文集》之 4，第 82 页。
③ 梁启超：《清代学术概论》，载《饮冰室合集·专集》之 34，第 71 页。

第二节　梁启超的自由观

在流亡日本后的最初几年，梁启超谈论得最多的话题就是"自由"。他不仅热情地介绍西方自由主义思想家及其著作，而且旗帜鲜明地表达自己对自由价值的崇尚。

一　"自由者，天下之公理"

每一种信念的产生都必然有其理论上或历史事实上的依据。梁启超为什么要推崇自由价值？这主要是出于他对西方文明和世界历史的一种认识，首先，在他看来，自由不仅是18、19世纪欧美诸国民所以立国之本原，而且西方四百年来的改革进步，"皆'不自由毋宁死'之一语，耸动之，鼓舞之，出诸壤而升诸霄，生其死而肉其骨也"[1]。其次，他将16世纪以来世界各国争取自由的大事进行了列举和分类，最后得出"数百年来世界之大事，何一非以'自由'二字为之原动力者耶"[2]？也就是说，不论是西方近代文明的产生，还是世界范围内诸国的进步，都是以追求自由为强有力的动力。他充满激情地赞叹道："於戏，燦爛哉自由之花！於戏，庄严哉自由之神！"[3]

根据欧美自由发达史，他将自由分为四类：政治自由、宗教自由、民族自由和经济自由。政治上的自由，是人民对于政府而保其自由；宗教上的自由，是教徒对于教会而保其自由；民族上的自由者，是本国对于外国而保其自由；经济上的自由，是资本家与劳力者相互而保其自由。而政治上的自由，又分为三类：一是平民对于贵族而保其自由，二是国民全体对于政府而保其自由，三是殖民地对于母国而保其自由。由此，自由关涉到六大问题：一是四民平等问题。一国中任何人都不允许有特权，这是平民对于贵族所争的自由。二是参政权问题。一国之中，

---

① 梁启超：《新民说·论自由》，载《饮冰室合集·专集》之4，第42页。
② 同上书，第44页。
③ 同上书，第42页。

凡具有公民资格的人，都可以参与国家政事，这是国民全体对于政府所争的自由。三是属地自治问题。自生息于他土上的人民可以自建政府，与其在本国时所享的权利相等，这是殖民地对于母国所争的自由。四是信仰问题。人民信仰何种宗教，悉由自择，政府不得去束缚和干涉。五是民族建国问题。一国之人，自立自治，不许他国或者他族掌握其主权、干涉其内政和侵夺其领土，这是本国人对于外国所争的自由。六是工群问题，即劳动问题或社会问题。劳动者自食其力，地主或资本家不得以奴隶待之。他说，综观近世三四百年的历史，各国人民前赴后继、为之肝脑涂地而不悔者，无非就是为争得这几种自由。

那么，自由是否适用于中国呢？梁启超的回答是肯定的，"自由者，天下之公理，人生之要具，无往而不适用者也"①。既然是公理，那就放诸四海而皆有效，它既是西方诸国发达的原因，同样也是中国求得解放和富强的最重要的动力，也就是说，自由是一种普适性的价值。在本章第一节中已提到，梁启超在1896年的《变法通议》中还认为中国民智未开不能享自由之福，而在几年后，他的态度全然改变，认为欲救中国，舍自由之外别无他途，这一信念尤其体现在他与乃师康有为关于"自由"问题的争论之中，他甚至为了捍卫自由价值理念，最终与康有为在学术上分道扬镳。这集中体现在1900年4月1日梁启超写给康有为的信《致南海夫子大人书》和1902年的《保教非所以尊孔论》一文中。

在《致南海夫子大人书》中，梁启超首先就表明了自己的立场。他说："来示于自由之义，深恶而痛绝之，而弟子始终不欲弃此义。窃以为天地之公理与中国之时势，皆非发明此义不为功也。"② 一句"始终不欲弃此义"，已坦露出其所持的坚定态度；而"皆非发明此义不为功"，则表明了他对自由价值的绝对认同。

康有为以法国大革命为鉴，认为在中国不能谈自由，不然会导致惨烈的后果。而梁启超认为此不足以律中国，他指出了三个原因：首先，

---

① 梁启超：《新民说·论自由》，载《饮冰室合集·专集》之4，第40页。

② 丁文江、赵丰田编：《梁启超年谱长编》，上海人民出版社2009年版，第153页。

中国和法国的民情相异。"法国之民最好动，无一时而能静；中国之民最好静，经千年而不动。故路梭诸贤之论，施之于法国，诚为取乱之具，而施之于中国，适为兴治之机。"① 对于好静的中国人，即使提倡人民主权等自由言论，也不会导致革命暴乱，所以他认为康有为是过于忧虑了。其次，有没有惨祸，不是自由的问题，而是人自身的问题。"法国之惨祸，由于革命诸人，借自由之名以生祸，而非自由之为祸；虽国学派不满于路梭者，亦未尝以此祸蔽累于路梭也。执此之说，是以李斯而罪荀卿，以吴起而罪曾子也。且中国数千年来，无自由二字，而历代鼎革之惨祸，亦岂下于法国哉？然则祸天下者，全在其人，而不能以归罪于所托之名。"② 意即有无惨祸之发生全在于人，而与是否要求自由并无关系。最后，即便是因自由而生惨祸，也比不是因自由而生惨祸的情况要好。因为人们若是出于对自由的渴望而发生革命，那么在革命之后还有希望进于文明；若不是由于要求自由解放而发生惨祸，则其惨祸永远没有穷尽之时，如中国几千年来的黑暗就属于这种情况。他以英国为例指出，英国是宪政发达最久最完善的国家，之所以能致此，关键在于1832 年的议院改革案，而此案之起，一方面是由于英国人学法国人争取人权，另一方面是英国政府害怕发生革命而同意此案，这两点都得益于法国大革命。梁启超逐层论述，进退有据，十分具有说服力，其论旨就是今日中国可以讲自由。

梁启超进而从开民智的角度论证中国必须提倡自由。作为保皇派的主要代表，康有为是力主君主制的，他认为在当时中国言开民智可以，但不能言兴民权，否则就会导致动乱。对此，梁启超反问道："夫不兴民权则民智乌可得开哉？"③ 在几千年的专制统治下，中国人在思想上囿于古学权威的束缚，不敢稍有所逾越，现在即使将外国的理论学说输入其大脑中，也不过"如机器切成之人形，毫无发生气象"；在政治上也是服从一人的统治而不敢稍有异言。此重病痼疾，唯有以有力之学说，

---

① 丁文江、赵丰田编：《梁启超年谱长编》，上海人民出版社 2009 年版，第 153 页。

② 同上。

③ 同上书，第 154 页。

使之"激励奋迅，冲破罗网，热其已凉之血管，而使增热至沸度；搅其久伏之脑筋，而使大动至发狂"，如此中国方能有救，"故今日而知民智之为急，则舍自由无他道矣"①。意即今日中国不能不讲自由。总而言之，自由乃今日救时之良药、不二之法门。

接下来的问题是，既然自由有数端，而在不同的时期、不同的国家，其所需的自由也不相同，那么就中国而言，应该追求何种自由呢？梁启超将自由所涉及的六大问题对诸中国，认为其中的四民平等、属地自治、宗教信仰和工群等四个问题在中国都不存在或者暂时不存在，"今日吾中国所最急者，惟第二之参政问题与第四之民族建国问题而已"，并且他认为"此二者事本同源，苟得其乙，则甲不求而自来；苟得其甲，则乙虽弗获犹无害也"②。显然，梁启超所讲的自由及所以求自由之道，就是解决国民的政治自由问题和民族国家的独立自由问题，若后者解决了，则前者自然得以解决，若前者实现了，则可以推动后者的实现，此二者是相辅相成、互相促进的关系。在西方语境中，个人与国家在很多时候被置于相互对立的地位，国家被视为必要的祸害。而在梁启超这里，个人的自由和民族国家的自由是完全可以协调一致的，因而他既重视个人自由，又强调民族国家自由，这一特征在他的很多文章中都有体现。具体而言，就是要"向上以求宪法"，"排外以伸国权"③，前者是为保障个人的自由权利，后者是为实现民族国家的独立自由。而这两种自由，也正是梁启超一生所致力追求的两大政治目标。

如果说，1900年康、梁在书信中的争论还处于隐性状态不为人知的话，那么1902年2月22日梁启超发表在《新民丛报》上的《保教非所以尊孔论》则使他与其师的思想分歧公诸天下。梁启超力主思想自由而反对康有为的保教主张，他说："科学之力日盛，则迷信之力日衰；自由之界日张，则神权之界日缩。"④认为在科学日益发展的时代，自由之

①　丁文江、赵丰田编：《梁启超年谱长编》，上海人民出版社2009年版，第154页。
②　梁启超：《新民说·论自由》，载《饮冰室合集·专集》之4，第44页。
③　同上书，第45页。
④　梁启超：《保教非所以尊孔论》，载《饮冰室合集·文集》之9，第53页。

花必将遍地开放。他又以高昂的热情和豪迈的气度宣告："吾爱孔子，吾尤爱真理；吾爱先辈，吾尤爱国家；吾爱故人，吾尤爱自由。"① 可见，在他看来，"自由"的价值是至高无上的，自由主义的潮流是不可抵挡的，它是中国实现国民自由和国家富强的必由之途。

二 "自由者，奴隶之对待也"

梁启超常常将自由解释为奴性的对立面，认为"自由者，奴隶之对待也"②，有时他也称之为"良心之自由"，类似于卢梭讲的"道德的自由"，这表明他十分强调人之自我主体意识的觉醒，希望国人真正成为自由的"人"而不是"奴"。

他在给康有为的信中说："弟子之言自由者，非对于压力而言之，对于奴隶性而言之，压力属于施者，奴隶性属于受者。中国数千年之腐败，其祸极于今日，推其大原，皆必自奴隶性来，不除此性，中国万不能立于世界万国之间。而自由云者，正使人自知其本性，而不受箝制于他人。今日非施此药，万不能愈此病。"③ 他认为国家贫弱的根源在于国民的奴隶性，而除去奴性的"特效药"就是自由，可见梁启超所揭橥的自由的意义，主要是起到一种"治病"的作用，其所医治的直接对象是国民，而间接对象则是国家。他宣扬自由的目的，即在唤起作为受动者的广大中国人的自我意识和人格意识，除去其奴隶性而挺起胸膛做自己的主人。"要之，言自由者无他，不过使之得全其为人之资格而已。质而论之，即不受三纲之压制而已，不受古人之束缚而已。"④ 梁启超将国民奴性产生的原因归结为三纲对国民精神上的压制和古人权威对国民思想上的束缚，这对于他以前将批判的锋芒仅对准专制统治而言，显然要更深刻，也更具有思想解放的意义。国民奴性太重，成了中国进步的最大障碍，所以必须以自由观念唤醒国人的自我主体意识，使他们从精神

① 梁启超：《保教非所以尊孔论》，载《饮冰室合集·文集》之9，第59页。
② 梁启超：《新民说·论自由》，载《饮冰室合集·专集》之4，第40页。
③ 丁文江、赵丰田编：《梁启超年谱长编》，上海人民出版社2009年版，第153页。
④ 同上书，第154页。

上的受奴役状态中解放出来，成为具有自由意识的"人"，这实际上就是要对国民进行思想启蒙。

儒家最爱讲人之所以为人的资格，梁启超也从人格的角度来诠释近代西方的自由概念，这是以中国传统话语方式对自由做出的一种新的解释。中国人只有从几千年的纲常伦理和古圣贤思想权威下解放出来，才能养成为人之资格，获得人格的独立自主。在梁启超看来，这种从思想深层获得的解放才是真正的自由，它远胜于身体上的自由。

与奴性相对的自由，可以从两个层面来讲，一是一个人摆脱了对他人的人身依附状态，二是摆脱了精神上受奴役的状态。前一种自由的实现表明一个人是作为独立的人而存在，后一种自由的实现则意味着人在精神和道德上的真正解放，这也是梁启超所强调的更重要的自由。由此，他特别强调除"心奴"的重要意义，认为这才是真正的自由，"若有欲求真自由者乎，其必自除心中之奴隶始"①。所谓除心奴，是指除去四种"心中之奴隶"。

首先，勿为古人的奴隶。他说，古圣先贤虽然值得尊重热爱，但古人是古人，我是我，各自独立；况且，古人之所以能成为圣贤豪杰，恰恰是因为他们重视自我，而不是一味从人，假使孔子为尧舜的奴隶，那么还有历史上的孔子出现吗？社会不断向前发展进步，事物都在变化，怎能完全以古范今呢？"虽有大哲，亦不过说法以匡一时之弊，规当世之利，而决不足以范围千百万年以后之人也。"② 这无疑是一种进步的历史观。他还将中西方进行比较，批评国人对于古人的言论和行为，不单是辩难之辞不敢说，就是怀疑的念头都不敢萌于心，就是这种对古人学说不敢越雷池一步的奴隶心态，导致了学术思想上的窒息状态。为此，他大力提倡自我人格的独立、思想的自主，对于古人的思想言论，公理是唯一的衡量标准，"四书六经之义理，其非一一可以适于今日之用，则虽临我以刀锯鼎镬，吾犹敢断言而不惮也"③。他不仅表现出无私无

---

① 梁启超：《新民说·论自由》，载《饮冰室合集·专集》之4，第47页。
② 同上。
③ 同上书，第48页。

畏、不惧权威的大丈夫气概，更体现出一种强烈的自我意识和理性精神。这正是作为一个现代人当具备的精神品质。

其次，勿为世俗的奴隶，尤其在学术风气上，不要俯仰随人，随波逐流。他认为中国人性之弱就在于缺乏独立意识，好从众随流，"吾中国所以不成为独立国者，以国民乏独立之德而已"①。不做世俗的奴隶，就是既要坚持学术上的独立，又要保持自身独特的个性。

再次，勿为境遇的奴隶。梁启超所说的"境遇"，主要是指中国古代哲学中所谓的"命"。他认为不思进取、甘为命运的奴隶，就是缺乏自主意识、精神不自由的表现，因而他呼吁人们发扬自强不息的刚健精神，乐观进取，做自己的主人。

最后，勿为情欲的奴隶。他说，形而为役，犹可愈也；心而为役，将奈之何？无论何人，有何等之才，若不能以过人之道德心以战胜其欲望，就不可能获得精神的自由，也不可能成就大业。为此，他提出一个不为情欲所奴役的方法即"克己"，也就是让道德心成为物质之身的主宰，而不是让灵魂听命于欲望的召唤，"以己克己，谓之自胜，自胜之谓强"②。克己者能强，强才能有自由，才能实现治国平天下的宏伟理想。显而易见，梁启超由克己到自由再到治国平天下的逻辑是儒家修身为本、内圣外王的理路，他对内在精神自由的强调具有浓厚的中国传统思想的色彩。

无论是古圣贤的思想、世俗风气、人生境遇还是人的情欲，都不会主动地对个人的自由和权利造成侵犯，也就是说不属于外在的强制力，因而摆脱其束缚所获得的自由，是精神上或伦理上的自由，这与西方人更多强调不受外力干扰和强制的政治自由，确实有所不同。但是，这并不意味着梁启超的自由论说只是在中国传统的思维框架中进行，因为在他看来，包括人格独立、思想自主及道德上的自觉自愿等内容的内在的精神自由，与外在的政治权利和自由是不冲突的，反而是后者得以实现的前提；一个不具有独立人格和自由意识的人，不可能真正享有政治意

---

① 梁启超：《论十种德性相反相成义》，载《饮冰室合集·文集》之5，第44页。
② 梁启超：《新民说·论自由》，载《饮冰室合集·专集》之4，第50页。

义上的权利。这一认识正是他强调"新民"首先应是除去了"心奴"的自由主体的原因，"新民"的本质就是摆脱了奴性的自由国民（本书第五章对此有详细论述）。同时，对于外在的自由，他并不忽略，他反复强调法治和立宪民主制的重要并一生为之奋斗，就是为了使人民的自由权利有制度上的保障。可见，虽然梁启超自由思想的形成主要受日本启蒙思想家和西方自由主义思想家的影响，但是我们依然能看到他在论述自由问题时将传统观念与现代价值进行接榫的努力，而这也使他融合中西文化的自由思想能被更多国人所理解和接受。

三　"思想自由，为凡百自由之母"

对思想自由的强调，可以说是梁启超自由主义思想中极引人注目的一点，在他的许多论著中，都可以见到关于思想自由和学术自由的主张。从1899年起，他将在《清议报》和《新民丛报》上发表的64篇杂感合为《自由书》，关于取此书名之缘由，他解释道："西儒弥勒·约翰曰：'人群之进化，莫要于思想自由、言论自由、出版自由。'三大自由，皆备于我焉，以名吾书。"[1] 由此可见他对于思想自由之信仰。

思想自由，通常也称为思想自由权，是指蕴藏于个人内心的意见、信念、见解、要求等，不受外界干涉，从而得以进行理性判断并获得公开表达的自由，它包括信仰、观点、理论等的自由。它是一项基本的人权，有着独立性、绝对性和可侵犯性等特点；它体现人的尊严，其功能是寻求真理、启迪国民智力、促进科技进步和建设民主政治等。[2]"思想自由"在17、18世纪资产阶级反封建专制的革命中作为一个人权口号被提出，它是人的一项基本权利，是人类一切自由的起点。

尽管思想自由是绝对的，不应该受到控制，但在现实中，控制思想自由的现象却常常发生，这是因为思想自由对于不合理的规则具有挑战性。最不人道的专制就是禁止人们用自己的头脑去思想，其表现方式有："第一，国家权力可以通过干涉或剥夺人们的表达自由而变相限制

---

[1]　梁启超：《自由书·叙言》，载《饮冰室合集·专集》之2，第1页。
[2]　戴涛：《论思想自由的基本理念》，《法学》2004年第12期。

或剥夺人民的思想自由。因为，国家权力无法干涉人们的内心思考，但却可以干涉人们思想的表达，而没有思想的交流、信息的传播，人们就会因失去信息源、失去观点的碰撞和不断完善而无从思想或无从正确地思想，人们的思想就会逐渐枯萎甚而死亡，思想自由也就不复存在了。第二，国家权力可以通过剥夺人们的信息自由或向人民灌输错误甚至有害的信息、理论而引诱或逼迫人民错误地思想。"① 第二次世界大战中的法西斯主义和我国的"十年浩劫"就是如此，这种现象之所以发生，一个很重要的原因就是人民被剥夺了思想自由。正因为思想自由重要而又可能遭到极权主义者的干涉与剥夺，因此对思想自由的提倡和法律保护就具有了极其重大的意义。

思想自由，在梁启超的自由观中具有至高的地位，他认为"思想自由，为凡百自由之母"②，因而积极地倡导。他说："文明之所以进，其原因不一端，而思想自由，其总因也。"③ 思想学术自由是一个国家进化的最主要的原动力，中国之所以凝滞不进化，除了大一统、交通难、言文分、专制政治等原因外，思想学术上缺乏自由是最首要因素。为此，他将三类人物作为批评对象，对传统中国缺乏思想自由进行了深刻的检讨，这三类人物是：一是实行思想专制、遏制思想自由的专制统治者；二是他所谓的"保教党"；三是思想奴性未除的大众，包括普通知识分子在内。质而言之，在中国从上到下，除了钳制思想自由者，就是思想不自由者，这样的氛围，如何能养成充满活力、具有创造力的国民？如何能造就新鲜活泼的民族？他对三类人的批判具体如下：

首先，他指出，长期的大一统和思想专制导致了中国缺乏前进的动力。他从中西方历史来说明思想学术是否自由与国家兴衰有密切关系，他说："凡一国之进步，必以学术思想为之母，而风俗政治皆其子孙也。中国惟战国时代，九流杂兴，道术最广，自有史以来，黄族之名誉，未有盛于彼时者也。秦汉而还，孔教统一，夫孔教之良，固也。虽然，必

---

① 甄树青：《论表达自由》，社会科学文献出版社 2000 年版，第 99—100 页。
② 梁启超：《十种德性相反相成义》，载《饮冰室合集·文集》之 5，第 46 页。
③ 梁启超：《保教非所以尊孔论》，载《饮冰室合集·文集》之 9，第 55 页。

强一国人之思想使出于一途，其害于进化也莫大。自汉武表章六艺，罢黜百家，凡非在六艺之科者绝勿进，尔后束缚驰骤，日甚一日，虎皮羊质，霸者假之以为护符；社鼠城狐，贱儒缘之以谋口腹，变本加厉，而全国之思想界消沉极矣。叙欧洲史者，莫不以中世史为黑暗时代。夫中世史则罗马教权最盛之时也，举全欧人民，其躯壳界则糜烂于专制君主之暴威，其灵魂界则匍伏于专制教主之缚轭，故非惟不进，而以较希腊、罗马之盛时，已一落千丈强矣。"① 通过对中国历史的纵向比较和中西历史的横向对照，梁启超得出，长期的大一统和统治者实行思想专制是中国停滞不前的罪魁祸首，尤其是西汉独尊儒术的政策造成了十分消极的影响，使百家争鸣的局面不再，思想文化的发展失去活力。

其次，梁启超对所谓"保教党"进行了批判。他反对思想专制，但并不把责任归咎于孔教本身，而是那些利用和歪曲孔教的"保教党"。他批评道："吾不敢怨孔教，而不得不深恶痛绝夫缘饰孔教、利用孔教、诬罔孔教者之自贼而贼国民也。"② 正如前文所述，梁启超与康有为之间的矛盾，正是因自由和保孔教问题这一导火线而激化。康、梁之间思想分歧的公开化，主要体现在梁启超发表的《保教非所以尊孔论》一文，该文的主要内容就是反对定孔教于一尊，主张思想自由。对于康有为大倡设孔教会定国教祀天配孔诸义，梁启超颇不以为然，因此他"屡起而驳之"③。他认为欧洲有今日之文明，主要由于从文艺复兴时期开始逐渐摆脱教会的束缚而获得思想上的解放；同样，我国学界之光明，人物之伟大，莫盛于战国时期，这也是由于当时思想自由的风气很盛。然而，中国"自汉以来，号称行孔教二千余年于兹矣，而皆持所谓表章某某、罢黜某某者为一贯之精神，故正学异端有争，今学古学有争。言考据则争师法，言性理则争道统，各自以为孔教，而排斥他人以为非孔教，于是孔教之范围，益日缩日小。寖假而孔子变为董江都、何邵公矣，寖假而孔子变为马季长、郑康成矣，寖假而孔子变为韩昌黎、欧阳永叔矣，

① 梁启超：《新民说·论进步》，载《饮冰室合集·专集》之 4，第 59 页。
② 同上书，第 59—60 页。
③ 梁启超：《清代学术概论》，载《饮冰室合集·专集》之 34，第 63 页。

寖假而孔子变为程伊川、朱晦菴矣，寖假而孔子变为陆象山、王阳明矣，寖假而孔子变为纪晓岚、阮芸台矣。皆由思想束缚于一点，不能自开生面，如群猿得一果，跳掷以相攫，如群妪得一钱，诟骂以相夺，其情状抑何可怜哉！……此二千年来保教党所成就之结果也"①。梁启超所批评的"保教党"，既包括主张孔教独尊的统治阶层中的思想人物，也包括儒家知识分子中的一些代表，具体就是他提到的董仲舒、韩愈、朱熹等人，而在这里，他实际上针对的是他的老师康有为。对老师的公然反对，表明了梁启超衷心维护思想自由的坚定立场。

最后，他批评了广大中国民众根深蒂固的奴性意识，这也是他最痛恨和最担忧的。这种奴性意识表现在，"于教学之界则守一先生之言，不敢稍有异想；于政治之界则服一王之制，不敢稍有异言。此实为滋愚滋弱之最大病源"②。民众不敢有"异想"和"异言"，就不可能成为自由的现代国民，也不可能有新思想和进步的可能性。"自由云者，正使人自知其本性"，其本性是什么？就是人渴望自由、追求个性的特性。自由的作用，就是使人的个性得以发展，使其潜能得到最大的发挥。而自由，首先必须是思想上的自由，思想自由是一切自由的起点，如果连这种自由都受到遏制，那么就不可能获得真理，更不可能有个性。所以梁启超指出，"要个性发展，必须从思想解放入手"③。因为思想的载体是人，是一个个具体的人，思想自由必与个体密切相关。

梁启超指出，欧洲中世纪因思想专制而处在黑暗之中，至近代则由于学术的发展而改变了人们"心思为种种旧习所缚"的状况，在很大程度上左右了欧洲近世历史的发展，其中，培根、笛卡尔二贤哲对于欧洲人思想的解放具有极大的贡献。他这样评价道："及倍根出，专倡格物之说，谓言理必当验事物而有征者，乃始信之。及笛卡尔出，又倡穷理之说，谓论学必当反诸吾心而自信者，乃始从之。此二派行，将数千年来学界之奴性，犁庭扫穴，靡有孑遗，全欧思想之自由，骤以发达，日

---

① 梁启超：《保教非所以尊孔论》，载《饮冰室合集·文集》之 9，第 55 页。
② 丁文江、赵丰田编：《梁启超年谱长编》，上海人民出版社 2009 年版，第 154 页。
③ 梁启超：《欧游心影录节录》，载《饮冰室合集·专集》之 23，第 25 页。

光日大，而遂有今日之盛。"① 他将二人誉为"近世史之母"，可见评价之高。既然欧洲的发达强盛是由于扫"学界之奴性"得"思想之自由"而致，那么中国也当从此着手，使广大民众摆脱奴性，成为具有自由的主体。

与思想自由紧密相关的，是"尽性主义"。认识到个性发展乃西方致强之根源，是梁启超欧游后最深的感触，他认为树立国民的根本义，就在发展个性，他借《中庸》里"唯天下至诚为能尽其性"之句，称之为"尽性主义"。"这尽性主义是要把各人的天赋良能，发挥到十分圆满。就私人而论，必须如此，才不至成为天地间一赘疣，人人可以自立，不必累人，也不必仰人鼻息。就社会国家而论，必须如此，然后人人各用其所长，自动的创造进化，合起来便成强固的国家进步的社会。这回德国致败之原，就是因为国家主义发达得过于偏畸，人民个性，差不多被国家吞灭了，所以碰着英法美等个性最发展的国民，到底抵敌不过。……德国式的国家主义，拿国家自身的目的做个标准，把全国人放在个一定的模子里鼓铸出来，要供国家之用，结果犹且不胜其弊。"② 德国法西斯在"一战"中的失败，原因自然不只一端，而梁启超将它归结为强调国家主义而压抑了人民的个性所致，这种思考的维度说明梁启超对个性主义有着根本的重视。他甚至将西方文明的发展从根本上归为是由于发展个性，因而他呼吁青年人"抱定尽性主义，求个彻底的自我实现"。他认识到个性主义的优处在于它能激发人的创造性，使各人的天赋良能，发挥到十分圆满的程度，能使"人人可以自立"。这无疑已经充分把握到了个性主义的本质特征。

梁启超讲的"尽性主义"与胡适所推崇的个性主义在内涵上非常接近。胡适认为，真正的个人主义，也就是个性主义（individuality），其特性有两种：一是独立思想，不肯把别人的耳朵当耳朵，不肯把别人的眼睛当眼睛，不肯把别人的脑力当自己的脑力。二是个人对于自己思想信仰的结果要负完全责任，不怕权威，不怕监禁杀身，只认得真理，不

---

① 梁启超：《论学术之势力左右世界》，载《饮冰室合集·文集》之6，第112页。
② 梁启超：《欧游心影录节录》，载《饮冰室合集·专集》之23，第24页。

认得个人的利害。前者"是充分发展个人的才能",以有益于社会,后者"是要造成自由独立的人格"①,而自由独立的人格是社会进步的最大动力。针对有人说个人主义的人生观是资本主义社会的人生观,胡适质问道:"难道在社会主义的国家里就可以不用充分发展个人的才能了吗?难道社会主义的国家里就用不着有独立自由思想的个人了吗?难道当时辛苦奋斗创立社会主义共产主义的志士仁人都是资本主义社会的奴才吗?"②他进而指出,马克思、恩格斯都是他们所处时代的自由思想独立精神的产儿,他们都是终身为自由奋斗的人。他以此驳斥那些嘲笑个人主义的人是毫无理据的。

实际上梁启超对胡适所说的个性主义的上述两层含义有过不少论述,比如他提出"勿为世俗的奴隶",认为人立于世,贵在独立,不俯仰随人,不趋流从众,否则就与群跳则跳、群吠则吠的猴和犬没有什么分别。世人有不同类别,能铸造新时代者为上者,即使不能铸造新时代但能不为旧时代所吞噬者,也能居其次,因其尚能保持清醒和独立,可谓自由之"大丈夫"。而在狂澜中能一柱独立,在众人皆醉时我独醒,这就是个性。他说:"四书六经之义理,其非一一可以适于今日之用,则虽临我以刀锯鼎镬,吾犹敢断言而不惮也。""我有耳目,我物我格,我有心思,我理我穷。……以公理为衡而已,自由何如也!"③我不以古人之是非为是非,而以我自己的理性去思考去判断,这表现出的便是独立自主的人格和自我个性。在梁启超的著作中,并不乏此类的言论,只是由于他较少使用个性主义或个人主义这样的词汇而常常被人忽略。

梁启超对"自由"价值的高扬,是其启蒙思想中最重要的内容。然而,西方学者对于他的自由观常有委婉的批评,如前文所提到的张灏认为梁启超不重视个人自由、黄宗智认为梁启超没有将个性本身当作目的,等等,这与史华兹的说法如出一辙。史华兹认为,以严复为代表的

---

① 胡适:《个人自由与社会进步》,载欧阳哲生编《胡适文集》第11册,北京大学出版社2013年版,第535页。

② 同上书,第536页。

③ 梁启超:《新民说·论自由》,载《饮冰室合集·专集》之4,第48页。

清末民初的中国知识分子都以追求国家的富强为目标, 他们在引进和理解西方自由民主传统时, 强调以民主制度作为追求国家富强的手段, 而忽略了民主作为保障个人自由的终极目的。他说: "在近代世界里, 没有一个社会不具备国家力量而能幸存下来。不过, 事实依然是, 凡在价值观念被认为是达到强盛的手段的地方, 这些价值观念就很可能是靠不住的、无生命力的和被歪曲了的。"① 意思是中国近代的自由主义知识分子只是将个人自由视作工具理性而非价值理性。对此, 笔者只想说明两点:

其一, 上述分析很明显地呈现出一个事实: 梁启超并没有不重视个人自由。他关于思想的自由、尽性主义的观点, 都是与个人相关的; 此外, 梁启超多次强调自由之界限, 其中就包含了人人自由之意。他说: "言自由者必曰: 人人自由而以他人之自由为界。……故自由之有界也, 自人人自由始也。苟两人之力有一弱者, 则其强者所伸张之线, 必侵入于弱者之界。"② 之所以要以他人自由为界, 是因为每个人都是自由的, 不划定界限, 则一部分人的自由就会受到侵犯, 也就是说, "人人自由"既是前提, 也是目的。他又说: "然则自由之义, 竟不可行于个人乎? 曰: 恶, 是何言! 团体自由者, 个人自由之积也。人不能离团体而自生存, 团体不保其自由, 则将有他团焉自外而侵之、压之、夺之, 则个人之自由更何有也!"③ 团体自由的最终目标是什么? 很显然, 是为了保证个人自由不受侵夺, 其意不言而喻也。

其二, 梁启超关于自由的论说无不显示出他对自由主义之精髓的理解, 只是他更懂得, 在一个国家面临危亡的特殊时代, 作为一个有影响力的宣传家, 应该在个人自由与民族国家自由之间做出相对平衡的处理。我们无法想象, 当列强试图把一个国家瓜分的时候, 这个国家的人民却喊着: 我要我的自由, 我要我的权利! 这不但是不可理喻的, 更是

① [美] 本杰明·史华兹:《寻求富强——严复与西方》, 叶凤美译, 江苏人民出版社1996 年版, 第 227 页。

② 梁启超:《自由书·放弃自由之罪》, 载《饮冰室合集·专集》之 2, 第 23—24 页。

③ 梁启超:《新民说·论自由》, 载《饮冰室合集·专集》之 4, 第 46 页。

可悲的。在梁启超所处的时代，一个真正的自由主义者，必定也是一个爱国者，是一个有着强烈国家观念的人，因为他知道，自由对于每个人来说是可贵的，对于民族国家来说同样是可贵的，而且个人的自由是需要前提和保障的。皮之不存，毛将焉附？个人自由与国家自由，并不总是对立的两极，只有在极权主义者那里，才会一味地强调为国家而牺牲个人。明白这一点无疑很重要。

此外，还有值得注意的一点是，梁启超关于自由的论述有一个明显的特点，即他常用中国传统的话语方式来解释自由的内涵，这对于当时的中国人理解和接受"自由"观念无疑具有一定的促进作用；同时它也说明，近代西方的"自由"观念在传入中国后，不可避免地会与中国的传统文化相结合，从而获得其植入的土壤，而这正是中国自由主义思想家和宣传自由思想的学者所应该努力的方向。

第三章

"誓起民权移旧俗"：梁启超的权利观

自由是一种价值理念和根本精神，在政治领域，它体现和落实为具体的权利，自由的实现实质上是各种政治权利的实现。在中国近代，民众的政治权利一般被称为"民权"，在清末民初的政治话语中，"民权"无疑是被征引得最为频繁的词汇之一。[①] 梁启超一生的职志之一，就是"誓起民权移旧俗，更研哲理牖新知"[②]。这绝不只是一首普通的七绝诗，而是一种坚定信念的表达，里面包含了中国近代知识分子的勇气、决心和担当，也反映了中国两千多年的政治文化，开始了从倾重君权到追求民权的转向。

第一节 "人人有自主之权"

一 从反专制到批"仁政"

在近代中国，对专制政治的批判，是屡见不鲜的事，这也是中国政治思想和政治制度转型的一个起点和重要表征，在此转型过程中，梁启超所做的努力和贡献，可以说在其同时代人中是最大的。他引天赋人权理论为据，认为人人当有自主之权，也就是说，权利是具有普遍性的，

---

① 据统计，在《民报》上"民权"一词出现过 120 次，而"人权""天赋人权""女权"等词汇只分别出现过 19 次、8 次和 3 次。可见"民权"概念在当时受关注和流行的程度。参见小野川秀美《民报索引》，京都大学人文科学研究所 1972 年版。转引自须藤瑞代《近代中国的女权概念》，《山西师大学报》（社会科学版）2005 年第 1 期。

② 梁启超：《自励二首》，载《饮冰室合集·文集》之 45（下），第 16 页。

不是统治者的专利，因此，他力倡民权，坚决反对专制。他说："何谓自主之权？各尽其所当为之事，各得其所应有之利。……如此则天下平矣。"① 就是怀着这种人人当有自主之权的目标和信念，梁启超开始他作为近代启蒙思想家的人生历程。

台湾学者张朋园曾将梁启超一生分为三个时期：成长时期、推翻专制运动时期（包括求变和流亡两个阶段）、维护民国时期（包括从政和献身学术文化两个阶段）。② 他将梁启超从1894—1911年这18年的行谊概括为"推翻专制运动"或许稍显狭隘，但至少可以表明，梁启超一生对于专制政体的反对态度是极其坚定而持久的，只不过在不同时期，他思想的倾向有所不同，早年他反专制而倡反清革命，30岁以后他依然反专制却并不主张革命。

中国在"甲午战争"中惨败，洋务运动破产，梁启超等维新派遂将战争的失败归咎于中国制度的落后，认为唯有变革专制政制才能真正实现富强的理想。

何谓专制？在汉语中，"制"有节制、限制之意，"度"有尺度、标准的意思，所以从字面看，制度即节制人们行为的尺度，或者是要求大家共同遵守的规程或准则，这样的解释更多是从规范意义上讲的。但在梁启超看来，制度是与权力和自由密切关联的事物，"制者何？发表其权力于形式，以束缚人之一部分之自由者也"，而制度或法制就是"其权力之发表于形式者"③。权力属于"制者"，而被束缚一部分之自由的，是"被制者"，因而"制度"一方面由于与权力的亲缘关系，必定具有强制性；另一方面它关乎"制者"和"被制者"两极。一旦一国中的"制者全立于被制者之外"，就成了"专制"。梁启超将专制国家分为"君主的专制国家""贵族的专制国家"和"民主的专制国家"，这种划分表明，一种政权是否属于专制，不在于是不是只有一个君主，

① 梁启超：《论中国积弱由于防弊》，载《饮冰室合集·文集》之1，第99页。

② 张朋园：《梁启超与清季革命》"绪论"，吉林人民出版社2007年版，第5页。此书1964年由台北"中研院"近代史研究所年初版发行。

③ 梁启超：《开明专制论》，载《饮冰室合集·文集》之17，第14页。

而在"制者"是否受限制。只要"纯立于制者之地位，而超然不为被制者，皆谓之专制"①。

专制制度是如何形成的？梁启超在列举和分析中国历代政治制度的基础上，得出中国二千年来"君权则日尊，国威则日损"的原因在于统治者的"防弊"，而防弊则全出于私心和维护一己之私利。"防弊之心乌乎起？曰：起于自私。请言公私之义。西方之言曰：人人有自主之权。何谓自主之权？各尽其所当为之事，各得其所应有之利，公莫大焉，如此则天下平矣。防弊者欲使治人者有权，而受治者无权，收人人自主之权，而归诸一人，故曰私。"② 所谓专制，就是权力的过度集中，梁启超从人性的角度来分析，无疑指出了统治者权力越来越"专"的最深刻的原因。

对专制政治的批判，往往与对传统政治理论的批判相伴而行，因为政治理论是政治制度的思想指导和基础，仅批判制度本身还不能深入其根源处。关于专制政体与传统学术间关系的理解，谭嗣同那句常被人引用的话可谓十分具有代表性："二千年来之政，秦政也，皆大盗也；二千年来之学，荀学也，皆乡愿也。惟大盗利用乡愿；惟乡愿工媚大盗。"③ 谭嗣同的看法与梁启超所说的"其论学术，则自荀卿以下汉、唐、宋、明、清学者，掊击无完肤"正相印证。

谭嗣同特别强调平等的价值，故对中国几千年来政治结构所导致的不平等深恶痛绝，他把这种不平等政治制度的根源归于中国传统的学术和伦理规范。在他看来，无论是佛教、儒教还是基督教，其初旨皆在倡民主，变不平等为平等，但有的因后来被人篡改了本义，使其本来面目被遮蔽，而流为偏畸不行之教，就儒教而言，其逆篡者就是荀子，因此在《仁学》中，对荀子的批评比比皆是。谭嗣同对于传统学术的批判是有选择性的，如对于道家，他推庄而绌老；对于儒家，他认为孔、孟、周敦颐、张载、陆九渊、王守仁、黄宗羲、王夫之是一系，而荀子、程

① 梁启超：《开明专制论》，载《饮冰室合集·文集》之17，第18页。
② 梁启超：《论中国积弱由于防弊》，载《饮冰室合集·文集》之1，第99页。
③ 谭嗣同：《仁学》，印永清评注，中州古籍出版社1998年版，第169页。

朱、顾炎武又是一系，他尊的是前者，抑的是后者。他进行此种区分的标准，主要是认为前一系不尊君权，而后一系尊君统，维护了不平等的制度。在不尊君权的一脉中，他尤其推崇黄宗羲的《明夷待访录》和王船山之遗书；对于自荀子以下尊君统的一脉，他则批评十分激烈："顾出于程、朱，程、朱则荀之云礽也，君统而已，岂足骂哉！"① 也就是说，谭嗣同所抨击的传统学术主要是他认为与君主专制制度相关联的那部分，因为它们是君统的维护者，是专制政治的理论根基。梁启超之所以尊孟绌荀，也是因为他认为孟子强调重民和民权，而荀子的思想则是服务于专制政体、为专制统治作论证的。他的理论立场与谭嗣同基本上是一致的。

正如前文所述，梁启超认为统治者出于私心而防弊，防弊导致专制，专制导致人民无权、国家衰弱，根据这一推理，他自然而然地将伸张民权作为专制的对立面而提出；反过来，要实现民权，就必须改变专制政体，实行君主立宪制。这是梁启超的基本逻辑思路。

"民权"一词在中国古代典籍中未曾出现过。据考证，在中国最早使用这一词的是郭嵩焘（1818—1891）。郭氏是中国近代第一任驻外使臣，在英法期间，他留心考察其政治制度，发现中西方制度之异的根本点在"民主"问题上，认为"君民共主"的民主制度是西方强盛的根本所在。他在1878年5月19日的日记中写道："西洋政教以民为重，故一切取顺民意，即诸君主之国，大政一出自议绅，民权常重于君。"② 这里的"民权"指人民的权利，与"君权"相对。此外，黄遵宪编纂的《日本国志》（1895年出版）一书中也多次出现"民权"一词，稍后的薛福成也使用了这一概念。黄、薛二人的"民权"概念来自日本。③ 在日本，"民权"一词首先出现在津田真道（1829—1902）的《泰西国法论》（1868年）一书中。他说："纯粹无限君主国以外的国

① 谭嗣同：《仁学》，印永清评注，中州古籍出版社1998年版，第177页。
② 郭嵩焘：《伦敦与巴黎日记》，钟叔河主编"走向世界丛书"，岳麓书社1984年版，第576页。
③ 参见熊月之《中国近代民主思想史》（修订本），上海社会科学院出版社2002年版，第9页。

家，其国民大多参与国事定政治方向。……这样的民权称为公权。"① 显然，这里的"民权"乃指国民参政权。实际上，日本的"民权"概念译自西方的"民主"一词。但是，中国近代不少知识分子，都将"民权"与"民主"区分对待，倡"民权"而反对"民主"，因而有学者称中国近代民权观为"典型的中国式的近代民主观"②。

民权的依据来自哪里？在接受西方的自由民主观念之前，梁启超的民权思想基本上源自中国传统典籍，尤其是《孟子》《明夷待访录》等书中的民本主义。关于民本与民主的关系，学界有不同的看法，本书不想作过多论述，笔者认为，传统的民本思想不同于现代的民主观念，但是其中确实蕴含有与民主相合的精神，它正是历代关注民生困苦的知识分子用来批判专制制度、为民请命的理论依据。正如梁启超指出的："要之，我国有力之政治思想，乃欲在君主统治下，行民本主义之精神，此理想虽不能完全实现，然影响于国民意识者既已甚深，故虽累经专制摧残，而精神不能磨灭，欧美人睹中华民国猝然成立，辄疑为无源之水，非知言也。"③ 民本精神，在近代以来，的确成为中国人逐渐理解和接受西方民主观念和民主制度的一个思想基础，直至今日，人们依然会从传统民本观念中寻找与现代价值相契合的思想资源。

梁启超回忆当年在时务学堂任教时的情景说："我们的教学法有两面旗帜，一是陆王派的修养论，一是借《公羊》《孟子》发挥民权的政治论。……开学几个月后，同学们的思想不知不觉就起剧烈的变化，他们像得了一种新信仰，不独自己受用，而且努力向外宣传。"④ 待思想成熟后，梁启超颇觉当时的教法是幼稚的，但是在没有外来思想资源支持的时代，用这种"幼稚"的教学法，却同样给了那些年轻的学生以刺激和灵感，为日后的运动作了思想上的铺垫。

梁启超当时的民权思想与其革命主张是密切关联在一起的，二者可

① 转引自［日］须藤瑞代《近代中国的女权概念》，《山西师大学报》（社会科学版）2005 年第 1 期。

② 韩英军：《对中国近代民权含义与特性的几点认识》，《教学与研究》2005 年第 7 期。

③ 梁启超：《先秦政治思想史》，载《饮冰室合集·专集》之 50，第 5 页。

④ 丁文江、赵丰田编：《梁启超年谱长编》，上海人民出版社 2009 年版，第 55 页。

谓一破一立。在"破"的一面，他抨击专制，倡导革命；在"立"的一面，则多言民权。"启超至，以《公羊》《孟子》教，课以札记，……所言皆当时一派之民权论，又多言清代故实，胪举失政，盛倡革命。其论学术，则自荀卿以下汉、唐、宋、明、清学者，搯击无完肤。"① 而谭嗣同、唐才常等人则设立南学会聚讲，又办有日刊《湘报》和旬刊《湘学报》，与时务学堂阴相策应。同时，他们还"窃印《明夷待访录》《扬州十日记》等书，加以案语，秘密分布，传播革命思想，信奉者日众，于是湖南新旧派大哄"②。梁启超尤其推重《明夷待访录》，在他看来，该书在三百多年前能有此等议论，不能不算人类文化之一高贵产品，其中的不少言论"的确含有民主主义的精神，——虽然很幼稚——对于三千年专制政治思想为极大胆的反抗。在三十年前——我们当学生时代，实为刺激青年最有力之兴奋剂。我自己的政治运动，可以说是受这部书的影响最早而最深"③。在学生时代，《明夷待访录》是他们思想的兴奋剂，在变法维新时期，它又是他们宣传民主主义的有力工具，光绪年间，梁启超与谭嗣同等人将书私印数万本，秘密散布，"于晚清思想之骤变，极有力焉"④。足见此书对梁启超一代青年知识分子的影响之巨。

由于将君权日益尊、民权日益衰视为中国贫弱的根源，梁启超早期关于民权的议论十分激烈，对民权思想的传播也不遗余力，不过那时他的民权观是建立在"为公"的道德理想之上，是出于对君主专权的一种反抗意识，还没有达到西方以权制权的程度；同时，他最初对民权的倡导也有现实的考虑，也就是说他认为要实现维新变法，必以开倡社会新风、开民智为前提，而倡民权是开民智必不可少的内容，所以倡民权的出发点是为变法做舆论和思想准备。

传统政治观念中的民本思想并不是梁启超民权观的唯一来源，他的

---

① 梁启超：《清代学术概论》，载《饮冰室合集·专集》之34，第62页。
② 同上。
③ 梁启超：《中国近三百年学术史》，载《饮冰室合集·专集》之75，第47页。
④ 梁启超：《清代学术概论》，载《饮冰室合集·专集》之34，第14页。

民权观也没有停留在儒家民本思想的水平。在流亡日本之后，他更多地受到了自由、权利理论的影响，特别是德国著名法学家鲁道夫·冯·耶林（Rudolph von Jhering，1818-1892）的《为权利而斗争》①（Battle Right，即梁启超所说的《权利竞争论》）这部著作对他影响尤巨，梁启超《新民说》中《论权利思想》一文的思想要旨，基本上是源于该书，梁启超认为它是医治中国人病症的良方。之前儒家民本思想是梁启超倡民权的重要资源，但当他了解了西方权利学说后，儒家学说又成了他的批判对象。他指出，中国先哲之教，如"宽柔以教，不报无道""犯而不校""以德报怨，以直报怨"等等，虽是君子之行，但"末俗成流，遂借以文其怠惰恇怯之劣根性，而误尽天下。……中国数千年来，误此见解，习非成是，并为一谈，使勇者日即于销磨，怯者反有所借口，遇势力之强于己者，始而让之，继而畏之，终而媚之。弱者愈弱，强者愈强，奴隶之性，日深一日"②。在他看来，这样叫人一味忍让的教育，对于君子之修养心性或许可以，但对于一般人之权利观念的形成，却并无益处，反而养成了懦弱无骨血的劣根性。

此时，梁启超不仅在概念的使用上有了变化，而且对儒家的仁政主张也开始进行反思和批判。

一是在词语的使用上，他将"民权"与"自由"理念相结合，提出了"民权自由"概念，使"民"的内涵有了重大改变。如他说"民权自由之义，放诸四海而准，俟诸百世而不惑"③，"民权自由者，天下之公理也"④。梁启超曾认为民权和民主的政治主体是有区别的，前者意味着民众可以有对权利的合理诉求，但他们由于还不具备相当的政治素质而不能成为行政主体。但是，当他将民权与自由"相提并论"时，其背后的意味是大不相同的，"民"的内涵有了极大的不同：由"臣民"而

① 该著根据耶林1872年维也纳告别演说——"为权利而斗争"扩充而成，出版后即在世界范围内引起了轰动，它也是作者著作中最早、也是唯一被翻译成中文的作品。1901年，留日学生所办刊物《译书汇编》的社员将《为权利而斗争》翻译成中文，不过仅翻译了第一章。

② 梁启超：《新民说·论权利思想》，载《饮冰室合集·专集》之4，第35页。

③ 梁启超：《答某君问法国禁止民权自由之说》，载《饮冰室合集·文集》之14，第30页。

④ 梁启超：《自由书·地球第一守旧党》，载《饮冰室合集·专集》之2，第7页。

变为"国民"（这在《新民说》等文论中皆有论及）。国民意味着广大的民众不再是奴隶，而是拥有广泛权利的"人"，是独立的个体，也是政治主体。

二是他对儒家"仁"的哲学和"仁政"的政治理想进行了反思和批判，认为它与现代权利观念绝不相容。他以设问的方式表达了对孟子仁政思想新的理解和批评："或问曰：孟子者，中国民权之鼻祖也。敢问孟子所言民政，与今日泰西学者所言民政，同乎？异乎？曰：异哉异哉！孟子所言民政者谓保民也、牧民也。……保民者，以民为婴也；牧民者，以民为畜也。故谓之保赤政体，又谓之牧羊政体。以保牧民者，比之于暴民者，其手段与用心虽不同，然其为侵民自由权则一也。"① 梁启超早年的民权思想来自儒家的民本思想，而民本思想与仁政主张又是内在一致的，因为重民、以民为本，必以施行仁政为理所当然。但是，当他从权利的视角去分析，发现民权与仁政之间是一种悖反的关系，因为民权是天赋的、不可剥夺的，不是统治者所施与的，但仁政是出于视民众为婴儿的心理，不是将民众视为独立自由的个体，也没有将民权看作天赋之权，因此，"仁"和"仁政"思想与现代权利观念是相背离的。

以孔、孟为代表的传统儒家所力主的德治和仁政治国方略，历来为中国古代思想家们所称道，由此形成了中国古代注重德治主义和民本主义的政治思想传统。但无论是民本还是仁政的主张，其出发点都是使君主的统治更加稳固。在近代以前，固然也有黄宗羲这类思想家，对君主专制进行抨击，呈现出一定的民主主义色彩，但对作为儒家核心价值观和影响中国古代政制两千年的仁的思想进行批判，恐怕是直到近代的梁启超、严复等人才开始有的现象。对于根深蒂固的政治思想传统进行批判，是对皇统合法性的依据——儒家道统的严峻挑战，而这对于中国政治思想的近代转型，无疑打开了一个具有标志性意义的缺口。

梁启超认为，正是长期以来被赋予正面意义的"仁"的观念导致了中国人自由权利意识的严重缺失。他说："大抵中国善言仁，而泰西善

---

① 梁启超：《自由书·保全支那》，载《饮冰室合集·专集》之2，第40—42页。

言义。仁者，人也，我利人，人亦利我，是所重者常在人也。义者，我也，我不害人，而亦不许人之害我，是所重者常在我也。"① "仁"虽然强调人我之间的友爱关系，但是其重心在他人而不是在"我"，这与突出自我的"义"是不同的。在今日，"义"乃救时之至德要道，因为虽就主动者而言，出于仁心以仁人者，虽非侵人自由，但就受动者而言，其待仁于人就等于放弃了自由，其人格也必将日趋卑下。"夫出吾仁以仁人者，虽非侵人自由，而待仁于人者，则是放弃自由也。仁焉者多，则待仁于人者亦必多，其弊可以使人格日趋于卑下。若是乎仁政者，非政体之至焉者也。吾中国人惟日望仁政于其君上也，故遇仁焉者，则为之婴儿；遇不仁焉者，则为之鱼肉。古今仁君少而暴君多，故吾民自数千年来祖宗之遗传，即以受人鱼肉为天经地义，而权利二字之识想，断绝于吾人脑质中者，固已久矣。"② 因此，仁政并非最好的政体，它实质上不过是一种保姆政策，广大民众长期生活在这种制度下，就不再有独立之人格；而遇到不仁之政，民众也因其长期形成的秉性而选择逆来顺受，并不觉自己的自由权被侵犯。总之，中国人权利思想的缺乏，"仁"的哲学和仁政思想负有不可推卸的责任。

同一时期的严复也有同样的言论。他指出，所谓"仁爱国家"常常发生夺民自由权之事，是因为这样的政府，许多时候为民众安排好一切，看似仁爱，但自本质上言，他们不过视自己为父母，而视广大民众为褓褓中的婴儿罢了，被牵着走的婴儿，其言行都不是出于自己的考虑和选择。在中国，"以父母斯民自任"的政府会被奉为神明父母，而百姓也庆幸自己有千载一时之嘉遇；但在西方，"父母政府"却非一个褒义的概念，民众会认为自己的自由被侵夺，与奴隶无异，因而会抵制和反抗以求自由之权。在将中西民众对于"仁政"态度的比较中，严复实际上揭示了中国儒家传统政治哲学中"仁"和"仁政"思想观念的消极意义。

严复在翻译孟德斯鸠《法意》的按语中说："复案：此惊心动魄之

---

① 梁启超：《新民说·论权利思想》，载《饮冰室合集·专集》之4，第35页。

② 同上书，第35—36页。

言也。何则？由此可知，虽有至仁之国，必不能为所胜亡国之民立仁制
也。夫制之所以仁者，必其民自为之，使其民而不自为，徒坐待他人之
仁我，不必蕲之而不可得也。就令得之，顾其君则诚仁矣，而制则犹未
仁也。使暴者得而用之，向之所以为吾慈母者，乃今为之豺狼可也。呜
呼！国之所以常处于安，民之所以常免于暴者，亦恃制而已，非恃其人
之仁也。恃其欲为不仁而不可得也，权在我者也。使彼而能吾仁，即亦
可以吾不仁，权在彼者也。在我者，自由之民也；在彼者，所胜之民
也。必在我，无在彼，此之谓民权。彼所胜者，尚安得有权也哉！"①此
段按语主要强调治国依靠的是法制，而非依靠统治者之"仁"，有了法
制，权利方能在我，才能成为自由之民。严复赋予了"仁"和"仁政"
以新的内涵，他认为，所谓仁制，是指"其民自为之"的政治制度。假
使民不能自为，则即使有仁君，也不能说具有了仁制、实行了仁政；若
没有仁制，那么遇上暴君，则民之权不能保。唯有权在我，方为自由之
民；唯有建立在民权基础上的制度，才是现代的民主制度。权在不在
我，在不在民，是评判是否为仁政的唯一标准。这显然大不同于古代所
讲的仁政思想。

　　梁启超、严复的思想评判和主张，超越了传统的政治观念，代表了
当时中国思想界的一种新趋向，具有启蒙的意义，也反映了中国政治思
想和价值观念在近代开始转型；在某种程度上也可以说，它们是"五
四"新文化运动时期反传统思潮的先声。当然，就"仁政"而言，若
完全否定其价值，则是走向了一种非理性。对于一个庞大的国家而言，
中央对地方的管理若要具备能效，社会秩序要得以维系，除了经济和军
事等方面的力量，道德的力量也不可或缺。"仁政"，无论是自上层还是
自下层而言，其中都包含着某种合理的道德价值和政治价值，由于上对
下之仁，也带来了下对上之忠，因此在客观效果上，必定可以对社会秩
序的稳定起到协调和支撑作用。或许有人认为，在专制体制下，政府行
政效率的低下只能依靠官员的道德素养来弥补，但实际上，即便在现代

---

① 严复：《〈法意〉按语》，载王栻主编《严复集》第4册，中华书局1986年版，第972
页。严复翻译的《法意》自1904年开始陆续分册出版，至1909年最后一册出齐。

民主体制下，官员的道德素质和某种程度上的"仁政"依然是必需的，因为制度的完善和政府的行政效率永远不可能达到让人无可挑剔的地步。对于梁启超、严复等思想家的观点，我们应当客观理性地看待。

二　天赋人权：放弃即为"罪之大原"

人权是人之作为人所应当享有的权利，其理论前提是每个人在道德和法律上都是没有差别的自然个体，因而都天然地享有平等的自由权。这正是天赋人权理论的第一层含义。那么这是否意味着每个人可以随意处置自己的权利呢？根据洛克的论述，人类的自由状态并非放任的状态，虽然人具有处理其人身或财产的无限自由，但他并没有毁灭自身或他所占有的任何生物的自由，也就是说，保护自身的生命和财产是人的天然权利。这是天赋人权理论的第二层含义。基于同样的理由，每个人也应该尽其所能去保存其余的人类，"自然状态有一种为人人所应遵守的自然法对它起着支配作用；而理性，也就是自然法，教导着有意遵从理性的全人类：人们既然都是平等和独立的，任何人就不得侵害他人的生命、健康、自由或财产"①。这是由第二层含义推导出的第三个重要内涵。归纳而言，自然权利说可以表述为：第一，每个人都天然地、平等地享有自由和权利；第二，每个人都应该努力保护其天然权利；第三，每个人都不得侵犯他人的自由和权利。

对于以上的几层意思，梁启超有较多的论述。首先，从人存在的意义来讲，自由和权利是人所不能缺少的。他将这种天赋权利视作高于人的肉体生命的精神生命。他说："自由者，权利之表证也。凡人所以为人者有二大要件：一曰生命，二曰权利，二者缺一，时乃非人。"② 作为人，肉体生命是基础，但若缺少了更具有本质意义的精神生命即自由和权利，那么就算不上真正的人。正因为如此，对自由和人权的向往、追求和维护才成为人最珍贵的特性之一。

---

① ［英］约翰·洛克：《政府论》下篇，叶启芳、瞿菊农译，商务印书馆1964年版，第4页。

② 梁启超：《十种德性相反相成义》，载《饮冰室合集·文集》之5，第45页。

其次，从国家进步的角度来看，扩充人民的天赋权利更是必需的。梁启超将天赋人权说与反专制结合起来，推导出国家进步之大原在自由民主之政、在扩充人民的权利。他说："天生人而赋之以权利，且赋之以扩充此权利之智识，保护此权利之能力。故听民之自由焉、自治焉，则群治必蒸蒸日上；有桎梏之戕贼之者，始焉窒其生机，继焉失其本性，而人道乃几乎息矣。"① 不仅人的权利是与生俱来的，就是认识和维护此权利的智识和能力也是与生俱来的，所以让人民保持其自由之性、处于自治之境，不仅合乎人道主义精神，而且有利于群治，有利于国家进步。若统治者非要违逆此自然人性，"役之如奴隶，防之如盗贼，则彼亦以奴隶盗贼自居，有可以自逸可以自利者，虽牺牲其家其廛之公益以为之，所不辞也，如是而不萎焉以衰，吾未之闻也"② 他认为中国群治不进，主要就是因为专制统治既窒抑了人性，使人民失去了生机和创造力，又使广大人民对国事漠不关心，从而导致了国家的衰弱，因此，建立自由民主的政治制度，使人民充分享有自由权利，是国家进步之原，实行政制改革势在必行。

基于以上的理由，梁启超十分强调维护个体自身权利的重要性，认为若放弃固有的权利，就是罪恶。面对国家危亡的情势，当时的多数国人都表示出对专制统治的强烈不满和对列强瓜分中国之行径的无比愤慨。梁启超虽然也有同样的情绪，但他更多的是从自身内部找原因，他认为，权利之为物，只有当一方先放弃它，然后才有另一方来侵害它。他质问道："苟我民不放弃其自由权，民贼孰得而侵之？苟我国不放弃其自由权，则虎狼国孰得而侵之？以人之能侵我，而知我国民自放自弃之罪不可逭矣，曾不自罪而犹罪人耶？"③ 因此他认为，"民之无权，国之无权，其罪皆在国民之放弃耳"④。

有意思的是，梁启超在批判儒家仁政观念、强调个人自由权的同

---

① 梁启超：《新民说·论进步》，载《饮冰室合集·专集》之 4，第 58 页。

② 同上。

③ 梁启超：《自由书·国权与民权》，载《饮冰室合集·专集》之 2，第 24 页。

④ 同上。

时，还挖掘出了杨朱思想的价值。杨朱"人人不损一毫，人人不利天下，天下治矣"的言论，从古至今遭到不少诟病，梁启超也曾深恶痛恨。但现在，他却从中得到启发，有了新的体会，"其所谓人人不利天下，固公德之蟊贼，其所谓人人不损一毫，抑亦权利之保障也"①。人为何要爱及一毫而断断然去争之呢？原来并不是要争此一毫，而是争人之损我一毫所有权也，即主权。我们不能轻视自己的一毫所有权，正如我们不能轻视身体的每一豪一样，因为"一部分之权利，合之即为全体之权利；一私人之权利思想，积之即为一国家之权利思想"②，假如人人都不肯损一毫，那么谁又敢损其一毫呢？所以杨朱说天下治矣并非虚言。梁启超甚至认为，杨朱"人人不损一毫"之义，与西方"人人自由而以他人之自由为界"乃同一道理。于是，在他的眼里，杨朱实为主张权利之哲学家，亦是中国救时一良方。梁启超关于"民之无权，国之无权，其罪皆在国民之放弃"的说法不一定十分允当，他对于杨朱"人人不损一毫"的重新诠释也有牵强之处，但其出发点十分明确，那就是希望国民能认识到自由权利是自身所固有的，也是应当尽力去维护的，任何人都不应该放弃自己的天然权利。

就国民和政府之间而言，当个人的自由权利受到政府侵夺时，每个人都应该力争恢复和伸张此天然权利，这是人生的一大责任，否则就是自甘放弃固有的自由权，就是放弃做人的资格。"政府压制民权，政府之罪也。民不求自伸其权，亦民之罪也。西儒之言曰：侵犯人自由权利者，为万恶之最，而自弃其自由权利者，恶亦如之，盖其损害天赋之人道一也。"③他以欧洲为例指出，欧洲各国今日之民权，既不是生来就有的，也不是统治者出于仁心授予的，而是由一二大儒通过著书立说、集会结社等方式将真理灌输于国民头脑中，使国民明其利害，识其可贵，从而赴汤蹈火以求得来的。如果国民不要求自伸其权利，则是不可能成就民权之政的。自由权利的实现，依靠的是斗争，也唯有奋力争取来的

---

① 梁启超：《新民说·论权利思想》，载《饮冰室合集·专集》之4，第36页。
② 同上。
③ 梁启超：《爱国论》，载《饮冰室合集·文集》之3，第75—76页。

权利，才是可靠的、稳定的。不放弃自己的权利，才真正把握了人权天赋的真义。

　　在梁启超的眼里，放弃自己的天然权利甚至比侵犯他人的权利是更可耻的罪恶，关于这一点，他再三致意。他引西儒之言说，天下第一大罪恶，莫甚于侵人自由，而放弃己之自由者，罪亦如之。但在他看来，若将两者比较，则放弃其自由者为罪首，而侵人自由者只是其次。为什么呢？"盖苟天下无放弃自由之人，则必无侵人自由之人。此之所侵者，即彼之所放弃者，非有二物也。"① 在解释这一理论时，他再次引用了"生存竞争，优胜劣败"的进化原理，指出，由于生存竞争的压力，每个人都务求自存，务求自存则务求胜，务求胜则务为优者，务为优者则扩充己之自由权而不知餍足，不知餍足则必侵人自由。只有当竞争的各方力量不相上下时，才会彼此约定划出一条互不侵犯的界限；若一方力量稍弱，则力量强的一方必会侵入弱者的界内。也就是说，自由的界限，实缘于每个人都有自由并且努力维护其自由。那些"自安于劣，自甘于败"的人，其自由权被侵是理所当然。因此，梁启超得出："苟无放弃自由者，则必无侵人自由者，其罪之大原，自放弃者发之，而侵者因势利导不得不强受之，以《春秋》例言之，则谓之罪首可也。"② 在进化论的理论框架中，梁启超阐明了不能放弃自由权利的理由，得出了要维护自由权必须自强以成为优者胜者的结论。这实际上隐伏了他后来的"强权自由"论的思想因素。不过，从梁启超的论述中，我们可以得出其分析和批评放弃自由之罪的言外之意，或者说是他对国民的殷切期望：一是国民应当自立自强，拥护社会变革、改变政体形式从而使各人的权利获得保障；二是要通过斗争去维护个人和国家的自由，即维护他所说的"民权"和"国权"，前者如日本的明治维新，后者如法国的大革命，唯有如此，自由权利才能完全无缺。梁启超的思想在此表现出的启蒙意义是显而易见的。

　　此外，梁启超还指出了维护天赋自由权的伦理学意义。他说："卢

---

① 梁启超：《自由书·放弃自由之罪》，载《饮冰室合集·专集》之2，第23页。

② 同上，第24页。

梭曰：保持己之自由权，是人生一大责任也，凡号称为人，则不可不尽此责任。盖自由权之为物，非仅铠胄之属，藉以蔽身，可以任意自披之而自脱之也。若脱自由权而弃之，则是我弃我而不自有云耳。何也？自由者，凡百权理之本也，凡百责任之原也；责任固不可弃，权理亦不可捐，而况其本原之自由权哉？且自由权又道德之本也，人若无此权，则善恶皆非己出，是人而非人也。"① 每个人之所以要维护自己的天赋自由权，除了如洛克所说的，保护自身的生命和财产是人的天然权利，从而推导出每个人也应该尽其所能去保存其余的人类这一理由外，还有一个重要的原因，那就是自由权是"责任之原""道德之本"，人只有出于自由意志，才能做出为善为恶的选择，才能负起道德的责任，而这是人高于其他动物的关键，是人之所以为人的一个本质内涵。

三 人权关乎 Women

女权思想和平等思想是梁启超民权思想的重要组成部分，一方面，他从理论上论证女权的实现是中国走向现代化的一个必要条件；另一方面，他从事实着眼，从行动上积极推动女性的解放和妇女权益的实现。他和康有为、谭嗣同等人创设了"不缠足会"，协助创立了第一所中国人自办的女学堂、女学会，创办女学报，等等，对促进妇女解放和社会文明开化起到了一定的积极作用。

梁启超倡导女权，主要有两个理据：一是女学关系国家强弱，二是权利的平等特性。

第一，女学是国家强盛的前提条件之一。把国家强大的根本原因归于经济和科技，或者是政治制度，这是绝大多数人的看法，直至今日，"科学技术是第一生产力"仍然常被人挂在嘴边。但是，发达的经济、科技和良善的政治制度来自哪里，似乎少有人去作进一步的思考，这也是自近代以来中国在发展历程中屡屡失误的一个原因。而梁启超很早就意识到，开发民智，实是立国根基之所在，而开发民智，自然不能忽略作为半边天的女性的心智开启，因此，他提出要创办女学堂、女学会，

---

① 梁启超：《卢梭学案》，载《饮冰室合集·文集》之6，第101页。

以此作为开民智和强国的重要内容。他说："居今日之中国，而与人言妇学，闻者必曰天下之事其更急于是者，不知凡几，百举末兴，而汲汲论此，非知本之言也。然吾推极天下积弱之本，则必自妇人不学始。"①既然天下积弱之本始于女性不学，那么若要中国强盛必从女性的教育做起，改变"女学衰、母教失，无业众，智民少"的状态。他从几个方面论证了倡女学的必要性和重要性：第一，"国何以强，民富斯国强矣；民何以富，使人人足以自养，而不必以一人养数人，斯民富矣"②。若女性与男性一样有职业，能自养而不依赖他人，则国家的整体力量必将强大。第二，女性若都受教育，有文化知识，关心国计民生，则社会风气将大变。第三，母教在儿童教育中占有很大的比重，因此母亲的文化水平和素质就具有极重要的意义，"治天下之大本二，曰正人心、广人才；而二者之本，必自蒙养始；蒙养之本，必自母教始；母教之本，必自妇学始。故妇学实天下存亡强弱之大原也"③。梁启超把妇女受教育的意义提高到关系国家生死存亡的高度，足见他对妇女问题的高度重视。从国家层面来看，妇女受教育具有战略性意义，而站在女性的立场来看，受教育正是她们应享有的一项基本权利，原本就不该被剥夺。

第二，梁启超从权利的平等性来论证兴女权的必然性。既是同为万物之灵的存在，为什么男人有权而女人无权？此种不平等的社会现象显然是不合理的，这是对女性之作为人的价值的否定。他批评所谓的"人权运动"并不包括女性权利在内，"人权运动，运动的是人权，他们是Women，不是 Men，说得天花乱坠的人权，却不关他们的事"④。这样的"人权运动"显然是不合于自然权利理论的，也不符合人道主义精神的。那么为什么会把女性排除在人权运动之外呢？是女子的智识能力天生不如男子吗？不是的，"不过因为学力不够。为什么学力不够？为的是从前女子求学不能和男子有均等机会"⑤。若给女子以平等的受教育的机

---

① 梁启超：《变法通议·论女学》，载《饮冰室合集·文集》之 1，第 38 页。

② 同上书，第 39 页。

③ 同上书，第 40—41 页。

④ 梁启超：《人权与女权》，载《饮冰室合集·文集》之 39，第 83 页。

⑤ 同上书，第 85 页。

会，使她们充分享有受教育的权利，她们同样能为社会做出重大的贡献。

对于作为人应该享有哪些权利以及如何享有平等权利，梁启超明确指出："一面要把做人的条件预备充实，一面要把做人的权利扩张圆满。第一步，凡是人都要有受同等教育的机会，不能让贵族和教会把学问垄断。第二步，凡是人都要各因他的才能就相当的职业，不许说某项职业该被某种阶级的人把持到底。第三步，为保障前两事起见，一国政治，凡属人都要有权过问。总说一句，他们有了'人的自觉'，便发生出人权运动。教育上平等权、职业上平等权、政治上平等权，便是人权运动的三大阶段。"①

从普遍意义上说，受教育、就业和参政，这三项权利对于任何一个正常的、守法的公民而言，都可平等享有；从性别意义上说，这三种权利也是女性所当享有的权利，首先她们要有受教育的平等机会，在扩充智识的基础上，再去争取就业和参政的权利，这是女权运动的几个步骤。梁启超关于女权问题的理论宣传和实践活动，对近代中国的妇女解放运动产生了重要的影响。这是他开民智工作的一个方面，也是其权利学说的一个重要组成部分。

第二节　民权的关系范畴

一　兴民权与开民智

倡民权，要解决一个关键问题，即民权如何实现？仅仅是反对君权并不就能必然实现民权，因为民权的主体是民众本身，如果他们对自己的权利并无自觉意识，也不为争取权利而斗争，那么少数人的呼喊，最终可能会成为流水落花。所幸的是，一些先进的知识分子看到了问题的根本，在倡民权的同时，提出了广开民智的主张。

开民智和倡民权首先是作为变法理论的一部分而由康有为提出的。

---

① 梁启超：《人权与女权》，载《饮冰室合集·文集》之39，第82—83页。

康有为曾以布衣的身份多次上书光绪帝请求变法，而其内容"专主开民智、通下情，合天下人之聪明才力，以治天下之事"①。他寄望于光绪帝和清廷，希望他们能实行自上而下的改革，实现民族的振兴，挽救中国的危亡。然而，他的几次上书都未能上达于皇上，对此，他深感失望。他意识到指望朝廷变法，希望十分渺茫，因此他的思路开始转变，认识到了"各国之革政，未有不从国民而起者，故欲倡之于下，以唤起国民之议论，振刷国民之精神，使厚蓄其力，以待他日之用"②，先改变国民的思想，再来改革政制，由此就有了后来的创办《万国公报》和创设强学会等活动。康有为自言"仆在中国实首创言公理，首创言民权者，然民权则志在必行，公理则今日万不能尽行也"③。公理指大同社会、民主制度。开民智、倡民权是康有为变法理论体系中的一个重要部分，不过它主要是作为一种变法的手段即作为工具理性而得以提倡的，当以"民权"为旗帜的革命言论在社会上逐渐弥漫时，康有为就对民权论采取了疏离态度，再不言"志在必行"了。在这一点上，梁启超的看法与康有为有所不同，在他看来，民权与民智是相辅相成、互相推动的，要兴民权，必得开民智；而要讲开民智，就一定要讲兴民权。

梁启超最初对开民智的认识主要以"春秋三世"说为依据。他认为，社会发展的各个阶段都有各自的特点，具体而言，在"三世"中，据乱世以力胜，升平世以智力互相胜，到太平则以智胜，所以社会越发展，智识水平的高低就越来越起决定作用。"世界之运，由乱而进于平，胜败之原，由力而趋于智，故言自强于今日，以开民智为第一义。"④ 由此，开民智就成了当务之急，民智问题实质上就是人的问题，人的素质问题。变法固然可以由上而下进行，但若没有广大民众的呼应、理解与支持，变法就难以成功，至少不会彻底。"今之言治国者，

① 梁启超：《戊戌政变记》，载《饮冰室合集·专集》之1，第114页。

② 同上书，第126页。

③ 康有为：《答南北美洲诸华商论中国只可行立宪不能行革命书》，载姜义华、张荣华编校《康有为全集》第6集，中国人民大学出版社2007年版，第314页。

④ 梁启超：《变法通议·学校总论》，载《饮冰室合集·文集》之1，第14页。

必曰仿效西法，力图富强。斯固然也，虽然，非其人莫能举也。"① 即使有尽善尽美之新法，而无人能领会其真精神，无人能有效实行之，法又有何益？可以说，康、梁维新派在这一点上的认识远较早期改良派要进步。不过，尽管深明此义，但戊戌维新派将重心放到提升民智上，仍然是变法失败以后的事，在此之前，他们还是更多地将期望寄予上层，毕竟民智之兴，不是一朝一夕之功所能致，而迅速进行变法的要求又是如此急切和强烈，所以，尽管有开民智的呼声，但当时在启蒙宣传和实际活动上做得还远远不够。

变法的失败使梁启超更加清醒地认识到民智与改革、民权与民智之间密不可分的连锁关系。要反对专制，必须高扬"民权"这面大旗，而要唤起民众的权利意识，树立权利观念，必须使民智得到充分的发展。他说："权者生于智者也，有一分之智，即有一分之权，……是故权之与智相倚者也，昔之欲抑民权，必以塞民智为第一义；今日欲伸民权，必以广民智为第一义。"② 他又认为："幸福生于权利，权利生于智慧。……幸福者，必自求之而自得之，非他人之所得而界也。一群之人，其有智慧者少数，则其享幸福者少数；其智慧者多数，则其享幸福者多数；其有智慧者最大多数，其享幸福者亦最大多数。"③ 人的权利意识产生于其智识基础之上，智识越多，其权利意识往往越强，二者是成正比的关系；同样，人的幸福也与其智识和权利相关联，一个国家，有智识和权利的人越多，那么拥有幸福的人也就越多。因此，开民智是人们获得权利和幸福的前提条件，其重要性不言而喻。

梁启超认为，国民的奴性太重是中国产生祸患的根本原因，而欲根除此奴隶根性，必须开民智、兴民权。对于政变后康有为的否定民权说，梁启超极不赞同，他说："夫子谓今日'但当言开民智，不当言兴民权'，弟子见此二语，不禁讶其与张之洞之言甚相类也。夫不兴民权，则民智乌可得开哉？其脑质之思想，受数千年古学所束缚，曾不敢有一

① 梁启超：《变法通议·学校总论》，载《饮冰室合集·文集》之1，第16页。
② 梁启超：《湖南广东情形》，载《饮冰室合集·专集》之1，第130—131页。
③ 梁启超：《最大多数最大幸福义》，载《饮冰室合集·文集》之10，第68页。

线之走开，虽尽授以外国学问，一切普通学皆充入其记忆之中，终不过如机器切成之人形，毫无发生气象。"① 兴民权的核心内容是什么？或者说，何以开民智？梁启超认为，其理论武器就是自由思想。他说："试观现时世界之奉耶稣新教之国民，皆智而富；奉天主旧教之国民，皆愚而弱。无他，亦自由与不自由之分而已。故今日而知民智之为急，则舍自由无他道矣。"② 民智不开，则奴性不去；反之，奴性不去，则难开民智。所以，当务之急，就是以自由学说教育启发民众，使其觉醒，以反对思想学术上的桎梏和政治上的专制，开创富有生机活力和民主自由氛围的新局面。

二　民权与民主

当人们谈到民权、民主和自由等问题时，常常会不由自主地讨论这些概念究竟是完全外铄还是具有内生的文化根源，这种讨论实际上代表着不同的思想倾向，即中国是应该从西方现有的发展模式中直接吸取经验，还是应该从我们的本土资源中寻求现代化的根据，"西化"派和文化保守派的出现及二者间的歧异，就是这两种不同思想倾向发展的结果。其实，无论是哪一种方式，都不可能绝对化和单一化，文化的异源异质并不意味着相互间的完全排斥，恰恰相反，中西方文化在许多方面具有共通性，二者不仅可以相容，且可以互补。民主、自由、人权等既是近代西方政治体制的主要特征，同时也可以说是具有普适性的价值。自由民主政制通常会被后进国视为西方发达国家走向富强的一个极其重要的因素，因而自然而然地成为包括日本、中国等在内的其他国家学习的范式。当然，在学习和移植的过程中，人们总会根据本国的社会条件和现实的语境对某些概念做出新的阐释。本章第一节提到过，中国近代的民权观是一种"典型的中国式的近代民主观"，梁启超等人对"民权"和"民主"的释义就明显地体现了这一点。

"民主"，在《尚书》中意为"民之主"，而非"民作主"，与现代

---

① 丁文江、赵丰田编：《梁启超年谱长编》，上海人民出版社 2009 年版，第 154 页。

② 同上。

的"民主"内涵不同。到近代，思想家们由于接触到了西方的自由权利理论，提出了"民权"概念，比传统典籍中的"民之主"意思进了一层，但他们又不敢公然地使用"民主"一词。在维新变法时期，康有为、梁启超都极力倡导"民权"，却并不主张"民主"，因为他们认为中国还没有发展到实行民主之政的阶段，可见，在他们眼里，"民主"与"民权"是两个相歧异的概念，具有不同的内涵。

严复认为，中国自古无民主而西方有之。梁启超对此不赞同，他认为西方历史中所说的古希腊、罗马的民主政治，并不是真正的民主，若以此为民主的话，那么同样可以说中国古代也有。其理由是，根据《春秋》三世之义，"凡世界必由据乱而升平而太平，故其政也，必先多君而一君而无君"①。就是说，按照人类历史的这一发展进程，民为政只出现在太平世，而不可能在希腊、罗马时期就已存在。"既有民权以后，不应该有君权。故民主之局，乃地球万国古来所未有，不独中国也。西人百年以来，民气大伸，遂尔渤兴。中国苟自今日昌明斯义，则数十年其强亦与西国同，在此百年内进于文明耳。故就今日视之，则泰西与支那，诚有天渊之异，其实只有先后，并无低昂。而此先后之差，自地球视之，犹旦暮也。地球既入文明之运，则蒸蒸相通，不得不变，不特中国民权之说即当大行，即各地土番野猺亦当丕变，其不变者即渐灭以至于尽。此又不易之理也。"② 梁启超根据公羊三世的历史发展观推导出：其一，既然古希腊、罗马已有了民主，那么就不应该有现在的君主制，所以民主制在以前从未有过，现在有民主制是世界发展到一定阶段的必然结果；其二，在今日看来，中国与西方虽然存在着差异，但其实只有发展的先后之别，而非高低之异。西方近百年来由于大倡民权，所以有了今日之发达富强，中国只要大行民权之说，实行社会变革，也能进入文明国家之列。梁启超将民主放在传统话语中来解释："国之强弱悉推原于民主，民主斯固然矣。君主者何？私而已矣；民主者何？公而已矣。然公固为人治之极则，私亦为人类所由存。……公私之不可偏用，

① 梁启超：《与严又陵先生书》，载《饮冰室合集·文集》之1，第108页。
② 同上书，第109页。

亦物理之无如何者矣。今之论且无遽及此，但中国今日民智极塞，民情极涣，将欲通之必先合之，合之之术，必择众人目光心力所最趋注者而举之以为的则可合，既合之矣，然后因而旁及于所举之的之外以渐而大，则人易信而事易成。譬犹民主，固救时之善图也，然今日民义未讲，则无宁先藉君权以转移之。"① 一方面他承认有无民主是国家强弱之原，另一方面又认为君主制也有其存在的理由，尤其是中国在民智未开的境况下，只能实行君主制，等民义发达之后，再讲民主也不迟。

在戊戌政变以后，梁启超仍在辨析二者之间的差别："夫民权与民主二者，其训诂绝异。"② 他为何要区分这两个词呢？或许下面的两段话可以做出解释。其一："英国者，民权发达最早，而民政体段最完备者也。欧美诸国皆师而效之，而其今女皇，安富尊荣，为天下第一有福人。……日本东方民权之先进国也，国会开设以来，巩自治之基，厉政党之风，进步改良，蹑迹欧美，而国民于其天皇，戴之如天，奉之如神，宪法中定为神圣不可犯之条，传于无穷。然则兴民权为君主之利乎？为君主之害乎？"③ 其二："吾侪之昌言民权，十年于兹矣，当道者忧之嫉之畏之，如洪水猛兽然，此无怪其然也，盖由不知民权与民主之别，而谓言民权者必与彼所戴之君主为仇，则其忧之嫉之畏之也固宜。不知有君主之立宪，有民主之立宪，两者同为民权，而所以驯致之途，亦有由焉。凡国之变民主也，必有迫之使不得已者也。……故欲翊戴君主者，莫如兴民权。"④ 可见，梁启超对"民权"和"民主"的辨析和区分，主要是基于三点：一是他认为倡民权与君主制不冲突。当时有人认为他的民权主张与其尊皇的宗旨看起来有矛盾之处，而他以英国和日本等国为例证明二者并不冲突，他对英国和日本君王之尊荣的描述，就是力图证明君主立宪政体与倡民权之间完全可以并行而不悖。二是他以此来对那些反对民权论的顽固守旧派进行批判。他批评反民权派由于

---

① 梁启超：《与严又陵先生书》，载《饮冰室合集·文集》之1，第109—110页。
② 梁启超：《爱国论》，载《饮冰室合集·文集》之3，第76页。
③ 同上。
④ 梁启超：《立宪法议》，载《饮冰室合集·文集》之5，第4页。

"混民权与民主为一途"，因而视兴民权为"蜂虿"，为"毒蛇"，结果导致"窒天赋人权之利益，而斫丧国家之元气，使不可复救"①。三是梁启超有一种思想倾向，即他往往将"民权"与君主专制相对立，而将"民主"与革命动乱相联系，所以他宣扬民权却不主张民主。以上三点原因，实质上仍是由于梁启超本人对"民主"含义的理解和坚持线性进化的历史发展规律所致。他认为不论是从君主的角度还是从国民的角度来考虑，倡导民权都是当务之急，但实行民主却不适宜。

不过，在1902年前后，梁启超也曾一度有过"民主"的主张，那时他的思想正处于比较激进的阶段。他在给康有为的信中说："至民主、扑满、保教等义真有难言者。……今日民族主义最发达之时代，非有此精神，决不能立国，弟子誓焦舌秃笔以倡之，决不能弃去者也。"② 对清廷的失望，使梁启超觉得唯有以大刀阔斧的破坏精神，推翻满族统治、建立民主政制方能挽救中国，所以尽管他担心革命会带来动乱，但仍认为不得不走这条道路，而且越早越好。当然，这种看法持续的时间并不长，不久后他的主张又发生了变化。

在1903年游历美洲之后，梁启超完全放弃了以前的"破坏主义"和"革命排满"主张。从梁启超当时的言论可知，他的思想变化，主要缘于对海外华人的表现十分失望，这使他再次相信中国国民程度不适合实行民主政治。他说："若夫海外商民，殆四五百万。若此者，其为政府压力所不能及明矣。苟其政治思想稍发达者，安在不可以成一巩固秩序之团体，为祖国模范？乃其文明程度，往往视祖国犹有逊色焉。"③ 在美洲、澳洲的华人不下数十万，他们与当地居民一样同受法律的保护，享受自由平等权，然而他们竟然常常干戈相寻、无事生非，不能成为自觉守法且富有凝聚力的团体。生活在自由民主政体下的海外华人尚且如此，那国内民众的文明程度可想而知，因此梁启超毫不隐讳地表示对中国人的政治能力和自治能力感到怀疑，"且使今日政府幡然改焉，颁宪

---

① 梁启超：《爱国论》，载《饮冰室合集·文集》之3，第77页。
② 丁文江、赵丰田编：《梁启超年谱长编》，上海人民出版社2009年版，第189页。
③ 梁启超：《敬告我国国民》，载《饮冰室合集·文集》之14，第25页。

法，行民政，举立法、行政、司法诸大权，而一旦还诸我国民，我国民遂能受之而运用自如耶？……故吾辈今勿徒艳羡民权，而必当预备其可以享受民权之资格。……此格不备，虽无压制，又将奈何？"① 基于这种认识，梁启超认为在中国实行民主之制委实尚早，而首先要做的工作是开启民智，使国民具备实行民政的资格。

总而言之，在梁启超的意识里，民权和民主的政治主体是有一定区别的，前者意味着民众可以有对权利的合理诉求，但他们不是行政主体，原因在于他们还不具备相当的政治素质；后者则意味着广大民众由于具备了政治能力而成为政治权力的拥有者。他根据"三世"说进行的简单化的推理，不免有让人发笑之处，但在概念运用上的慎重也反映了他在政治问题上的谨慎。从世界各国民主政治建设的实践来看，实行民主，确实要以国民具有相应的政治素质为前提，否则，民主终将徒有其名而无其实。

三　民权与国权

关于君、民与国家三者间的关系，中国古代各派思想家都有论述，如孟子言"民为贵，社稷次之，君为轻"，《淮南子·主术训下》讲"民者国之本也，国者君之本也"，皆有重民之意。韩非则认为"国者，君之车也；势者，君之马也。夫不处势以禁诛擅爱之臣，而必德厚以与天下齐行以争民，是皆不乘君之车，为因马之利，释车而下走者也"②。他维护极端的君主专制，国家不过是君主的工具而已，遑论平民百姓。且不说法家完全以尊君为要旨，就是强调民众作用的儒家、道家，自根本上言也是以君主的统治为出发点，这与近代以来以实现"民之权"为核心要义的政治观有着本质上的不同。梁启超等人的君宪思想就是这样一种政治观念，它反映的是君、民和国家三者间的新型关系。这里主要探讨梁启超关于民权与国权关系的看法。

关于国与民的关系、民权与国权的关系，梁启超有较多且较深入的

---

① 梁启超：《敬告我国国民》，载《饮冰室合集·文集》之14，第25页。

② 《韩非子·外储说右上》。

论述，他有两个基本观点：

第一，国权与民权是辩证统一、不可相离的。梁启超指出："地者积人而成，国者积权而立，故全权之国强，缺权之国殃，无权之国亡。何谓全权？国人各行其固有之权。何谓缺权？国人有有权者，有不能自有其权者。何谓无权？不知权之所在也。"① 又说："国权者，一私人之权利所团成也。……其民强者谓之强国，其民弱者谓之弱国，其民富者谓之富国，其民贫者谓之贫国，其民有权者谓之有权国，其民无耻者谓之无耻国。"② 意即国家的贫弱富强完全以国民的贫弱富强为衡量标准，国权之有无强弱也以民权的有无和实现程度为尺度，国人都能享有其权利，则国家就强大，反之，国家就会衰弱遭殃。他将西方国家和中国进行比较，指出之所以西方诸国能"浡然日兴"而我中国"薾然日危"，主要是因为西方国民能"以国为己之国，以国事为己事，以国权为己权，以国耻为己耻，以国荣为己荣"，而我国的国民"以国为君相之国，其事其权，其荣其耻，皆视为度外之事"③。而国家和国民之间本来是"一而二，二而一"的关系，既然我国国民都不以国为己之国，不问国事，国家如何能存立，又如何能发达？国且不存，国民又何来人权？也许梁启超对中西方差距所产生原因的分析并不充分，但他的鞭答是有力的，其批评也是令人深思的。

第二，民权是国权之本，是国权存立的基础和前提。"国者何？积民而成也。国政者何？民自治其事也。爱国者何？民自爱其身也，故民权兴则国权立，民权灭则国权亡。为君相者而务压民之权，是之谓自弃其国，为民者而不务各伸其权，是之谓自弃其身。故言爱国必自兴民权始。"④ 也就是说，国民与国家同为一体，爱国就是爱自身；国民有权，就意味着国家有权。由于国家比国民个体更抽象，国权的形成就要从国民个体权利的形成开始，只有民权这一基础牢靠了，国权才会巍然挺

---

① 梁启超：《论中国积弱由于防弊》，载《饮冰室合集·文集》之1，第99页。

② 梁启超：《新民说·论权利思想》，载《饮冰室合集·专集》之4，第39页。

③ 梁启超：《爱国论》，载《饮冰室合集·文集》之3，第69页。

④ 同上书，第73页。

立。他说，中国历来的专制统治者都以防民压民为能事，其目的就是要"使治人者有权，而受治者无权，收人人自主之权，而归诸一人"①。治人者有权，而受治者无权，这是中国几千年政治的最大特征，也是中国积弱不振的主要原因之一。但是国家的权力与人民的权利是不可分割的，国权以民权为基础，民权是国权之本；国权的有无或完缺，以国人是否有权为准绳。如果统治者非要拂逆人心，剥夺人民的权利，独享天下之权与利，则必然会导致国家灭亡。

在民权与国权的关系中，梁启超更多强调的是民权的基础意义和国家对国民的义务。他认为，国家是为人民而存立的，"国家之职务，在保护国民权利。往者我国政府，于保民之事，既失其职，故我国民在海外者，其所得权利，已远逊于他国之人矣"②。又言："凡人生于天壤，皆各有所应得之权利，与所应尽之职分。权利者何？人人自保其安全是也。职分者何？人人自谋其安全是也。夫推原国家之所以立，亦不外为人民保安全谋安全耳。其意盖谓一人之力不能自保者，则国家为保之；一人之智不能自谋者，则国家为谋之，此国家之义务也。国家不为民保、不为民谋，是之谓失国家之义务；国民不自保不自谋，而必待命于国家，是之谓失国民之义务。"③ 在他看来，国民之权利在自保其安全，其义务也是自谋其安全而不完全指望国家；国家的义务也是为民保为民谋。归结而言之，国民的权利和安全是根本目的。

当然，既然国家与人民是不可分的，当国家面临危难时，人民自然也有保护国家安全的义务。所以当梁启超感到在青年中个人自由的呼声过高，"不用之向上以求宪法，不用之排外以伸国权，……惟于薄物细故日用饮食，断断然主张一己之自由"④ 时，他也强调团体自由高于个人自由。他在《新民说》中说："自由云者，团体之自由，非个人之自由也。野蛮时代，个人之自由胜，而团体之自由亡；文明时代，团体之

---

① 梁启超：《论中国积弱由于防弊》，载《饮冰室合集·文集》之1，第99页。

② 梁启超：《商会议》，载《饮冰室合集·文集》之4，第2页。

③ 同上书，第6—7页。

④ 梁启超：《新民说·论自由》，载《饮冰室合集·专集》之4，第45—46页。

自由强，而个人之自由减。"① 而正是这白纸黑字的明确论述，成为许多研究者批评梁启超自由思想的最有力的凭证，比如张灏认为梁启超关注的是"群"而不是个人自由。

那么，梁启超是不是如张灏所说的只关注"群"这一概念，或者他是不是只关心国权呢？我们不妨翻检梳理其相关文论来一窥其要。

"国也者，积民而成。国之有民，犹身之有四肢、五脏、筋脉、血轮也。未有四肢已断、五脏已瘵、筋脉已伤、血轮已涸，而身犹能存者；则亦未有其民愚陋怯弱涣散混浊，而国犹能立者。"②

"聚群盲不能成一离娄，聚群聋不能成一师旷，聚群怯不能成一乌获。"③

"夫国家本非有体也，藉人民以成体，故欲求国之自尊，必先自国民人人自尊始。"④

"今日欲言独立，当先言个人之独立，乃能言全体之独立。"⑤

"一部分之权利，合之即为全体之权利；一私人之权利思想，积之即为一国家之权利思想。故欲养成此思想，必自个人始。"⑥

"国权者，一私人之权利所团成也。"⑦

从以上文字，我们不难看出"个人"在梁启超思想中的地位。"群盲不能成一离娄"，这种亿万个 0 相加不等于 1 的逻辑，梁启超显然十分明了。他从不同的视角，论及了个人之于国家的意义。首先，从国家

① 梁启超：《新民说·论自由》，载《饮冰室合集·专集》之 4，第 44—45 页。
② 梁启超：《新民说·叙论》，载《饮冰室合集·专集》之 4，第 1 页。
③ 梁启超：《新民说·论新民为今日中国第一急务》，载《饮冰室合集·专集》之 4，第 2 页。离娄：中国古代传说中的目明者，能于百步之外，见秋毫之末。师旷：中国古代传说中的耳聪者，善辨乐声。乌获：中国古代传说中的勇士，力大过人。
④ 梁启超：《新民说·论自尊》，载《饮冰室合集·专集》之 4，第 70 页。
⑤ 梁启超：《十种德性相反相成义》，载《饮冰室合集·文集》之 5，第 44 页。
⑥ 梁启超：《新民说·论权利思想》，载《饮冰室合集·专集》之 4，第 36 页。
⑦ 同上书，第 39 页。

的构成来看，个人无疑具有优先性或先在性，也正因为这种先在性，个人在社会和国家中具有基础性和决定性的意义。其次，从国家的尊严来说，它也要凭借每个国民的尊严来实现，若为国民者不能自尊其一人之资格，则绝不可能自尊其一国之资格；若人人不自尊，则国家必不能立，所以个人的自尊实关系到一个国家能否存立。再次，国家的独立自主，也必须依赖个人的独立自主，个人的独立是国家独立的前提和基础。最后，从权利来看，国权的形成，终究要依靠每个个体来实现，所以国家要尊重每个个人的权利。他强调"一私人之权利"，弱化了"民权"概念对个人权利的遮蔽，从而使个体自我的自由权利不至于在近代的特殊场景中完全隐而不显。虽然梁启超没有"个人权利神圣不可侵犯"这样直接的表述，但他的不少言论，如政府要防止人民的自由权被侵、每个人都不能放弃天然的自由以及"人人自由，而以不侵人之自由为界"等，都表达了个人权利不可侵犯的意思。梁启超在《新民说》中所列举的"新民"具备的十六项条件，几乎都是从个人角度来讲的，具有明显的个人主义色彩。

此外，梁启超虽然很推崇卢梭学说，但他对卢梭思想中的缺陷尤其是其重国家而轻个人的意味进行了严厉的批评。卢梭指出，人们订立的契约条款可以全部归结为一句话，即"每个结合者及其自身的一切权利全部都转让给整个集体"[1]。对此他解释为：既然每个人都向全体奉献出自己，他就并没有向任何人奉献出自己；每个人不仅可以从任何一个结合者那里获得自己本身所渡让给他的同样的权利，而且能够得到更大的力量来保全自己的所有。这听起来似乎能自圆其说，但梁启超认为，在各人举其权而奉诸国家这个问题上，卢梭"其言论颇不明了，且有瑕疵"，他批评卢梭思想体系中"旧主义（即以国为重者）与新主义（即以民为重者）常掺杂于其间"[2]。他说，若国家与个人的关系真如柏拉图和卢梭所认为的乃全体与肢节之关系，那么人民不过是国家的附庸而已，其结果必为国家有自由权、而各人之自由则如同冥顽无觉之血液，

---

① ［法］卢梭：《社会契约论》，何兆武译，商务印书馆 2003 年版，第 19 页。
② 梁启超：《卢梭学案》，载《饮冰室合集·文集》之 6，第 102 页。

仅随生理循环之转动罢了，不能有其主体性和能动性。在批评卢梭的解释不过是"英雄欺人"之后，梁启超进一步指出，"夫卢氏之倡民约也，其初以人人意识之自由为主，及其论民约之条项，反注重邦国而不复顾各人，殆非卢氏之真意"。① 也就是说，卢梭社会契约论的出发点本是个人之自由和平等，但最后得出的却是国家重于个人，走向了反面。可以说，梁启超对卢梭理论中的缺陷把握得十分准确。其实卢梭的公意理论在当时就受到了许多人的批评，如贡斯当指出，卢梭"在《社会契约论》中所犯的错误，经常被用来作为自由的颂词，但是，这些颂词却是对所有类型的专制政治最可怕的支持"②。梁启超赞同卢梭的契约论，是因为订立契约的最终目的是个人的自由和平等，如果背离了这一点，那么契约的意义就荡然无存。他推崇卢梭在此，批评卢梭亦在此。他称以国为重者为"旧主义"，而称以民为重者为"新主义"，这说明他思想的重心明显是偏向于以民为重的，而从上下语境来看，此处的以民为重就是指以个人为重。只不过，在梁启超的思想中，个人的地位不如英国自由主义者那样突出罢了。对此，黄克武的评价较为允当，他指出，梁启超确实认为当个体利益与群体利益发生冲突时，人们应牺牲私益而追求公益，但这并不就等于他不注重个人，因为这种观念是民族主义中共通的观念，即使英美等民主国家在国家危机之时也要求自我为国家牺牲，因此，梁氏关于个人与群体不可分离的主张不必然具有集体主义的意味，也不一定与密尔主义有出入。"梁氏虽然不是一个西方意义下的个人主义者，但也绝不是一些学者所谓的集体主义者或权威主义者，他对个人自由有很根本重视，我们可以说他所强调的是非弥尔主义式的个人自由，这种个人自由仍是以保障个人为基础，但同时以为个人与群体有密不可分的关系，因此有时强调以保障群体价值作为保障个人自由的方法。"③

---

① 梁启超：《卢梭学案》，载《饮冰室合集·文集》之 6，第 103 页。

② ［法］贡斯当：《古代人的自由与现代人的自由》，阎克文、刘满贵译，上海人民出版社 2005 年版，第 60 页。

③ 黄克武：《一个被放弃的选择——梁启超调适思想之研究》，台北"中研院"近代史研究所 1994 年版，第 33 页。

对于梁启超是否更多关注"群"和国权而较忽视个人这个问题，以上分析已给出了答案。不过，有一点我们确实应该有所警惕，那就是"民权"概念的使用。不仅在清末民初而且在后来的许多年里，国人使用"民权"一词的频率都要远远胜过使用"人权"等词，这是中国权利思想发展史上的一个重要现象。夏勇教授曾指出："使用民权这个词，有一种危险，这就是，把民看作一个集合的概念，把民权理解为集体权利。在这样的概念里，权利是很难被看作一种规则道德或程序法则的。"① 而其最直接的后果，就是容易造成对个人的忽略。我们不敢说运用"民权"一词就一定指集体权利，但隐伏着这种危险倾向却是不可否认的。我国在 2004 年才将"尊重和保障人权"写进宪法修正案，这一方面值得庆贺，另一方面也值得反思。与同时代的许多人一样，梁启超在谈到自由和权利问题时，也是往往使用"民权"概念，不过，若仔细考察梁启超的著作，我们会发现，他有时也会直接用到"人权"或"天赋人权"等词，如"窒天赋人权之利益"②"国亡而人权亡，而人道之苦，将不可问矣"③ 等；他也有关于个人权利的论述，如"一私人之权利思想，积之即为一国家之权利思想，故欲养成此思想，必自个人始"④ 等，而且他还专门作过"人权和女权"的演讲，这些都表明，梁启超所理解的权利，绝不仅仅是指一种具有集体性质的国民的权利。如果说梁启超及其同时代人多使用"民权"概念与当时特殊的时代环境有很大的关系，那么今天我们讲人权时必须明白，权利归根结底是就个人而言，最终要落实到每个个体，否则就是空洞的、没有意义的。

第三节　强权论：梁启超权利观的另一维度

梁启超对于权利的理解，具有多维的特征，也有矛盾的一面。如在权

---

① 夏勇：《中国民权哲学》，生活·读书·新知三联书店 2004 年版，第 49 页。
② 梁启超：《爱国论》，载《饮冰室合集·文集》之 3，第 77 页。
③ 同上书，第 69 页。
④ 梁启超：《新民说·论权利思想》，载《饮冰室合集·专集》之 4，第 36 页。

利的来源和属性问题上，他既推崇卢梭而醉心自由民权论，又受日本思想家加藤弘之的影响而接受了强权理论。也就是说，他既宣扬天赋人权说，又信仰建立在社会达尔文主义基础上的强权观，而这两者显然是存在着理论冲突的。两条截然相异的致思路向在他的理论中竟然毫无违和感地融合在一起，这不能不说是一个有趣的现象。当然，若联想到梁启超既作为一个启蒙思想家要倡导自由民权，又面对国家遭受外侮的现实因而要求自强的两难困境，这种思想充满矛盾的现象也就不难理解了。

一 "强权与自由权，其本体必非二物"

梁启超到日本后，如饥似渴地吸取着各种思想养料。在各种社会政治思想中，卢梭的天赋人权论很快就被他接受，成为他最初笃信的学说，但同时，加藤弘之的强权理论和英国基德的社会达尔文主义也对他产生了很大的影响，他开始对竞争价值观和强权说充满了兴趣。

加藤弘之（1836—1916）是日本著名的启蒙思想家，曾大力宣传天赋人权思想，他自言其旧著大抵依据天赋人权主义而作；但作为官僚学者，他又反对日本的"自由民权"运动，特别是 1877 年（明治 10 年）他任东京帝国大学首任总理后，开始致力于进化论思想的传播，他在 1879 年 11 月发表演讲，开始否定"天赋人权论"，并在其 1882 年所著《人权新说》中对"天赋人权论"大加攻击，指斥之为谬见。加藤弘之此举被视为"变节"，在日本引起了很大的反响。他后来把进化论思想扩大到国家间优胜劣败、适者生存的原则，主张国家对个人的至上权，极力鼓吹所谓的"国家主义"思想。① 对此，他本人的解释是"等到读了伯伦知理和其他温和学者之书，则以卢梭等过剧之学说为真理的想法消失了"②，意识到共和政治并非无上之政体；及至后来又读到欧洲新学者之书，始悟天赋人权乃无根据之说，而达尔文和斯宾塞的进化论思

---

① ［日］近代日本思想史研究会：《近代日本思想史》第 1 卷，马采译，商务印书馆 1983 年版，第 39—40 页。

② 转引自郑匡民《梁启超启蒙思想的东学背景》，上海书店出版社 2009 年版，第 211 页。

想，更使他越来越清楚地认识到人类本来并非特殊之生物，只是由于进化才成为今日之人类，并没有所谓天赋之人权。可见，进化论思想和伯伦知理国家学说是加藤弘之立场转变的主要原因。

梁启超在 1899 年 5 月与加藤弘之相识，此时正是加藤弘之思想转变后的时期，由于梁启超当时正信奉卢梭思想，主张革命和破坏主义，并没有因为接触加藤弘之的后期思想而否定天赋人权说，不过，对于加藤弘之介绍的社会达尔文主义，梁启超十分感兴趣；此外，加藤弘之所主张的强权理论，也因当时梁启超对国家主义思想的关注而充满了吸引力。梁启超在 1896 年读到严复的《天演论》译稿，接触到了西方的进化论思想，并对此理论十分服膺，加藤弘之介绍的社会达尔文主义无疑使他关于进化的观念得到了加强，尽管他认为加藤弘之的言论多偏激、有流弊，但由于其持之有故、言之成理，影响甚大，所以如果不介绍给中国学界，则所益不足以偿所损。综观梁启超《论强权》全文，其思想内容与加藤弘之《人权新说》如出一辙。如关于强权产生的原因，加藤弘之认为是由于人与人之间存在着天然差别，又由于存在着生存竞争、故优者胜、劣者败，强权由此产生，他说："盖于体质心性之遗传与变化中生出优劣之异同不得限于动植物。居于动物之上位之吾人类亦不例外。即吾人类亦与动植物相同，于体质心性上受父母之遗传，并由自己生涯中所遭遇万事万物之感应影响，而体质心性所受变化亦各有异同，必不得不生优劣之等差。吾人类体质心性若果有优劣之等差，则其间之生存竞争亦决然生而不息，于此竞争中，优者常获胜而压倒劣者，于是则发生所谓自然淘汰之事，此事绝然在所难免，是即所谓优胜劣败也。由是观之，则应知优胜劣败这一万物法之大法则不仅存在于动植物世界，于吾人类世界也必然发生。优胜劣败之作用必然于吾人类世界发生之理既已不容置疑，则敢曰那种吾人类人人生来固有自由、自治、平等、均一之权利的天赋人权主义绝不可信，如此看来天赋人权主义之为妄想说，其理不甚明耶？"① 再看梁启超对此问题的论述："凡一切有机

---

① 转引自郑匡民《梁启超启蒙思想的东学背景》，上海书店出版社 2009 年版，第214 页。

之生物，因其内界之遗传与外界之境遇，而其体质心性，生强弱优劣之差。此体质互异之各物，并生存于世界中，而各谋利己，即不得不相竞争，此自然之势也，若是者名之为生存竞争。因竞争之故，于是彼遗传与境遇，优而强者，遂常占胜利，劣而弱者，遂常至失败，此亦当然之事也，若是者名之为优胜劣败。生存竞争，优胜劣败，此强权之所由起也。生存竞争与天地俱来，然则强权亦与天地俱来，固不待言。"① 另外关于强权的种类、自由权与强权为同一物等，梁启超也都是承袭了加藤弘之的观点。② 因此可以说，梁启超的强权观实是加藤弘之强权理论的翻版。

在 1899 年的《论强权》一文中，梁启超明确表达了对社会达尔文主义和强权的认可。他说："自由云者，平等云者，非如理想家所谓天生人而人人界以自由平等之权利云也。我辈人类与动植物同，必非天特与人以自由平等也。康南海昔为《强学会序》有云：'天道无亲，常佑强者。' 至哉言乎！世界之中，只有强权，别无他力，强者常制弱者，实天演之第一大公例也。"③ 这段话直言不讳地指出，人类与自然界一样，都遵循着"强者常制弱者"即生存竞争、优胜劣败的规律，此乃天经地义之事，并不存在天生自由平等的权利。他所谓的"天演之第一大公例"就是社会达尔文主义，也即英国斯宾塞所宣扬的竞争价值观。基于这一理论，梁启超很容易地推导出强权产生的必然性。他说，由于遗传及环境等原因，人们的体质心性存在着天然的差别，当他们并存于世界中各谋其利时，不可避免地要相互竞争，此乃"自然之势"，这就是生存竞争；在竞争中，优而强者往往成功，劣而弱者则常至失败，这就是优胜劣败。生存竞争、优胜劣败，是人类的生存规则，强权的产生，就与这种生存规则密切相关。"生存竞争、优胜劣败，此强权之所由起

---

① 梁启超：《自由书·论强权》，载《饮冰室合集·专集》之 2，第 32 页。

② 郑匡明将二者的论著进行了详细的比较、对照，证明梁启超的强权观几乎都是沿袭了加藤弘之的观点。不过郑氏谓梁启超在《论强权》中自言其强权论是"述加藤弘之先生之余论而引申之也"，笔者在《论强权》一文中并未见到此言。

③ 梁启超：《自由书·论强权》，载《饮冰室合集·专集》之 2，第 31 页。

也。生存竞争与天地而俱来，然则强权亦与天地俱来。"① 在竞争价值观的思想前提下，梁启超很自然地将卢梭等先哲所主张的"人权与天地俱来"转换成了"强权与天地俱来"。

何谓强权？加藤弘之将英语 The right of the strongest（最强者的权利）译为"强权"，意思是根据优胜劣汰，最强者才享有各种权利。梁启超则解释为"强者对于弱者而所施之权力也"，只要有强弱之差别存在，强权就存在，不论是人类还是一切生物界，甚至无机界，都是强权之所行。"强也弱也，是其因也；权力之大小，是其果也。其悬隔愈远者，其权力愈大而猛，此实天演之公例也。"② 强则有权，弱则无权，强权不仅与天地俱来，而且最广泛地存在于宇宙之中，人人皆无法逃避。在文明社会里，所谓强者即全属智力之强，所以一个国家及其国民要想成为强者，必以开民智为最要务，如此，方能由弱进于强，从而拥有强权。

梁启超的强权观在 1902 年的《新民说》中得到了进一步的阐述。他在其中的《论权利思想》一文中如此解释权利之来源："权利何自生？曰生于强。"③ 强者对于弱者，常常占优等绝对之权利，这并非强者有暴恶之性，而是"人人欲伸张己之权利而无所厌，天性然也。是故权利之为物，必有甲焉先放弃之，然后有乙焉能侵入之，人人务自强以自保吾权，此实固其群、善其群之不二法门也"④。他从自然人性的角度来证明强者权利的优先性和合理性，并由此推出，权利的实现不是上天界赋的，而是来自于斗争，实现权利的过程就是竞争的过程，没有竞争，没有斗争，就不能享受到权利，所以，唯有自强，方有自由权。这是"生存竞争、优胜劣败"的社会进化理论指导下必然产生的思维理络。

梁启超将强权等同于自由权。他认为"天下无所谓权利，只有权力而已，权力即利也"⑤。按常理，人们说到强权时，无不充满憎恶之情，

　① 梁启超：《自由书·论强权》，载《饮冰室合集·专集》之 2，第 32 页。
　② 同上书，第 29 页。
　③ 梁启超：《新民说·论权利思想》，载《饮冰室合集·专集》之 4，第 31 页。
　④ 同上书，第 32 页。
　⑤ 梁启超：《自由书·论强权》，载《饮冰室合集·专集》之 2，第 29 页。

但对自由权、人权却莫不喜爱向往之。而在梁启超看来，二者并无任何差别，"强权与自由权，其本体必非二物也。其名虽相异，要之，其所主者在排除他力之妨碍，以得己之所欲，此则无毫厘之异也，不过因其所遇之他力而异其状，因以异其名云尔"。又说，"要而论之，前此惟在上位者有自由权，今则在下位者亦有自由权；前此惟在上位者有强权，今则在下位者亦有强权。然则强权与自由权，决非二物昭昭然矣"[①]。在今日文明国家，人民也都成了强者，他们伸其自由权以抗拒居上位者压制之强权，实际上是两强相遇、两权并行，因两强相消，故两权平等，所以自由权与强权为同一物。

梁启超从伦理道德的角度也得出了"强者自由"的观点。他认为，当人们在自由意志的支配下，由于"克己"而不再做情欲的奴隶时，他就成为意志坚定的"强者"，从而也就有了更多的自由。由"克己"到"强"再到"自由"，这与《论强权》中的由"智"到"强"再到"自由权"，虽然基点不一样，目标、结果却相同，可谓殊途同归。所以梁启超认为强权就是自由权，二者并无本质上的差别。也许这是他对现实的政治运动失败进行反省后所得的认识，也可能更多的是日本思想家和日本社会状况给予他的启示，总而言之，他对充满理想色彩的权利价值预设——人生而自由平等——已由最初的信仰到怀疑乃至否定，而"强权自由"观念开始占据他的头脑。如果说，以天赋人权说倡导民权是一种热情的呐喊，那么强者自由论则是一种严酷的鞭策。无疑，这种理论听起来是残酷的，但它表明梁启超试图以另外一种方式唤起人们的自强和救亡意识。

正是出于这一目的，梁启超在强调权利之重要性的同时，又强调权利与义务之不可分割。他说："人之所以贵于万物者，则以其不徒有'形而下'之生存，而更有'形而上'之生存。形而上之生存，其条件不一端，而权利其最要也。"[②] 一个人只有当他既保全了自己的生命，又保全了自己的权利，才算是完成了人所当尽的责任，否则，就与禽兽无

[①]　梁启超：《自由书·论强权》，载《饮冰室合集·专集》之2，第30—31页。

[②]　梁启超：《新民说·论权利思想》，载《饮冰室合集·专集》之4，第31页。

异。他甚至认为，权利思想乃是一个国家立国之大原。英国政治之所以发达完善，就在于英国人权利思想之丰富，权利感情之敏锐。而反观我国，一方面，末俗以先哲仁德之教来文其怠惰怯弱之劣根性，遇强者则退让甚至媚惑，致使强者愈强，弱者愈弱，奴隶之性，日深一日。此为"失权利而不知失之之为苦痛"。另一方面，中国素来讲仁政，仁政固然有一定好处，但却有很大的弊端，尤其是会导致人们权利思想的缺乏。此为"有权利而不识有之之为尊荣"。不论是不知失权利之苦痛，还是不识有权利为尊荣，一言以蔽之，无权利思想而已。梁启超将中国人权利思想的缺乏归咎于古圣先哲的宽柔之教和仁政思想，诚然有失偏颇，但他所批判的中国国民长期以来形成的将自由、权利和幸福都寄望于统治者的心理习惯，却是比较符合客观事实的。

　　梁启超主张每个人都应当争取应有的权利，同时他也强调个人对于团体和国家的义务。他用义务来说明权利，又用权利来解释义务，"权利思想者，非徒我对于我应尽之义务而已，实亦一私人对于一公群应尽之义务也"[1]。争取权利，不仅是对自己负责，也是对"公群"负责，为什么呢？有权利存在，就必有侵权现象发生，因而就有抵抗和竞争，而抵抗能力的强弱，与权利思想的强弱成正比；若一群之中，人人皆有权利思想，则该群体必有较强的抵抗力，所以个人不能任意抛弃自己的权利，因为保护自己的权利，往往就是尽自己对团体的义务。他认为："权利何自起？起于胜而被择。胜何自起？起于竞而获优。优者何？亦其所尽义务之分量，有以轶于常人耳。"[2] 也就是说，唯有人人尽义务，且多尽义务，才能成为优胜之团体，从而才能享有更多的权利和自由，优胜是因，自由是果。也就是说，在梁启超这里，权利和义务是辩证统一的，个人享有权利与实现公群、国家的强大也是完全统一的。由此可见，梁启超的强权自由观与他此时期对义务思想和国家思想的强调，实是立于同一基点之上，是内在一致的。

---

① 梁启超：《新民说·论权利思想》，载《饮冰室合集·专集》之4，第36页。
② 同上书，第104页。

二 强权观的现实意义和理论误区

为什么梁启超在醉心天赋人权说和倡导民权的同时又信奉强权理论呢？对此，我们可以从梁启超当时所处的现实境遇和所受的思想影响来分析和理解。梁启超流亡日本时，日本的自由民权运动已经结束，而帝国主义之声正甚嚣尘上。所以，梁启超虽然通过日译西方著作接受了自由民权主义思想，但另外又受到了社会达尔文主义和日本国家主义思潮的深刻影响，结合现实的国际政治状况，他相信竞争和强权是不争的事实。他认为这两大思想派别分别是民族主义和民族帝国主义产生的原动力和理论依据，在民族主义和民族帝国主义相嬗的时代，这两种理论都有存在的理由和价值。他说："民族主义者，世界最光明正大公平之主义也。不使他族侵我之自由，我亦毋侵他族之自由。其在于本国也，人之独立；其在于世界也，国之独立。使能率由此主义，各明其界限以及于未来永劫，岂非天地间一大快事？虽然，正理与时势，亦常有不并容者。自有天演以来，即有竞争，有竞争则有优劣，有优劣则有胜败，于是强权之意，虽非公理，而不得不成为公理。"[1] 也就是说，从理论上来讲，强权虽是非正义的，但从事实而言，强权就是公理，正所谓"两平等相遇，无所谓权力，道理即权力也；两不平等者相遇，无所谓道理，权力即道理也"[2]。

显然，梁启超承认强权不是要宣扬强权的公理性，其出发点实在于通过对竞争和强权存在事实的肯定来使国人有所警醒，此思想动机其实在《论强权》一文中即有明确的表述。他说，既然强权就是自由权，那么，"欲得自由权者，无他道焉，惟当先自求为强者而已。欲自由其一身，不可不先强其身；欲自由其一国，不可不先强其国。强权乎！强权乎！人人脑质中不可不印此二字也"[3]。无论就个人还是就一国而言，欲获得自由，必须首先自强，唯有强大，方能有更多的自由。可见，梁启

---

[1] 梁启超：《国家思想变迁异同论》，载《饮冰室合集·文集》之6，第20页。

[2] 同上。

[3] 梁启超：《自由书·论强权》，载《饮冰室合集·专集》之2，第31页。

超试图以强权说唤起人们的忧患意识和自强进取精神，鼓励、号召广大民众奋发图强，从而获得更多的自由权，应该说这在当时确实可以起到鼓舞人心的积极作用，其出发点并无不义之处，我们不能因他承认强权理论就认为他走向了反动。

不过，我们也不能否认，强权理论本身具有消极意义，而梁启超对强权的理解和阐发也确实存在着诸多偏失之处，或者说他走进了一个理论的误区。

首先，梁启超混淆了权力和权利这两个不同的概念，在理解上发生了偏差。他认为，天下无所谓权利，只有权力而已。而实际上，权利与权力虽然同音，但二者在语义上有很大的差别。其一，权利（right）是一个政治法律术语，"通常是个人宣称对其对象所拥有的按照自己的意愿来处置的地位能或力"①，它包括物权和人权。物权是个人、法人或团体对物的排他的所有权包括处置权，人权则是指个人在政治参与、言论、结社、迁居、不受专横逮捕和随意限制人身自由等的权利。权利与义务相对应并紧密联系在一起，享受一定的权利就应该履行相应的义务。而权力（power）是一个政治学和行政学的概念，一般是"指对人和物的支配力量，因而通常与具有政治地位、官职、管理权和影响力的人密切相关"②。权利和权力在内容上有重叠，都有支配、处置和所有的意思，但不能将二者等同。其二，从所属主体和特征来看，权利是人所普遍拥有的，而权力主要是指具有相当地位和支配力量的人所拥有的，具有特殊性，因而很容易被滥用。根据权利概念的历史演变及其在不同时期的特征，可将权利区分为消极权利和积极权利。消极权利是指使个人权利免受政府侵犯的防卫性权利，积极权利是直接要求具体福利内容的权利，如医疗保健、最低工资、带薪休假等。不论是消极权利还是积极权利，都是人之为人所当有的要求，在总体上处于守势的地位。权力却不一样，它因其主体的特殊地位而具有权威性和支配力量，当它膨胀越出一定的界限时，就会对公民的个体权利造成侵犯，因而对之随时需

---

① 顾肃：《自由主义基本理念》，中央编译出版社 2003 年版，第 97 页。

② 同上书，第 98 页。

要保持警惕，当权力极其集中时，就成了专制。其实关于这一点，卢梭早有论述。在《社会契约论》中，卢梭将强力和权利进行了严格的区分，他不认为权力等于权利，因为"只要形成权利的是强力，结果就会随原因而改变；于是，凡是凌驾于前一种强力之上的强力，也就接替了它的权利"①，如此，权利就没有了确定性，那么这种随强力的中止便告消灭的权利，又算是一种什么权利呢？此外，权利总是和义务相伴随行，人们享有某种权利，就应当服从相应的义务，但人们对强力却不一定要服从，即便是服从了，也"只是一种必要的行为，而不是一种意志的行为；它最多也不过是一种明智的行为而已"②，所以卢梭认为强力并不能构成权利，人们只对合法的权力才有服从的义务，若承认所谓的最强者的权利，其结果只能是产生一种无法自圆的胡说。

其次，在强权与自由权的关系上，梁启超的看法也显然失当。他认为强权就是自由权，因为两者在排除他力的妨碍以得己之所欲这一点上没有任何区别。这是只看到了二者表面上的相同，而没有看到它们内在的本质上的歧异。强权和自由权都是为得己之所欲，这固然不错，但二者在排除他力之妨碍的出发点上是截然相异的。强权含有征服的意味，强者通过征服弱者来获取更多的利益，而自由权并没有此意，它通常是一种防卫性的权利。当我们说争取应得的权利和自由时，不是要获得一种强制力或支配力，而是要获得作为人、作为合法公民所当有的自由权和利益。更重要的，视强权和自由权为同一物，有其消极的负面效应。因为既然强权就是自由权，那么人们唯一要考虑的，就是如何使自己成为最强者，成为竞争中的优胜者，从而成为权力的拥有者，而不必考虑和尊重他人的权利和自由，这必然会导致愈加残酷的竞争和社会的无序状态。此外，强权说在很大程度上是对弱肉强食理论的认同，它可为生活中以强凌弱现象设置合法的前提和依据，又可给予某些国家的帝国主义侵略政策以理论支持。两次世界大战所造成的灾难是对强权理论消极意义的最好说明。

---

① ［法］卢梭：《社会契约论》，何兆武译，商务印书馆2003年版，第9页。
② 同上。

　　最后，当梁启超强调强者权利时，客观上自然会在一定程度上削弱自然权利理论的价值和历史意义。尽管自然权利只是一种先验的理论预设，不一定有事实作为根据，卢梭本人也曾宣告，"我探讨的是权利的道理，我不要争论事实"。但是这种理论在政治思想史上的意义是不可估量的。自然权利是不依具体情境和条件的权衡来确定的权利，是人之为人所具有的普适的权利，国家的一个主要职能就是维护每个人的自然权利，使之免受他人的侵犯。"人人生而自由平等"，就是说一切人在生命、自由和财产权上都是平等的，这是每个人所拥有的不受侵犯的自主的领地。诚然，人们在体质心性上有差别，但在自然权利和人格尊严上是平等的，这种平等权是道义上的根本权利，它与人的体质心性和社会地位无涉，人人都有义务尊重他人的这种自然权利，即便是所谓的强者也没有资格去侵犯和剥夺。而根据强权理论，若强者才有权利和自由，那么弱者则只能受压制，除非他们有一天也成为强者。如此，则永远只能是一部分人有权利，而另外一部分人无权利，这对社会上的各种非道德非正义的现象无疑是给予了合法性的证明，而种族歧视、性别歧视等也就成为理所当然的了。

　　20世纪六七十年代，以法学家富勒、德沃金等为代表的新自由主义理论家们再度诉诸自然法理论来论证公民的权利，反映了人们对自然权利理论意义的再认识，同时也从侧面证明了强权在学理上并不具有当然性。由于特殊的时代环境，梁启超可能想得更多的是如何唤起人们的忧患意识和自强意识，而对强权理论的负面效应考虑得不是很充分，对此，我们不能不留意。

第四章

法治和宪政：梁启超的理想政制

权利的实现，固然是民众争取的结果，但争取来之后则需要以制度化的形式来体现和予以保障，这就使法治和立宪成为必要。所以，梁启超尤为强调法治的意义，并一生为实现立宪政治而努力。法治即"法律的统治"，它既是一种治国理念，又是指按人民的意愿建立起来、由独立的司法机构执行、并以权力制约方式维护的一整套法律制度及其运作方式。早在公元前 4 世纪，亚里士多德就提出，即使是君主国，也应该依法而治，因为法治优于一人之治。法治的核心是强调社会治理规则（主要是法律形式的规则）的普遍适用性、稳定性和权威性。那么，法治如何实现？对此，梁启超曾说过这样一句话："欲法治主义言之成理，最少亦须有如现代所谓立宪政体者以盾其后。"[1] 他认为，法令只是治之具而已，还需要治道才能取得治国之效，其"道"即是"君民共守之宪法是已"[2]，这也就是商鞅所说的"使法必行之法"，由此就逻辑地推出立宪之必要和重要。

第一节　梁启超的法治观

反对专制者，往往是民主政治和法治的支持者。梁启超对于专制政治的激烈批判，与其对于民主政治的向往和对于法治的倡导有高度的一致性，从他最早的政论文到人生最后的文章，始终强调法治乃立国之

---

① 梁启超：《先秦政治思想史》，载《饮冰室合集·专集》之 50，第 149 页。
② 梁启超：《使法必行之法》，载《饮冰室合集·专集》之 2，第 119 页。

本。在今天，建立法治已成为各国现代化的主要目标之一，然而，在实现法治的路途上，有太多的荆棘和坎坷，人们对于法治内涵及重要性的认识，也经历了一个不断深入的漫长过程，更不论法治建设本身的艰难。但是，我们还是有足够的信心去实现法治的理想，因为法治代替人治，是历史发展的必然趋势；具有坚定的法治观念，也一定会成为现代公民所普遍具有的素质。

一　"法治者，治之极轨"

古希腊、罗马是西方古代实践民主、法治的摇篮，被奉为西方文明之根，也因此使西方具有了悠久的民主和法治传统。柏拉图曾热烈主张贤人政治，认为人治优于法治，但他在晚年也发现法治国是在理想国无法实现时的"第二等好的国家"；亚里士多德虽然没有使用过"法律面前人人平等"这样的句子，但明确地表达过类似的思想，他批评柏拉图的人治论，主张法治，成为西方社会法治传统的滥觞。即使在"三十人暴政"时期，雅典的公民只要待在家里，便是安全的，所以自由的法律保障已经成为雅典人的一个重要的原则。在古代的民主制国家，法律的作用尚且如此，那么在现代的自由民主国家，法律的重要性更是自不待言。

在中国古代政治思想中，相对于伦理道德，关于法律的论述是十分有限的，即便是有，其精神原则也与现代法治相去甚远。《礼记》谓"礼不下庶人，刑不上大夫"，无法体现法律面前人人平等的法治原则。荀子虽认为"法者，治之端也"，但更强调"君子者，法之原也"，"故有君子，则法虽省，足以遍矣；无君子，则法虽具，失先后之施，不能应事之变，足以乱矣"①。荀子虽然引用了法的观念，但认为礼、法皆由圣人、君子制定出来的，人是礼和法的主体，所以人从根本上就重于礼法。根据此理，则即便是有法，也不外乎人存政举、人亡政息。至于法家，虽然"不别亲疏，不殊贵贱，一断于法"，但法出于君，且君主凌驾于法律之上，本质上也是人治，不能与真正的法治相提并论，正如萧

---

① 《荀子·君道》。

公权先生所说："盖先秦之法家思想，实专制思想之误称。其术阳重法而阴尊君。故其学愈趋发展，则尊君之用意愈明，而重法之主张愈弱。"① 可谓一语中的。

正因为缺乏法治的历史传统，所以中国人的现代法治观念实是从近代才开始培育，直至有今日之局面。在这个过程中，被称为近代中国法学家的梁启超，可谓功不可没。

在"甲午"之役的刺激下，梁启超将目光投向了西方和西学。他认为在当时的历史情境下，欲救中国于危亡，除学习西方外实无别途，而学习西方，首先必须了解西方，了解的途径唯有译书。在他看来，西方诸国之所以强盛，就是因为它们将希腊的格致性理之学和罗马的法律政治之学翻译过来，作为国人学习的教材，从而损益其制，走向现代文明。而在西学中，最重要也即我国所缺乏的是政法之学，"夫政法者，立国之本也"②，不讲此学，外不能与国争存，内不能使民得所，这也是我国虽效法西方 30 年而不见其效的主要原因。"故今日之计，莫急于改宪法"③，要将西方诸国的各种法律书尽快翻译过来，为我所用。他接着指出，法律之中最要者乃法律的精神，这也是我们要学的主要内容，"律法之读尤重在律意。法则有时与地之各不相宜，意则古今中外之所同也。今欲变通旧制，必尽采西人律意之书，而斟酌损益之，通以历代变迁之所自，按以今日时势之可行，则体用备矣"④。由此可见，梁启超最看重的是西方的政治法律之学，且将之提到立国之本的高度。他看重政法之学，应不是完全由于个人的兴趣所致，而更多的当是出于中国社会现实改革的需要，当然这也是梁启超当时认识水平所能达到的高度。政治制度的改革，是他在维新变法时期的主要理想和追求，而这一时期他对西学的关注重点，自然也就在政治法律学说方面。此一阶段，他对法律的理解主要有以下几个特点。

---

① ［美］萧公权：《中国政治思想史》，辽宁教育出版社 1998 年版，第 249 页。
② 梁启超：《变法通议·论译书》，载《饮冰室合集·文集》之 1，第 69 页。
③ 同上。
④ 同上。

第一，他认为法是治群之术，且法当因时而变。什么是法？"法者何，所以治其群也。"① 群之智愈开，其章法条文往往愈细致完备，而这样的种群通常就愈强大。他认为明君贤相之最大事业，就是为民定律法。孔圣人之最大功德，在作《春秋》，根据公羊三世说，有治据乱世之律法，有治升平世之律法，有治太平世之律法，所以律法当根据时代而进行修订。由此，他从正反两个方面指出有法和变法之必要性和重要性。从正面看，西方自希腊罗马以来，对法律的研究至今不衰，法制亦不断变革，所以日渐完备；从反面看，中国自秦汉以来，种族日益增多，法律却日渐简单，不足以约束人；朝代更替，事理日变，法律却一成不易，守之无可守，于是人们视法律如无物。要而言之，梁启超之意无非两点：一是一国一群当有法可循，二是法当因时而变。而落脚点，在法当因时而变，因为只有不断改进，法律才能完善；只有因时因地改变，法律才能更加合理。这实际上也是在为其变法主张作论证。在此点上，梁启超其实有十分明确的表述，他遍征史籍，引经据典，指出："法者天下之公器也，变者天下之公理也。大地既通，万国蒸蒸，日趋于上，大势相迫，非可阏制。变亦变，不变亦变。变而变者，变之权操诸己，可以保国，可以保种，可以保教；不变而变者，变之权让诸人，束缚之，驰骤之。……是故变之途有四：其一，如日本，自变者也；其二，如突厥，他人执其权而代变者也；其三，如印度，见并于一国而代变者也；其四，如波兰，见分于诸国而代变者也。"② 中国当取何种变法途径，自是不言而喻也。

第二，他认为法治主义是救时救国唯一之主义。梁启超从国家存立和发展的角度强调了法律和法治的必不可少。任何国家的存在都离不开法律的维护，法律是治理国家普遍而有效的工具。"有国斯有法，无法斯无国。故言治国而欲废法者，非直迂于事理，亦势之必不可得致者也"，"今世立宪之国家，学者称为法治国。法治国者，谓以法为治之国也。夫世界将来之政治，其有能更微于今日之立宪政治者与否，吾不敢

---

① 梁启超：《论中国宜讲求法律之学》，载《饮冰室合集·文集》之1，第93页。
② 梁启超：《变法通议·论不变法之害》，载《饮冰室合集·文集》之1，第8页。

知，藉曰有之，而要不能舍法以为治，则吾所敢断言也。故法治者，治之极轨也"①。他甚至以法律之有无、繁简和公私作为一个国家能否进于文明的根源，认为法律越繁备且为公的国家则越文明，反之，法律越简陋且为私的国家则越野蛮。中国要发达强盛，成为现代文明国，非实行法治不能，故"法治主义，为今日救时唯一之主义"②。

第三，他以中国传统的礼义概念来解释近代西方法律概念的内涵。梁启超说，"礼者何？公理而已。义者何？权限而已"③。过去讲礼义，现在讲法律，法律的作用，就相当于礼义，不讲法律就是不讲礼义、不明公理、不讲权限。若以四万万不明公理不讲权限之人与西方各国相处，必受其欺辱，西方人视我国为三等野番之国，原因就在此。梁启超以礼义诠释法律，指出了礼义与法律在功用上具有某种通约性，这有一定的道理。中国素以"礼仪之邦"而著称，这与儒家的礼治主张有很大的关系。儒家强调人之所以为人的依据，注重对健全人格的培养，而培养之具，无非仁义德礼等而已，如孔子以义和礼为仁之辅，孟子则好言义，荀子善言礼。孔子言："道之以政，齐之以刑，民免而无耻；道之以德，齐之以礼，有耻且格。"④ 主张以礼导民，从而化民成俗，养成良好的政治道德和政治习惯。荀子亦谓先王为制止争乱而制礼义以分之，他说："礼起于何也？曰：人生而有欲，欲而不得则不能无求；求而无度量分界则不能不争；争则乱，乱则穷。先王恶其乱也，故制礼义以分之，以养人之欲，给人之求。使欲必不穷乎物，物必不屈于欲，两者相持而长。是礼之所起也。"⑤ 可见制礼的主要出发点就是划定"度量分界"以止争乱，故荀子认为礼治为政治的根本。总之，先秦儒家以礼义为治人治国的主要方式，这种主张在中国政治思想和政治实践中影响十分深远，在人们的思想和日常行为中也具有潜移默化的作用。礼义在划分权限和规范行为方面确实具有一定的作

---

① 梁启超：《管子传》，载《饮冰室合集·专集》之28，第8页。
② 梁启超：《中国法理学发达史论》，载《饮冰室合集·文集》之15，第43页。
③ 梁启超：《论中国宜讲求法律之学》，载《饮冰室合集·文集》之1，第93页。
④ 《论语·为政》。
⑤ 《荀子·礼论篇》。

用，但礼义终究不是法律，礼义虽能教化风俗、防止争乱，但它是以人
与人之间的差等为基础的；而法治则建立在平等原则的基础之上，二者
有根本的不同。① 梁启超以礼义释法律，在一定程度上有助于人们更好
地理解和接受法治，但他没能指出二者在本质上的差异，这是其早期法
律观念的局限。

第四，他主张融合中西法律之优长来建立完备的法律制度。梁启超
认为应当学习西方政法，承认西方法律之学远胜于中国，不过他并不认
为西方的法律已经完美无缺、大公而无私。他指出，要有真正完备无私
的法律，还须借鉴中国古圣人所立大同世界之至繁至公之法律，他希望
通过"发明西人法律之学，以文明我中国；又愿发明吾圣人法律之学，
以文明我地球"②。这种充满了理想色彩的设想能否真正实现，另当别
论，就主张学习和研究西方法律之学、完善我国法律以建立现代中国这
点而言，实不失为一种远见卓识。

梁启超所讲的"中国古圣人所立大同世界之至繁至公之法律"到底
是指什么法律，其实并不明确。不过，由此却引申出一个不能忽视的问
题：在古代社会里有许多法律条文，它们与现代的法治有何区别呢？讲
法治，首先需要对此二者进行辨析，否则就无法理解宪政的必要。法治
和法律虽然关系密切，但实际上它们是两对差异很大的概念，有法律不
一定就是实行法治。前文已述，法治是指"法律的统治"，"在实行法
治的国家，其最高权威不是某些随心所欲发号施令的个人或集团，而是
按照人民的意愿建立起来、由独立的司法机构执行，并以权力制约方式

---

① 对《礼记》有深入研究的龚建平先生指出，礼作为一个制度体系，许多内容包含着现代意
义上的法，但是，尽管礼在国家治理中发挥着部分代替法律的奇特功能，礼治仍存在着一些自身的
限制。这些限制既有礼重教化，不足以完全充当政治治理手段上的问题；也有礼将重心放在社会层
次分明基础上的和谐，而不能充分反映社会发展方面所需的竞争，以及随之会出现的平等问题，所
以礼治终不能完全排除刑律。他认为，礼治对文化、教养、道德的特别强调实出于自身的必然要
求，但在与法治共处一室时，一定程度上会妨碍至少是形式上"公平"的法律的推行，因为礼治的
哲学基础中，包含着至少是对现实中的人的等级的预设。见氏著《意义的生成与实现——〈礼记〉
哲学思想》，商务印书馆 2005 年版，第 368—375 页。

② 梁启超：《论中国宜讲求法律之学》，载《饮冰室合集·文集》之 1，第 94 页。

维护的整套法律制度及其运作方式"①。在英语文献中，法律的统治也指所谓宪政主义（Constitutionism），与"法律条文的统治"（Rule of laws）有明显的区别。"法治不仅承认依法而治的重要性，而且尤其强调法律的内容和法律制度本身要受更高级法律（如自然法）或法的道德性的制约。"② 如果把法治理解为法律条文的统治，那就会承认"恶法亦法"，凡立法机关或主权者通过或颁布的法律都是合法的，都必须强制执行。自然法理论家与实证主义法学家的重要分歧之一，即在于是否承认法律具有内在的道德性，即受一些基本的道义原则所束缚。这其中涉及一个非常重要的问题，即立法权的归属问题。如若法律由君主或者专制统治集团制定，那么即便是依法而治，也不是真正的法治，因为所依的法代表的是君主个人或者少数统治者的意志，在此前提下，广大的民众不可能享有他们所当有的自由平等权利。

在日本，梁启超有机会阅读到不少关于法治的论著，如梅谦次郎的《民法原理》、穗积陈重的《法典论》以及浅井虎夫和小野冢博士等人的论著，对于何谓真正的法治有了更准确的理解。他指出，权利本位是近世各国法律根本精神之一端，并以此进一步指出："夫既以权利为法律之本位，则法律者，非徒以为限制人民自由之用，而实以为保障人民自由之用，而人民之乐有法律且尊重法律也，自不期然而然。"③ 遵守法律虽然是每个公民的义务，但法律本身是以保障公民自由权利为根本目的的；反过来，若法律真能以人民权利为本位，则人民也会尊重法律并自觉地遵守法律。反观我国历经三千年发展之法律，却始终不是以保障人民权利为根本精神，此特点之形成，在梁启超看来，关键在于私法之阙如。私法是相对于公法而言的，一般是指规范私权关系、保护私人利益的法律，如民法、商法等。梁启超分析了我国不重私法之缘由，归纳出两点：一是君主专制政体数千年不变，其结果在法律方面，则表现为

---

① 顾肃：《自由主义基本理念》，中央编译出版社 2003 年版，第 127 页。

② 同上书，第 128 页。

③ 梁启超：《论中国成文法编制之沿革得失》，载《饮冰室合集·文集》之 16，第 52—53 页。

法律纯为命令的元素，而丝毫不含有合议的元素，对于一般私人之痛痒，熟视无睹。二是学派之偏畸。汉以后儒家独尊，然儒家重德治、礼治而不重法治；儒家虽重视私人利益，但唯重社会制裁力，而不太看重国家之制裁力，其根本观念与法治不相容。法家强调法律，然其所重又在国家利益、君主利益，而对于构成国家之人民的利益，不考虑在内。

从梁启超的论述，可见他有两点认识明显不同于以前：一是他以前认为法律乃治群之术，法律条文越细致，则群的力量越强大；然而现在他认识到法律的根本精神在保障人民的权利，法律条文再完备，若背离其根本精神，则难以成真正的法治国，也难以真正强大。二是他以前用儒家的礼义来解释法律的内涵，现在他则认为儒家重德治和礼治、蔑视的是法治主义，而礼义与法治有根本的不同。

除了上述两点，梁启超实际也指出了先秦法家思想不是现代意义上的法治。首先就是立法者的不同，以及由此导致的法律合法性的基础之异；其次是法律的主要功能不同。虽然古今法律都有惩恶扬善维护社会秩序的作用，但专制君主所制定的法律的主要功用在警戒和惩罚，而现代自由民主社会里的法律主要是维护公民的合法权益不受侵犯，同时规范各级政府及社会团体的行为，出发点的不同意味着不同法律之间在本质的差异。尽管梁启超认为法家思想是古代政治学说中最有特色的，因其认法律为绝对的神圣，不许政府动轶法律范围以外，这一点与近代君主立宪政体之精神有一致之处，但他并不将法家理论与君宪政体的本质相等同，否则我们就没有充分的理由认为他是中国近代的法学家了。他指出"法治主义"有三个短处：一是法律权力渊源在国家。过信法治主义，便是过信国家权力，结果个人自由，都被国家吞灭了；二是法治主义总免不了以机械的人生观为立脚点，万事都像一个模型里定制出来的，妨害了个性的发展；三是逼着人民在法律范围内取巧，成了儒家所谓的"免而无耻"。就法家而言，其最大缺点，在"立法权不能正本清源"①。法家虽然主张君主当置法以自治，但立法权实际上只在君主而已，如此一来，立法权在君主，废法权也在君主，立法与废法，不过是

① 梁启超：《先秦政治思想史》，载《饮冰室合集·专集》之 50，第 148 页。

一枚硬币的两面。商鞅说："国皆有法，而无使法必行之法。"① 在民本的国家，是否有"使法必行之法"还不一定，在绝对君主专制政体下，则更不可能有。没有监督机关，君主可以自由废法而不肯废法，则其人必为尧舜；若是待尧舜而法乃存，则仍是人治而非法治。所以梁启超指出，法治主义最少须有立宪政体盾其后。

梁启超所列的"法治主义"的三条短处，显然是君主专制社会里法律制度的弊端，实际上现代较完善的法律制度不仅不是以国家权力来压制个人自由和抑制个性发展，恰恰是为了更好地维护个人的自由和权益，这才是真正的法治。但梁启超的批评至少表明了他关于法治问题的三个重要观点：第一，现代国家必须实行法治主义，但要重视个人的自由和个性的发展。他认为法家以法律为唯一标准来衡量行为之是非，"齐一其民"，"壹同天下之义"，其结果是"如陶之冶埴，千器万器，同肖一型，个人之个性，为国家吞灭净尽。……法家言最大之流毒，实在此一点"②。现代法治就尽量避免此缺陷。第二，法治必须与立宪政治相结合。立宪政体可以限制君主的权力，保障人民的权利。第三，法治最根本的问题是立法权的归属及法律的监督问题，这关系到制定的法律是否正当的问题。这三点实际上已经触及了法治的核心，可见梁启超对法治精神的理解是相当深刻的。

二　"服从法律为自由母"

上文已论及梁启超的一个观点，即现代国家必须实行法治主义，但要重视个人的自由和个性的发展，这就涉及法律与自由的关系问题。在法治国家，法律本身是为了保障个人自由权利的，那么在良法的前提下，我们每个人在面对法律时，应该是什么样的态度、该如何做呢？梁启超的回答是：服从！这里包含三个关键词：自由、法律、服从。

梁启超十分强调自由和保持个性的重要，同时，他也希望人们理解什么是真正的自由。梁启超作《论自由》诸篇，有一个明确的目的，那

---

① 《商君书·画策第十八》。

② 梁启超：《先秦政治思想史》，载《饮冰室合集·专集》之50，第153页。

就是希望人们了解什么是真正的自由。他说，自由固然为天下之公理，是一种崇高的理想，却不是所有的自由都与合法的权利要求相关，人们对自由常常充满误解，这是因为就自由而言，"有真自由，有伪自由，有全自由，有偏自由，有文明之自由，有野蛮之自由……新民子曰：我国民如欲永享完全文明真自由之福也，不可不先知自由之为物果何如矣"①。当时社会上对于自由的态度有截然不同的两派：一是思想保守派，认为自由乃洪水猛兽，谈自由必将导致纲纪紊乱、社会失序；二是青年一派，将"自由"当作口头禅，致使自由有被滥用的危险倾向。为此，梁启超认为有必要将自由之真义进行阐释，使自由理论在中国发挥正确的导引作用，使人们享受到自由之利。实际上，严复将密尔的《论自由》一书译介到中国来，也正是出于这一目的。他说："十稔之间，吾国考西政者日益众，于是自繇之说，常闻于士大夫。顾竺旧者既惊怖其言，目为洪水猛兽之邪说。喜新派又恣肆泛滥，荡然不得其义之所归。"② 严复同时也指出，对自由的理解有多种，并不是密尔一家之言所能涵括，不过，无论是哪种自由，都必须遵守一个基本规则，即在享受自由时不能越出一定的界限，"学者必明乎己与群之权界，而后自繇之说乃可用耳"③。这也是他将《论自由》译为《群己权界论》的一个重要原因。至于为什么要遵守这一基本规则，他也做出了解释：因为人具有社会性，相互间本自由交往，假使没有设定某种界限去限制和约束人的行为，便极有可能入强权世界而起冲突，"故曰人得自繇，而必以他人之自繇为界"④。梁启超也多次提论述"人人自由，而以不侵人之自由为界"，指出这是"自由之极则"，并且他将"不侵人自由"具体地解释为对法律的服从。

梁启超说："服从者实自由之母，真爱自由者，固未有不真能服从

---

①　梁启超：《新民说·论自由》，载《饮冰室合集·专集》之4，第40页。

②　严复：《译〈群己权界论〉自序》，载王栻主编《严复集》第1册，中华书局1986年版，第131—132页。

③　同上书，第132页。

④　同上。

者也。"① 那么，为何要服从才能有自由呢？为此，他阐释了服从的性质和必要。在他看来，服从既是天下最恶的名词，也是最美的名词；既是最劣之根性，也是最良之根性。具体而言，当人们服从的是强权、私人的命令以及少数人的专制时，服从就是最恶的名词和最劣之根性；当人们服从的是公理、公定之法律和多数之决议时，服从则为最美的名词和最良之根性，当然这种最良根性的养成，是以培养公益心和制裁力为前提条件的。就前者而言，两千多年来，中国人以服从为天职，然而不仅没有得到自由，反而养成了逆来顺受、唯命是从的习气，对外人的侵夺俯首听命，结果是举国而甘为奴隶，此为服从之劣性。就后者而言，近代欧美自由主义浪潮席卷而来，爱国志士接踵独立自由主义，试图以此剪拔国人奴隶之根性，不曾想数年下来，又出现了"人人有独立不羁之精神，人人有惟我独尊之气概"，都不希望服从他人，而唯望他人服从自己，于是有了竞争和冲突，许多人宁愿牺牲公共的利益，也要伸张个人的权利，鹬蚌相争，给外敌入侵提供了可乘之虚，使我群成为他人的奴隶。此为不服从之害。从一个极端走向另一个极端，正说明服从具有双重的性质，由此，服从的对象是什么或者说什么时候当服从成为了问题的关键。

在梁启超所阐释的"服从"之义中，他强调得较多的是服从法律，他说："欲维持国家之秩序，必以服从法律为第一义；欲保护个人之自由，亦必以服从法律为第一义。……是故人群愈进于文明，则其法律愈以繁密，其人民之遵守法律愈以谨严，而其自由亦愈以张盛。"② 应当说，梁启超对制定法律的目的是把握得相当准确的，即法律既要保障个人自由，又要维护国家的秩序；他也正确地认识到，越是文明的国家，人们越是遵守法律，也越能享受更多自由，自由与守法不但不是矛盾的，反而是统一的、成正比的，法律下的自由才是文明的自由。"文明自由者，自由于法律之下，其一举一动，如机器之节腠，其一进一退，如军队之步武。自野蛮人视之，则以为天下之不自由，莫此甚也。夫其

---

① 梁启超：《服从释义》，载《饮冰室合集·文集》之14，第11页。

② 同上书，第13—14页。

所以必若是者何也？天下未有内不自整，而能与外为竞者。外界之竞争
无已时，则内界之所以团其竞争之具者，亦无已时。使滥用其自由，而
侵他人之自由焉，而侵团体之自由焉，则其群固已不克自立，而将为他
群之奴隶，夫复何自由之能几也？故真自由者必能服从。服从者何？服
法律也。法律者，我所制定之，以保护我自由，而亦以箝束我自由者
也。"① 从表面上来看，法律是限制自由的，但实质上它正是通过其约束力
而保护个人的自由不受侵犯，故服从法律即为自由之母。他把法律发生作
用比作军队的命令，认为如此才可以保证整个团体的实力、安全和独立，
实是隐含着这样一种逻辑推理：人人都服从法律，都不侵犯他人的自由，
则等于不侵犯整个团体的自由，这样的团体才有凝聚力、竞争力，才不至
于沦为奴隶，从而每个人的自由才能得以实现。所以他希望人们就像军人
服从命令一样服从法律，如此方能获得真正的、文明的自由。

　　服从法律是自由的界限和保证。梁启超认为，"人人自由四字，意
义亦具足。盖若有一人侵人之自由，则必有一人之自由被侵者，是则不
可谓之人人自由；以此言自由，乃真自由，毫无流弊"②。为什么"人
人自由"四个字意义已具足？因为既然每个人都自由，那必定意味着每
个人的自由都没有受到侵犯，而每个人的自由都完整无损的前提必然是
没有人侵犯他人的自由。在现代社会，这一前提得以实现的唯一条件是
法治，即以法律作为后盾和保障。"人人自由，而以不侵人之自由为界"
是梁启超文论中频繁出现的一句话，这个"界"就是法律所规定的界限
范围，自由以服从法律为界。"自由与服从二者相反而相成，凡真自由
未有不服从者。英人所谓人人皆治人，人人皆治于人，是也。但使有丝
毫不服从法律，则必侵人自由，盖法律者，除保护人自由权之外，无他
掌也。而侵人自由者，自由界说中所大戒也。故真自由者，必服从。"③

　　梁启超以服从法律为自由，可谓十分准确地把握了自由在政治学方

---

　　① 梁启超：《新民说·论自由》，载《饮冰室合集·专集》之4，第45页。
　　② 梁启超：《致南海夫子大人书》，载丁文江、赵丰田编《梁启超年谱长编》，上海人民
出版社2009年版，第154页。
　　③ 同上书，第155页。

面的内涵，即自由是法律约束下的自由。这正如孟德斯鸠所说的，"自由是做法律所许可的一切事情的权利；如果一个公民能够做法律所禁止的事情，他就不再有自由了，因为其他的人也同样会有这个权利"①。英国自由主义政治哲学家哈耶克（1899—1992）更是认为自由的真正基础是法治，而不是像洛克、卢梭等人那样将自由建立在自然权利基础之上，他在其名著《自由秩序原理》中指出："法治下的自由观念，乃是本书所关注的首要问题，它立基于下述论点，即当我们遵守法律时，我们并不是在服从其他人的意志，因而我们是自由的。"② 这些经典论述都表明，自由并不是绝对的，而是有条件的，如果把它理解为无所顾忌、可以任意妄为，则是大错特错。

正是由于担心青年人因误解而"毒自由以毒天下"，梁启超觉得将"自由"换为"自治"更妥当。他说："自由二字，字面上似稍有语病，……欲易之以自治，自治二字，似颇善矣。"因为在他看来，自治含有两层意思："一者不受治于他人之义，二者真能治自己之义。"③"不受治于他人"，就是不做他人的奴隶，自己能主宰自己，自尊、自立、自主，但是这并不等于不受任何限制，而是要受制于法律；因法律是公定公守，故也就等于自定法律而自守之，这就是真能治自己。由此，"自治"就既包含了自由之意，又包含有遵守法律之意，这样不至于有所偏颇，可以防止对自由的滥用。

法律是通过约束和制裁实现其功能的，故而梁启超又认为自由与法律的关系也体现为自由与制裁的关系。他指出，只有依托于法律的制裁作用，方有内之自整和群之自立，方有极富竞争力的团体，从而才有团体自由和国家自由，如此，个人的自由也才有保障。虽然自表面上观之，自由与制裁是一对相反的范畴，但在实质上，二者不仅不相对立，而且并行不悖，互相依存。因为所谓制裁，就是裁定一个"界"，这也

① ［法］孟德斯鸠：《论法的精神》上册，张雁深译，商务印书馆1961年版，第154页。

② ［英］哈耶克：《自由秩序原理》上册，邓正来译，生活·读书·新知三联书店1997年版，第190—191页。

③ 梁启超：《致南海夫子大人书》，载丁文江、赵丰田编《梁启超年谱长编》，上海人民出版社2009年版，第154—155页。

是服从者所当服的"界",即不侵犯他人之自由。如果没有这个界限,则无所谓自由不自由。文明人最自由,野蛮人也最自由,这两种自由之所以有文野之别,是因为前者有制裁,而后者没有制裁。"无制裁之自由,群之贼也;有制裁之自由,群之宝也。"① 所以文明程度越高的国家,其法律反而越繁密完备,人民服从法律之义务也越严格。有法律有制裁,才能保证人们不随意侵犯他人自由,保证每个人的自由不受他人侵犯,这才是真正的自由。反之,若是没有制裁,人人不服法律,不顾公益,滥用自由之权,则自由之祸真要甚于洪水猛兽。梁启超指出,凡是最尊重自由权之民族,也是最富于制裁力之民族,如英美等国。在他看来,既尊重自由权又有制裁力,就是具备了自治之德,不具备自治之德,而漫言自由,只会有害而无益。"自由与制裁二者,不惟不相悖而已,又乃相待而成,不可须臾离。言自由主义者,不可不于此三致意也!"②

为了使人们更准确地认知自由与法律的关系,梁启超提出了两个相对的名词——"自由之德"与"自由之俗"。他说,中国人过去无论是在交通、居住行动、置管产业还是在通信、集会言论及信仰等方面其实都有相当的"自由",但是,这些"自由"并非真正的自由。为什么呢?因为在一个现代文明国家,上述自由都是由宪法规定、受到法律的保护的,它被视作精神界的生命,一旦被侵犯,人们就会不惜代价甚至牺牲生命去维护它。这种自得之而自享之的自由,其权利通常操诸己,梁启超称之为"自由之德"。而在中国,这些自由不是宪法规定的,而是由于"官吏不禁"得来的,"一旦有禁之者,则其自由可以忽消灭而无复踪影;而官吏之所以不禁者,亦非尊重人权而不敢禁也,不过其政术拙劣,其事务废弛,无暇及此云耳"③。也就是说,由于官吏不禁所得的自由,是没有保障的,因为官吏既能给予,也就能收回,这种自由权可得之也易失之,它属于"奴隶之自由",其决定权不在己而在人;而

---

① 梁启超:《十种德性相反相成义》,载《饮冰室合集·文集》之 5,第 46 页。
② 同上书,第 47 页。
③ 同上书,第 46 页。

且即使官吏不禁，也不是由于他们尊重人权和热爱自由，而是由于他们的无能或失职所致，因而这种自由不过是一盘散沙似的、随情任意的自由，是"习俗之自由"，梁启超称之为"自由之俗"。这种"奴隶之自由"和"习俗之自由"是梁启超所深恶和批判的，他倡导和追求的是自由美德，是文明的自由。它包含两个方面的含义，一是它要受到宪法的保护，二是它要受到法律的制约。只有受到制约，即任何人都不得随意侵犯他人的自由，每个人的自由权利才有可能得到保障，对此，梁启超也特别强调对政府权力的限制，指出即便是国家和政府也不得以各种理由侵犯公民的自由权利。

在民国成立后，针对袁世凯的倒行逆施、实行假共和以及社会乱象，梁启超再次就自由平等问题发表了自己的看法，以期人们对此问题有真切的认识。他说，在袁世凯的统治下，人民失去了财产自由、言论集会自由、通信自由、住居自由、生命自由及良心自由等，社会上还存在其他法律上的种种不平等现象，所以人民当拼死以争回种种平等自由的权利，而这也是他倡导和尊爱自由平等的原因所在；同时，他希望人们不要滥用自由平等，"以逸游淫荡抉去礼防为自由，以傲慢恣睢凌轹尊长为平等"，应当"知平等自由之功用，什九当求诸政治，政治以外之事，不能动引此为护符。即其功用之现于政治者，亦不过谓人人于法律内享有自由，法律之下人人皆平等，而断不容更越此界以作别种之解释"①。既要宣扬自由、唤醒人们的自由意识，又要引导人们理解自由之真义和正确运用自由权利，其间所面临的困难，可能会超出我们的想象，从梁启超的字里行间，我们能感受到他的良苦用心，也能体会到他在自由问题上的审慎和负责态度。

种子既已播下，终会开出绚烂的花朵。正是由于梁启超和其他思想家们的种种努力，国人才有了越来越强的法律意识和法治观念。今天，中国正在全面推进依法治国，当我们在现代化的道路上大步迈进时，回头看看那些曾经满怀热望、艰辛铺路的人，或许能更加感受到肩头所担

---

① 梁启超：《国民浅训·自由平等真解》，载《饮冰室合集·专集》之32，第17—18页。

负的责任。

第二节　君主立宪：梁启超的民主制构想与实践

　　法治是立宪政治的必要基础，是立宪政治的一部分，而立宪政治为法治建设提供一个较好的制度框架，法律的至上性和公正性（包括实质公正和程序公正），要依靠立宪政治得以保障，但立宪政治除了法治，还需要有民主制度和人权、自由的充分保障，所以它是高于法治的目标。

　　立宪政治（Constitutional Politics）是指以宪法为中心的民主政治，它是"拿宪法规定国家体制、政权组织以及政府和人民相互之间权利义务关系而使政府和人民都在这些规定之下，享受应该享受的权利，负担应负担的义务，无论谁都不允许违反和超越这些规定而自由行动的这样一种政治形态"①。立宪政治主要包括以下几层意思：一是有限政府，即政府只享有人民同意授予它的权力并只为了人民同意的目的，而这一切又受制于法治；二是权力的分立以避免权力集中和专制的危险；三是广泛私人领域的保留和每个个人权利的保留；四是也许还要求一个诸如司法机构的独立机关行使司法权，以保证政府不偏离宪法规定，尤其是保证权力不会集中以及个人权利不受侵犯。②

　　梁启超在其近三十年的政治生涯中，几乎有一半时间是在宣传和推行立宪政体。实行立宪是他一贯的主张，虽然历经曲折，但他从未放弃这一理想。他写了大量的宣传西方立宪政治的文章，对立宪政治的有关问题如立宪体制、议会制度、选举权等都作了详细的介绍和论述，同时也对在中国如何实现立宪政体有诸多的思考和设计。在1919年欧游后他退出政治舞台，关于立宪方面的文章明显减少，但还是偶有论及，如1922年的《哀告议员》等文章，可见他对立宪政治的思考和关注几乎

---

　　① 徐友渔：《宪政论丛》上册，群言出版社1986年版，第100页。

　　② ［美］路易斯·亨金：《宪政·民主·对外事务》，邓正来译，生活·读书·新知三联书店1996年版，第11页。

从未停止过。他关于宪法的论述和观点，代表了当时最先进的立宪思想。有学者认为，这些宪法学文献毫无疑问是自戊戌变法至中华人民共和国成立前半个世纪里最权威的宪法学著作。① 所以，称梁启超为法学家是毫不为过的。

一 思想先驱对西方民主制的介绍

立宪政治是以宪法为中心的民主政治，所以其根本精神是法治和民主。中国人法治观念的逐渐增强、权利意识的觉醒以及对立宪民主政治的向往和追求，几乎都是始于近代。宪政思想与中国传统没有太多关联，"从某种意义上说，它是西方宪政文化在异域的衍生或再生"②。在近代中国，对西方宪政的关注，并不始于梁启超。在鸦片战争前后，已有一些中国人注意到了中西政治制度的不同，并介绍了西方的民主制，较著名的有林则徐、魏源、徐继畬等人；在他们之后，还有郭嵩焘和早期改良派。梁启超的君主立宪思想，是对前辈们思想继承和发展的结果。

在林则徐（1785—1850）编译的《四洲志》（1839 年）中，不仅有关于世界 30 多个国家历史地理的系统介绍，还有关于西方的"巴厘满"（英语"议会"的音译）等政情的内容，这是中国近代对西方政治制度的较早介绍。他这样介绍英国的议会制："凡国王将嗣位，则官民先集巴厘满衙门会议。必新王背加特立教，而尊波罗特士顿教，始即位。国中有大事，王及官民俱至巴厘满衙门，会议乃行。大事则三年始一会议。设有用兵和战之事，虽国王裁夺，亦必由巴厘满议允。国王行事有失，将成行之人交巴厘满议罚。凡新政条例，新设职官、增减税饷及行楮币，皆王颁巴里满转行甘文好司而分布之。"③ 这段介绍基本上把握了英国议会制的基本原则，即议会具有最高权力，也反映了英国国王权力受到限制的事实。不过，我们能明显感觉到林则徐是在中国传统语

---

① 范忠信：《梁启超与中国近代法理学的主题与特征》，《法学评论》2001 年第 4 期。

② 王人博：《中国近代的宪政思潮》，法律出版社 2003 年版，第 3 页。

③ 林则徐：《四洲志》，华夏出版社 2002 年版，第 116 页。

境里解读议会制，如他用"衙门"来指议会，用"王及官民"来分别指君主、上院议员和下院议员，等等，这体现出林则徐理解西方民主政治的语言文化局限；林则徐对西方民主制度的了解主要来自翻译的外国书报，因而他对西方的认识其实是比较肤浅的，甚至有荒谬之处，但这毕竟是中国人抛开成见、以求真务实的态度去了解西方的开始，探求新知的眼睛一旦睁开，就会逐渐改变愚昧的状态。

1842 年，魏源（1794—1857）受林则徐之嘱托，以《四洲志》为蓝本编成《海国图志》，向国人介绍世界各国，包括欧美的政治制度。关于英国的议会制，他写道："设有大事会议，各抒己见。……国主若欲征税纳饷，则必绅士允从；倘绅士不允，即不得令国民纳钱粮。若绅士执私见，则暂散其会，而别择贤士。如有按时变通之事，则庶民择其要者，敬禀五爵、乡绅之会。大众可则可之，大众否则否之。"① "绅士会"就是"议会"，"绅士"即议员，国家有大事时，召开议会，由议员们商讨决定，庶民也有参与政事之权。他以较多的篇幅介绍美国，对美国民主制深表赞赏："议事听讼、选官举贤，皆自下始，众可可之，众否否之，众好好之，众恶恶之，三占从二，舍独徇同，即在下预议之人，亦先由公举，可不谓周乎！"② 从总统到其他官员，皆由选举而产生，可谓大公；决定政事由多数众人决定，真正是"民做主"。这样的制度，经累世也无弊。当然，魏源同林则徐一样，对西方政治制度的了解尚浅，但其创臻辟莽的开拓之功，具有重要的历史意义。

在美国第一任总统乔治·华盛顿的墓碑上，有一个小汉字碑，上面有一句赞颂美利坚的话语："不设王侯之号，不循世袭之规，公器付之公论，创古今未有之局，一何奇也。"这句话并非出自美国人之口，而是来自中国晚清名臣和学者、被美国人誉为"东方伽利略"的徐继畬（1795—1873）。徐氏在道光二十八年（1848）刻印出版《瀛寰志略》一书，不仅介绍了西方的科学技术，更强调了西方在政治制度和文化方面的先进性，介绍了欧美各国的立宪制。他把英国上院和下院比喻成爵

---

① 魏源：《海国图志》，陈华等点校注释，岳麓书社 1998 年版，第 1408—1409 页。
② 同上书，第 1611 页。

房和乡绅房，并介绍了英国议会制的运作模式，"国有大事，王谕相，相告之爵房，聚众公议，参以条例，决其可否，辗转告乡绅房，必乡绅大众允诺而后行，否则寝其事勿论"①。他指出，并非只有英吉利实行议会制，立宪制是欧洲各国的共同体制。而让他备受争议、遭人攻击的，是他对华盛顿的盛赞，他认为华盛顿"起事勇于胜广，割据雄于曹刘"，意思是勇敢胜过陈胜吴广、能力超过刘备曹操，更可敬的是他不传位于子孙，而是创立总统选举制度。在当时还较闭塞、实行君主专制的中国，徐继畬对外国元首的推崇赞美，无疑是冒天下之大不韪，这被一些守旧士人视为对我国天朝制度的影射抨击，当时的官员、文史学家李慈铭就斥之为"轻信夷书，夸张外夷，尤伤国体"，而曾十分欣赏徐氏的曾国藩，也对他进行声讨；最富有讽刺意味的是，1853 年清政府将雕刻着徐氏著作原文的花岗岩作为礼物赠送给美国，而徐继畬本人却因这部书屡遭攻击，甚至被贬谪罢官。不过，在历史事实面前，真正有价值的思想不会被埋没，随着第二次鸦片战争的失败和洋务运动的兴起，徐继畬重被清廷重用，《瀛环志略》也于 1866 年由总理衙门重新刊行。只是让人觉得遗憾的是，由于封闭和狭隘，清王朝丧失了 20 年革新图变的宝贵时间。

对于《瀛寰志略》的历史价值，有学者认为，"将中国人从'天朝大国'酣梦中最终唤醒的，是近代地理知识的传播。在传播近代地理知识过程中起作用最大的，不是魏源的《海国图志》，而是徐继畬的《瀛寰志略》"②。这一评价，可从当时维新派知识分子那里得到印证。康有为说："然涉猎群书为多，始见《瀛寰志略》、地球图，知万国之故、地球之理。"③ 梁启超也回忆说，1890 年他 18 岁时，"以下第归，道上海，从坊间购得《瀛寰志略》读之，始知五大洲各国"④。《瀛寰志略》传到日本后，极受重视，那时日本启蒙思想家福泽谕吉的《西洋事情》

① 徐继畬：《瀛寰志略》，上海书店出版社 2001 版，第 235 页。

② 朱海军：《徐继畬和他的〈瀛寰志略〉》，《中华读书报》2000 年 9 月 20 日。

③ 康有为：《康南海自编年谱》外二种，中华书局 1992 年版，第 7 页。

④ 梁启超：《三十自述》，载《饮冰室合集·文集》之 11，第 16 页。

（1866 年）还未出版，日本多次刊印《瀛寰志略》，并加注英日文字，对明治维新有启导之功。

郭嵩焘（1818—1891）是我国第一任驻英使节，在出使英国之前，他认为《瀛寰志略》对英法诸国富强的描述是夸大其词，有过誉之嫌，及至亲眼目睹了西欧社会实情之后，方才知徐氏所言的确如此，敬佩之情油然而生，感叹徐氏为"深谋远虑加人一等者"。郭嵩焘与前述三位思想家的不同在于，他对西方的了解主要不是通过书报或者西方传教士，而是置身实地的考察和体会。作为亲历欧洲的使节，他切身感受到了西方制度的优越，这也使他能突破大多数洋务派"中体西用"的思维藩篱，提出超越时人视界的新观念。与当时很多人认为西方之强在坚船利炮不同，郭嵩焘认为"西方立国有本有末，其本在朝廷政教，其末在商贾，造船、制器相符以益其强，又末中之一节也"①。他将"朝廷政教"视为西方富强的根本，因此，中国学习西方，当取法其根本即政教，在尚不具备效法其政教的条件时，可"先通商贾之气"以奠定基础。他这样看待英国的议会制："推原其立国本末，所以持久而国势益张者，则在巴力门（parliament，议会——引者注）议政院有维持国是之义，设立买阿尔（mayor，民选的市长——引者注）治民，有顺从民愿之情。二者相持，是以君与民交相维系，迭盛迭衰，而立国千余年终以不敝，人才学问相承以起，而皆有以自效，此其立国之本也。而巴力门君民争政，互相残杀，数百年久而后定，买阿尔独相安无事，亦可知为君者之欲易逞而难戢，而小民之情难拂而易安也。中国秦汉以来两千余年适得其反。能辨此者鲜矣。"② 他认为英国立国之根本、国力强盛之源，在于有议会民主制。如果说，林则徐、魏源和徐继畲对欧美民主制更多是介绍，那么郭嵩焘则是真正希望中国在制度上取法西方。他将英国的议会制和中国两千多年的君主专制制度进行比较，揭示出专制集权的弊端，站在现代化的立场对中国传统政治文化进行反思和批判，尤为可贵的是，他指出西方以法治治国，中国是以德治治国，法治明显优

---

① 郭嵩焘：《郭嵩焘奏稿·条议海防事宜》，杨坚校补，岳麓书社 1983 年版，第 345 页。

② 郭嵩焘：《郭嵩焘日记》第 3 卷，湖南人民出版社 1982 年版，第 373 页。

越于德治。这样的认知，无疑是十分超前的，在这一点上，他实际上已经接近了戊戌维新派。在郭嵩焘的影响下，他的"忘年知己"严复也认识到西方富强背后"朝廷政教"的重要作用，认为应做到"体用一致"，从政治制度上加以变革，逐渐形成了以进化论为基础的维新思想。从这个意义上可以说，郭嵩焘对近代中国启蒙思潮的形成，具有不可抹杀的贡献。

王韬（1828—1897）和郑观应（1842—1921）是早期改良派中的重要代表人物，他们直接提出中国当设议院、变专制制度为君民共主制度。王韬指出，西方立国有三：一曰君主之国，二曰民主之国，三曰君民共主之国，三者中最好的是君民共主，因为"君为主，则必尧、舜之君在上，而后可久安长治；民为主，则法制多纷更，心志难专一，究其极，不无流弊。惟君民共治，上下相通，民隐得以上达，君惠亦得以下逮，都俞吁咈，犹有中国三代以上之遗意焉"[1]。君民共主的制度，既能防止君主一人专制，又能避免"民为主"之弊端，因而是最理想的政体形式。

郑观应在其1894年出版的五卷本《盛世危言》中，除首次提出兵战不如商战的观点外，还则辟专章论设议院、行君主民共主制之必要。他主要论述了两个问题：一是为何要设议院？二是中国为何只能实行英国式的君民共主之制？首先，他论述了设议院的必要性和重要性。郑观应总结西方各国的经验，认为设议院至少有两大优点——"固民心"和得贤才，而这两个优点，合而为一，可概括为"上下一心，君民一体"。他说，立国之本在乎得众，得众之要在乎见情，而议院可以做到"集众思，广众益，用人行政一秉至公，法诚良、意诚美"[2]。其议定政事的程序是：国家大事，先由下院议定，达之上院，上院议定，奏报给君主来决定；如果意见有分歧，则两院重议而实行。议员是由民众选举出来

---

[1]　王韬：《弢园文录外编·重民下》，陈恒、方银儿评注，中州古籍出版社1998年版，第65页。

[2]　郑观应：《议院上》，载夏东元编《郑观应集·盛世危言》上，中华书局2013年版，第88页。

的，代表着民众的意愿，因而对于议院商定的政策，即便有赋税过重这样的情形，民众也无怨尤。由此，设议院可以使民志合、民气强，即固民心，此其一。郑观应强调人才对于国家的重要性，而人才之贤否在于选举。议院为国人所设，议员为国人所举，"选举之法惟从公众"，这样可以避免在选拔中徇私舞弊，从而选出真正的人才。由于以公论为取贤标准，国家自然人才辈出，此其二。当然，郑观应也看到了西方选举中对出身、财产等条件的要求而产生的弊端，对此他并不讳言，但他依然认为假使中国能设议院，必能使四万万之众如一人，从而使我国威伸张。其次，郑观应认为中国只能仿行英国式的君民共主之制。在他看来，美国议院制民权过重，法国议院不免叫嚣之风，皆不如英、德两国的议院制。他有一段与王韬非常相似的论述："盖五大洲有君主之国，有民主之国，有君民共主之国。君主者权偏于上，民主者权偏于下，君民共主者权得其平。凡事虽由上、下院议定，仍奏其君裁夺：君谓然，即签名准行；君谓否，则发下再议。其立法之善，思虑之密，要皆由于上下相权，轻重得平，乃克臻此。此制既立，实合亿万人为一心矣。"[1]同王韬的看法一样，郑观应也认为唯有"君民共主"方能既防止权力过于集中于君主，又能防止民众权力太大而产生流弊，从而实现君民上下同心、众志成城御侮的目的。他批驳反对设议院的守旧派，以激昂的口吻进行推断和呼吁："欲行公法，莫要于张国势；欲张国势，莫要于得民心；欲得民心，莫要于通下情；欲通下情，莫要于设议院。中国而终自安卑弱、不欲富国强兵为天下之望国也则亦已耳，苟欲安内攘外、君国子民持公法以永保太平之局，其必设立议院始矣！"[2] 时至今日，我们依然能感受到其字里行间透露出的热烈期望和深厚的爱国情感。

除了王、郑二人外，另一位值得一提的人物是马建忠（1845—1900），这位留法高才生曾考察欧洲各国、研究中西文化之差异，看到

---

① 郑观应：《议院下》，载夏东元编《郑观应集·盛世危言》上，中华书局2013年版，第93页。

② 郑观应：《议院上》，载夏东元编《郑观应集·盛世危言》上，中华书局2013年版，第91页。

了中国洋务运动以声光化电为先的自强方法的局限，他竭力主张通商以求富，建学校、立议院以求强。对于西方的议会制，他给予了充分肯定："各国吏治异同，或为君主，或为民主，或为君民共主之国，其定法、执法、审法之权分而任之，不责于一身，权不相侵，故其政事，纲举目张，粲然可观。催科不由长官，墨吏无所逞其欲；罪名定于乡老，酷吏无所舞其文。人人有自立之权，即人人有自爱之意。"① 马建忠指出了议会制的一个原则，即"定法、执法、审法之权分而任之"，也就是立法、行政、司法三权分立，从其描述来看，他对这一原则非常赞赏。梁启超对于马建忠给予了高度评价，他说马氏"每发一论，动为数十年以前谈洋务者所不能言；每建一义，皆为数十年以后治中国者所不能易。嗟夫！使向者而用其言，宁有今日；使今日而用其言，宁有将来"②。

在早期改良派中，陈炽的《庸书》、何启与胡礼垣的《新政真诠》、陈虬的《治平通议》等书中也都论及了议院制度，主张在中国实行议会政治。③ 他们基本上都主张"君民共主"之制，对英国和日本的君主立宪政体充满歆羡之情，期望中国也能走上立宪道路，从而走向富强，他们的思想主张对后来的戊戌维新派产生了重要影响。

总而言之，从林则徐到早期改良派的思想先驱们，对于西方制度的介绍和宣传，极大地开拓了国人的视野，对人们观念的改变起了潜移默化的影响，对后来的政治变革也起到了间接的推动作用。但他们思想的局限也非常明显，至少体现在以下几个方面：一是他们介绍或宣传西方的立宪政体，但都没有突出宪法在其中的地位和意义；二是有限制君权、伸张民权的意向，但没有十分明确的意思表达，通常用君民共主能

① 马建忠：《适可斋记言·上李伯相言出洋工课书》，转引自韦庆远等《清末宪政史》，中国人民大学出版社 1993 年版，第 73 页。

② 梁启超：《适可斋记言记行序》，载《饮冰室合集·文集》之 1，第 132 页。

③ 据张朋园统计，从 19 世纪 40 年代到 20 世纪初，约有 40 余人的著作中或多或少地提到西方的议会制度。这些人大致可以分为三类：传统有功名的绅士、政府官员、西方来华传教士。详见氏著《中国民主政治的困境（1909—1949）》，吉林出版集团有限责任公司 2008 年版，第 3 页。

通下情得民心来含蓄地表述；三是没有指出分权与制衡原则在宪政中的意义；四是没有体现出保障个人的自由和权利的价值取向。而这些，在梁启超的宪政思想中，都有十分明确的论述，这也是他超出前辈们的原因所在。

二　"君主立宪者，政体之最良者"

（一）唯适以用，君宪最宜

同郭嵩焘和早期改良派一样，梁启超也认为西方各国强盛的一个重要原因是它们实行了议会制，建立了民主的政治制度。不过，梁启超后来将前辈们所用的"君民共主"概念改为了"君主立宪"，因为他觉得君民共主实际也是君主制。他指出，世界上国体有两种：君主和民主；政体有三种：君主专制政体、君主立宪政体和民主立宪政体。君主专制属于无宪法之政，君主立宪和民主立宪都属于有宪法之政，即立宪之政。[①]

为何要实行立宪之政？梁启超指出，立宪政体与专制政体的区别在于，后者是无限权之政体，而前者是有限权之政体，所谓有限权是指君权有限，官权有限，民权也有限。在过去的中国，民权受到各种限制，而君权则是至尊无上的，至多就是以天为限，以祖宗为限，但天不言、祖宗之法也不过因袭旧规，对于君权并不能起到真正的制约作用，这是专制政治延续数千年而终致国弱民贫的重要原因。反观立宪之国，在宪法中明确规定君和官之权限、政府之职分，这非但没有损君主之威严，反而使得君权与民权相合，上下情相通，国家也日渐强盛。鉴于正反两方面的经验，梁启超指出，对于处于存亡危机中的中国而言，"挽救之道，惟恃立宪"[②]。

在梁启超的意识中，立宪政体是一种理性的制度建构，它之所以能避免专制的弊端，是因为它有一套合理的程序，他将这套程序描述为：

---

① 梁启超：《立宪法议》，载《饮冰室合集·文集》之5，第1页。

② 梁启超：《上涛贝勒书》，载丁文江、赵丰田编《梁启超年谱长编》，上海人民出版社2009年版，第327页。

"君主之发一政、施一令，必谋及庶人，因国民之所欲，经议院之协赞，其有民所未喻者，则由大臣反覆宣布于议院，必求多数之共赞而后行。民间有疾苦之事，皆得提诉于议院，更张而利便之。"① 在这种充满民主色彩的制度下，民无所怨，自然也就不会危及君主和国家，"故立宪政体者，永绝乱萌之政体也"②。在这种理想化的描述中，梁启超指出在中国实行立宪的时机已到，任何人都不能阻止这股时代潮流，早一日立宪，则人民早一日享其福，国家早一日进步。但他又并不主张立即实行，而是稳妥有序地进行，"采定政体，决行立宪"，即确定立宪的目标，做好立宪的准备工作，等到十年或二十年后再来实施。

　　当时世界历史形势的发展，也在客观上给予梁启超的立宪主张以有力的支持。1904—1905 年的日俄战争，大国沙俄惨败给区区岛国日本，当时朝野上下普遍认为日本以立宪而胜，俄国以专制而败，"非小国能战胜于大国，实立宪能战胜于专制也"③。于是，国内要求立宪的呼声日益高涨，连一些清廷大臣如张之洞、袁世凯等人也联名上奏请求立宪。1905 年 1 月，俄国民众为争取政治上的权利而举行罢工，他们表达了如不能争取到自由参政权则宁愿选择死亡的决心。借助这一国际形势，梁启超写了数篇文章表达自己的期望，他希望国人能像俄国国民一样为争取立宪政治而斗争，"吾望俄国而犹罢然神往也。俄犹有地方议会，所缺者中央参政之权利耳；俄犹有法律，所缺者法律之制定权及监督权耳。若吾中国则何如？"④ 他说，权利和自由都是争取来的，欧洲诸国国民在争取权利的斗争中虽不乏流血牺牲者，然最终还是取得了一定的胜利。各国宪法之能成立，都来自人民的斗争，若不抗议、不斗争，则只能受人压制而终身为奴，只有爱自由、争自由者，才能获得真正的自

　① 梁启超：《立宪法议》，载《饮冰室合集·文集》之 5，第 3 页。

　② 同上。

　③ 故宫博物院明清档案部编：《清末筹备立宪档案史料》上册，中华书局 1979 年版，第 29 页。

　④ 梁启超：《续纪俄国立宪问题》，载夏晓虹辑《〈饮冰室合集〉集外文》上册，北京大学出版社 2005 年版，第 228 页。

由，"天下惟能爱自由者，其自由终不死"①。他坚信：在 20 世纪的国家，绝无容专制政体存立的余地，宪政的潮流不可挡，自由之神的威力终不能抗。

立宪之政有君主立宪和民主立宪，梁启超为何只主张君主立宪政体呢？

首先，他认为立宪政治与国体没有太大关系，有君主存在不会影响立宪的效果。在他看来，"立宪与专制之异，不在乎国体之为君主、民主，而在乎国权行使之有无限制。夫制限之表示于形式者，则两直接机关对峙而各行其权是也"②。专制政体之弊，主要在于君主的权力不受任何约束和限制；而立宪政体则避免了这一弊端，即使是君主之政也不会有无上的权力，因为权力的制衡原则使专制难以实现。他将"君主立宪"界定为："君主立宪者，君主应于人民之要求，而规定国家机关之行动及人民对于国家之权利义务者也。""其所规定，则君主与人民协定之，而所以得之者，则由君主应于人民之要求也。故规定为其结果，而要求为其原因也。"③ 他认为，既然人民的意愿是能实行立宪的最高原因，而且人民也是政治的参与者，那么君主立宪就不会像专制政体一样损害广大民众的利益。

其次，君主立宪制弊端最少。在专制政体下，民被视若草芥，其生活极苦，而君主的统治也危而难保，这种政体是绝对不适应时代发展的。至于民主立宪政体，"其施政之方略，变易太数，选举总统时，竞争太烈，于国家幸福，未尝不间有阻力"④，因此也不宜广泛推行。在当时的强国中，除了俄罗斯是君主专制、美国和法国为民主立宪政体外，其余皆为君主立宪政体，根据这一事实，梁启超相信这一政体形式必然具有很大的优越性，他十分肯定地判断："君主立宪者，政体之最良者也！"⑤

---

① 梁启超：《自由死 自由不死》，载夏晓虹辑《〈饮冰室合集〉集外文》上册，北京大学出版社 2005 年版，第 240 页。

② 梁启超：《宪政浅说》，载《饮冰室合集·文集》之 23，第 38 页。

③ 梁启超：《申论种族革命与政治革命之得失》，载《饮冰室合集·文集》之 19，第 39 页。

④ 梁启超：《立宪法议》，载《饮冰室合集·文集》之 5，第 1 页。

⑤ 同上。

最后，君主立宪政体最符合中国国情。梁启超认为君主立宪为最良政体，主要是因其最适合于中国。他指出，革命派"以君主立宪为粗恶，以共和为改良"来反驳立宪派的主张，是主观上树立一个前提作为依据，实际上前提本身并不正确，因为"夫所谓良也恶也，本属抽象的观念，非具体的观念。语政体之良恶，而离夫'人'与'地'与'时'三者，而漫然曰，'孰为良、孰为恶'，此梦呓之言也。故达尔文言'优胜劣败'，而斯宾塞易以'适者生存'，诚以主观的良恶无定形，而必丽之于客观的适不适以为断也"①。也就是说，任何事物不能简单孤立地说好与不好，都必须放在某种具体的情境下来讨论，能占天时地利人和者，即为良，政体亦是如此。"天下无论何种制度，皆不能有绝对之美，惟当以所施之国适与不适为衡，离国情以泛论立法政策，总无当也。"② 就中国历古之风俗来看，在过去两千多年，中国一直有君主的存在，如果突然没有君主，国家可能会处于失序的状态；就今日之情势来看，中国国民的政治习惯和政治觉悟程度，采君主立宪制方能减少弊端。唯适以用，君宪最宜。姑且不论君主立宪制是否真的适合中国，仅就梁启超以"适不适"为断的"国情论"而言，是不为错的。

梁启超对君主立宪制度之价值的体认主要有两点：一是它可以在保留君主的前提下改变传统的君民关系结构，二是由于这种关系的改变和国民的参政，可以达到国家富强的目标。在专制制度下，君主与人民是一种主奴关系，君民间十分隔膜，其造成的直接后果就是"我国民中无一人视国事如己事"③，这种上下疏离的状况导致了中国的贫弱落后。而君主立宪制度不仅可以通过鼓励国民参政议政而达到"上下相通，民隐得以上达，君惠亦得以下逮"④ 的功效，而且由于君权的受限和民权的伸张，使过去君主民奴的关系变成了一种"政府与人民立于平等之地

---

① 梁启超：《开明专制论》，载《饮冰室合集·文集》之17，第60页。
② 梁启超：《中国国会制度私议》，载《饮冰室合集·文集》之24，第75页。
③ 梁启超：《新民说·论公德》，载《饮冰室合集·专集》之4，第14页。
④ 王韬：《弢园文录外编·重民下》，陈恒、方银儿评注，中州古籍出版社1998年版，第65页。

位"①的关系，而这在梁启超看来正是国家致强的一个重要条件。也就是说，他是从两个价值层次上来理解君主立宪政体的，一是与反专制相联系的民权诉求，二是实现国家富强的根本目标。在近代中国的特定语境下，这两个宪政价值设定都是容易为人们所接受的，这也是宪政能够在近代中国得以推行的重要原因。

虽然梁启超在1906年提出过开明专制，后来也主张过虚君共和，但从实质上来看，他还是力主君主立宪，因为按他的说法，开明专制与立宪主义并不矛盾，它只是君主立宪的准备，而英国式的虚君共和不过是君主立宪的别称。至于民国后对于已经建立了民主共和制的事实，他除了接受也别无他法，他坦诚承认："鄙人原非如新进耳食家之心醉共和，故于共和政体，非有所偏爱。"②尽管并不偏爱共和政体，但只要能实行宪政，他也不会固执地反对。他所希望的是在现行国体之下，国民合群策合群力以图政体之变革，以使国家免于危亡并走向强盛，所以他既反对在君主尚存时鼓吹其他国体，也不赞成在刚刚确立共和制不久又要变更国体，这也是他坚决反对袁世凯试图开历史倒车恢复帝制的原因之所在。③从整体上看，无论其说法怎么变化，实行宪政是梁启超始终如一的主张，其"万变"中不变的宗旨就是实现民权自由和国家的独立富强。

---

① 梁启超：《论政府与人民之权限》，载《饮冰室合集·文集》之10，第5页。

② 梁启超：《异哉所谓国体问题者》，载《饮冰室合集·专集》之33，第85页。

③ 关于梁启超对国体和政体问题的态度，可从1915年9月4日《申报》所载梁启超与英文《京报》记者之谈话可窥一斑。"记者问曰：既云只论政体，不论国体，则国体无论为共和为君主，应无反对，且先生于数年前不尝著论力主君主立宪乎？梁君答曰：吾所为只论政体，不论国体者，常欲在现行国体之下，求政体之改革，故当前清末叶共和革命论极盛之时，吾独坚持君宪说，与革命党笔战，累十数万言，……吾以为国体与政体本绝不相蒙，能行宪政，则无论为君主为共和，皆可也；不能行宪政，则无论为君主为共和，皆不可也。两者既无选择，则毋宁因仍现在之基础，而徐图建设理想的政体于其上，此吾十余年来持论之一贯精神也。夫天下重器也，置器而屡迁之，其伤实多，吾滋惧焉，故一面常欲促进理想的政体，另一面常欲尊重现在的国体。"参见丁文江、赵丰田编《梁启超年谱长编》，上海人民出版社2009年版，第467页。

（二）立宪之要素：宪法、民权和国会

1."宪法者，一国之元气"

既然是立宪政体，"宪法"的重要性自是不言而喻，"宪法是宪政的基础和前提，无宪法则无宪政"①。近代西方宪法的主要内容，一是规定公民的基本权利和义务，二是确定正当的法律程序，即立法、行政和司法机构的产生方式、各自拥有的权利范围和运行方式以及相互之间制衡与监督的程序。② 党的十八届四中全会通过的《中共中央关于全面推进依法治国若干重大问题的决定》旗帜鲜明地提出"坚持依法执政首先要坚持依宪执政"，肯定和强调了宪法和依宪执政在依法治国中的重要地位。

梁启超在维新变法时期就十分关注宪法学，希望多译宪法书，"以明立国之本"③，而在几年后论及政体时，他又将宪法视为专制与非专制的分水岭，"专制与非专制，一以宪法之有无为断"④。正是由于对宪法极其重视，他尤为注重发掘和揭示宪法的内涵、性质及特征，以使更多人正确理解宪法。他给宪法下的定义是："立万世不易之宪典，而一国之人，无论为君主、为官吏、为人民，皆共守之者也；为国家一切法度之根源，此后无论出何令、更何法，百变而不许离其宗者也。……宪法者，一国之元气也。"⑤ "凡立宪国民之活动于政界也，其第一义，须确认宪法，共信宪法为神圣不可侵犯，虽君主犹不敢为违宪之举动，国中无论何人，其有违宪者，尽人得而诛之也。"⑥ 宪法是国家的根本大法，它包含了公平、正义、自由、平等、人权等价值法则，是制定其他法律法规的依据；它具有最高的权威和法律效力，任何组织和个人都不得凌驾于宪法之上，即便是君主也不例外。对宪法的这一根本性质，梁启超把握得是十分准确的；同时，他也认识到颁布的宪法要可行即具有实践

---

① 李伯超：《宪政四题》，《法学评论》2005年第1期。

② 石毕凡：《近代中国自由主义宪政思潮研究》，山东人民出版社2004年版，第27页。

③ 梁启超：《大同译书局叙例》，载《饮冰室合集·文集》之2，第58页。

④ 梁启超：《开明专制论》，载《饮冰室合集·文集》之17，第18页。

⑤ 梁启超：《立宪法议》，载《饮冰室合集·文集》之5，第1页。

⑥ 梁启超：《政党与政治上之信条》，载《饮冰室合集·文集》之26，第51页。

性，"法也者，非将以为装饰品也，而实践之之为贵"①。宪法制定了就应该执行，否则就是一纸空文，这正如哈耶克所说的："仅在书面上规定宪法，而不同时提供明文规定的机构对之加以实施，这无异于纸上谈兵，从而对现状的变革亦显然于事无补。"②

2. "宪法与民权，二者不可相离"

宪法是宪政的基础，那么宪法自身的基础又是什么呢？关于这个问题，梁启超的看法是：宪法要以民权为基础，同时也以民权为立法目的之一。他说，立宪就是指"以宪法规定国家之组织，及各机关之权限，与夫人民之权利义务，而全国上下共守之以为治者也"③。立宪的主要目的就是通过限制君权和官权，防止专制，以保障人民权利的实现，所以立宪政体，又名为有限权之政体。他指出，宪法可以限制君权，避免专制，但宪法本身也是需要监督和维护的，否则就容易遭到蹂躏，这就离不开广大民众的参与和支持，所以宪法必以民权为基础。"民权者，所以拥护宪法而不使败坏者也。……苟无民权，则虽有至良极美之宪法，亦不过一纸空文，毫无补济。"④ 就官吏之权限而言，中国自古以来并非没有限制官吏之法，也不是没有监督官吏守法之人，但结果是监者愈多，治体却愈乱，有法如同无法。原因何在？是由于"所以监之者非其道也。……是故监督官吏之事，其势不得不责成于人民，盖由利害关切于己身，必不肯有所徇庇；耳目皆属于众论，更无所容其舞文也。是故欲君权之有限也，不可不用民权；欲官权之有限也，更不可不用民权。宪法与民权，二者不可相离，此实不易之理，而万国所经验而得之也"⑤。就是说，在立宪政体下，必须依靠广大民众来监督政府和各级官吏，使之在运用权力时不超越于宪法之上，从而维护宪法的尊严和人民的权益。在中国过去两千年的专制政体下，民众应有的权利尚且很难有

---

① 梁启超：《宪法起草问题答客问》，载《饮冰室合集·文集》之33，第10页。

② ［英］哈耶克：《自由秩序原理》上册，邓正来译，生活·读书·新知三联书店1997年版，第230页。

③ 梁启超：《国民浅训》，载《饮冰室合集·专集》之32，第4页。

④ 梁启超：《立宪法议》，载《饮冰室合集·文集》之5，第2页。

⑤ 同上书，第3页。

保障，更别说监督政府和官员了，即便是儒家"仁政"的治国原则，也不能真正实现民权，因为"仁政必言保民，必言牧民。牧之保之云者，其权无限也，故言仁政者，只能论其当如是，而无术以使之必如是。虽以孔孟之至圣大贤，哓音瘏口以道之，而不能禁二千年来暴君贼臣之继出踵起，鱼肉我民，何也？治人者有权，而治于人者无权"①。他指出儒家"仁政"理论不能避免"暴君贼臣"出现，其关键原因是它不能保证人民有权，这表明他是将人民是否有参政权作为宪政的一个价值诉求。

强调政治参与，不是梁启超的创见，在他之前的早期维新派，都或多或少地表达了国民参政的思想主张。张灏认为，19世纪90年代初一些有志改革的中国学者，如宋育仁、陈虬、汤震、郑观应、陈炽和何启等人，他们的改革思想在许多方面与此前30年的思想相比并无新意，但是，在政治思想领域，他们的思想却表现出不同和新的特色，"几乎所有维新派思想家都在不同程度上逐渐接受了西方的国民参政观念"②。我们可以推断，梁启超的国民参政主张，是对前辈们思想的一种延续和深化，但梁启超与前辈们的不同之处在于，他试图通过变法的方式，将这一观念付诸实践，把理想变成现实。

如果说梁启超在戊戌变法之前还曾有过援西学以附中学的心态、认为民主乃中国古代所本有之制的话，那么在中年以后，他已摒弃了过去的看法。他公开承认，关于民治或民主，即"政由民出"，我国确实素来缺乏此传统。中国人过去的政治理想，是在君主的统治下，行民本主义的精神，这一理想虽然不能完全实现，但对于国民意识影响极深，故虽累经专制之摧残，而精神始终不能磨灭。他说，在林肯提出的民有、民治、民享三原则中，民有和民享二原则不仅我国先民言之甚详，而且信之甚笃，但关于民治（by the people），即一切政治当由人民施行，则

① 梁启超：《论政府与人民之权限》，载《饮冰室合集·文集》之10，第5页。
② ［美］张灏：《思想的变化和维新运动，1890—1898年》，载［美］费正清、刘广京编《剑桥中国晚清史（1800—1911年）》下卷，中国社会科学院历史研究所编译室译，中国社会科学出版社1985年版，第277页。

在我国古代不仅从未研究过其方法，就连此理论也未曾被承认过，故我国虽不乏民为邦本、政在养民之论，然政事治理之权力，始终在人民之外，这种"无参政权的民本主义"①，是我国政治论的一个特色，或许也是其最大缺陷。

梁启超无疑十分准确地把握住了问题的实质，在民主政治中，最重要的就是"By"，而在中国过去两千年的政治中，最缺的就是"by"和"我"，那些理论上重视的"民"，其实从来都是社会权力结构中的缺席者，他们是被代表的、沉默的大多数。"无参政权的民本主义"，哪怕无限接近民主，也不可能真正实现民主。

3. 立宪"关键全在国会"

有无国会是立宪政体区别于专制政体的一个重要标志。梁启超指出，立宪政治的核心是"必有人民所选举之国会与政府对立是也"②，"立宪之节目虽有多端，而关键全在国会，其理甚明"③。国会的设立对于落实人民的参政权具有重大意义。国会具有三种权能，一是议决法律，二是监理财政，三是纠责政府。此三种权能缺一不可。若国家能有良好的国会，国会能公平地行使这三项权力，则立宪之实可举，而共和之基可固。那么国会怎样如何更好地发挥其权能呢？或者说怎样才能得到良好的国会呢？梁启超进而指出："国会之关系已如此其重要，则国会议员得人与否，即为国家命脉所系，又可知矣。夫国会议员，由人民选出者也，于是乎国家之盛衰存亡，其责任乃落在我等人民之头上。"④其关系可直观地表示为"人民——国会议员——国会（宪政）——国家的盛衰存亡"，这条关系链表明，国家能否存立兴盛，最终取决于人民。就立宪政治而言，其最本质的特征，是它与人民参政密不可分，"无国会不得为立宪；有国会而非由民选，不得为立宪"⑤。由此，立宪政治最终就落到人民的参政权问题特别是选举权问题上。在这方面，梁启超有

---

① 梁启超：《先秦政治思想史》，载《饮冰室合集·专集》之50，第4页。
② 梁启超：《国民浅训》，载《饮冰室合集·专集》之32，第4页。
③ 同上书，第5页。
④ 同上。
⑤ 梁启超：《宪政浅说》，载《饮冰室合集·文集》之23，第39页。

十分集中而详细的论述，他不仅将各国的国会组织形式和选举制度进行了研究和比较，而且通过分析中国的国情，提出了他认为适宜的国会组织方式和选举方式。这些研究对后来的中国宪法学界产生了巨大影响。①

在国会这个环节上，人民参政权的一个重要体现就是选举权。人民的选举权，主要指选举议员的权利。选举可分为普通选举与制限选举两种。普通选举，指一切人民都有选举权；制限选举，指以法律指定若干条件，必须符合这些条件或不及于此条件，才能有选举权。而普通选举与制限选举最重要的分界，就在财产。梁启超立足于法律面前人人平等的原则，反对阶级制限选举和财产制限选举。他说："其在今日，一切法律，皆以四民平等为原则。于同一国民中，而强分某类之人，为应有参政权，某类之人应无之，其事为大谬于法理。故在现世各立宪国，此种不平之制，殆绝迹矣。"② 他也反对以财产的多少来决定人民的选举资格，他指出，纳税是人民当尽的义务，参政是人民应享的权利，但并不是因为纳税才享有权利，也不是因为享有权利才必须纳税，纳税的义务和参政的权利是各自独立的，不能混为一谈。也就是说，财产与参政权之间并没有必然的联系，财产的多寡与选举资格也不应该联系起来。他还指出了财产制限选举的危害，"夫设立国会之本意，原欲使多数国民，与闻国政，则其与国家之关系日益切密，而爱国心自油然而生。若以财产制限之故，而使大多数人，不能感国家与己身之利害关系，则将流于少数政治，其反于立宪之本意甚明。况乎国中一大部分人无选举权，则民智愈开，而不平之分子愈增，其结果必助长资本家与劳动者之轧轹，而国家将受其弊"③。梁启超反对财产制限选举，主要目的就是要维护国民的普遍参政权。在选举方法上，他认为直接选举和间接选举各有优

---

①　例如 1928 年王世杰出版的《比较宪法》（修订版改为王世杰、钱瑞升合著），是民国时期宪法学著作中最好的一部，多次再版。书中关于各国国会为一院制还是两院制、各国国会选举是采直接选举制还是间接选举制等的列举比较，材料大多是取自梁启超的《中国国会制度私议》一文。参见谭绍木《梁启超宪政思想论略》，《江西师范大学学报》（哲社版）2005 年第 2 期。

②　梁启超：《中国国会制度私议》，载《饮冰室合集·文集》之 24，第 49 页。

③　同上书，第 57 页。

劣，而根据中国的实情，宜采用间接选举制，其理由是既然不用制限选举，那么在教育还未普及时，选举人的知识和能力都不免缺乏，因此唯有用间接选举制才能略矫此弊。这样可在广大民众参与选举的前提下，保证被选出的议员为才能品行皆较优者，同时能真正代表民众的利益。梁启超认为，选举既是人民的权利，也是人民的义务，因而增强人们的选举意识，是普及立宪思想的一个重要内容。他还提出具体的办法如"开票公开""处分不法行为"及"选举诉讼"等来保障人民的选举权利不受侵犯和损害。以上这些都表明梁启超对人民的选举权极其重视，他是真正地以民众的参与来推动宪政的发展，又以实行宪政来保障人民政治权利的实现。

当然，人民的政治自由权还包括言论、出版、集会、结社和游行、示威等权利，但从参与国家治理的角度讲，人民的选举权和被选举权无疑是最基本也最具有政治实践意义的一项权利。梁启超对选举权的强调正体现了他对人民能否实际参政的关注和维护。

（三）三权分立："立政之本原"

梁启超通过考察和分析西方诸国政治，得出若要取得良宪之治，除了有完善的宪法，还必须实行三权分立，他完全认同孟德斯鸠提出的三权分立理论，认为它是立宪政治的内在精神和原则，而权力分立的目的是"以防政府之专恣，以保人民之自由"[1]。他指出，中国各个朝代都制定有律例，但那不是真正意义上的法治，因为那些法律都是专制统治者制定的，他们既是立法者，又是执法者，因而法律对他们来说并不具有约束力；而且这些法律并不是以维护人民的权利为目的，而主要是为了限制人民的各种权利。而在宪政体制下，立法权与行法权是相分立又互相制衡的，因而任何人都不能超越于宪法和法律之上，在这种条件下，人民的自由权才能得以保障。

孟德斯鸠政治思想的核心是自由，在他看来，只有在以三权分立为基础的宪政制度下，公民的自由才能得到可靠的保障。他这样论述三权分立之必要："当立法权和行政权集中在同一个人或同一个机关之手，自由便

---

[1]　梁启超：《各国宪法异同论》，载《饮冰室合集·文集》之4，第73页。

不复存在了；因为人们将要害怕这个国王或议会制定暴虐的法律，并暴虐地执行这些法律"；"如果司法权不同立法权和行政权分立，自由也就不存在了。如果司法权同立法权合而为一，则将对公民的生命和自由施行专断的权力，因为法官就是立法者。如果司法权同行政权合而为一，法官便将握有压迫者的力量。如果同一个人或是由重要人物、贵族或平民组成的同一个机关行使这三种权力，即制定法律权、执行公共决议权和裁判私人犯罪或争讼权，则一切便都完了"。① 如果立法权、行政权和司法权有两权合二为一，那么可能导致的结果是：若立法者制定恶法，那么也必定执行恶法，就算不是恶法，也可能会以暴虐的方式被执行，公民的自由权利是无法得到保障的；如果三权集中于一人或者一个机关，则后果会更严重。对于孟德斯鸠的分权说，梁启超高度赞同并常引以为据，认为"孟氏此论，实能得立政之本原"②。他说，自美国独立后确立三权分立的宪法原则以来，三权分立在世界上许多国家的政治法律制度中都得到运用，其带来的效应是"政术进步，而内乱几乎息矣"③。

　　梁启超还看到了另一种可能性，那就是如果没有权力的分立和制衡，民主国家也可能导致专制独裁。比如，若仅有一国会而立法、行政、司法之大权皆自其出，则国会虽由人民选举而成，亦谓之专制，如欧洲古代斯巴达罗马之元老院就是如此。又假使虽有行政首长与国会两者并立，而国会毫无权力徒为行政首长之奴隶者，则亦谓之专制。④ 因此，无论是君主制还是民主制的立宪国家，实行权力的相互牵制都是必不可少的。中国欲实行立宪政体，也必须遵循这一原则，这是立宪政体的一个核心精神。为此，他提出三点：立法权要属于多数国民、建立责任政府和司法独立。

　　第一，立法权属于多数国民。梁启超认为西方政治优于中国政治，虽有多方面的原因，但其本原在于西方立法部早发达。西方从古希腊起

---

① ［法］孟德斯鸠：《论法的精神》上册，张雁深译，商务印书馆1961年版，第156页。
② 梁启超：《论立法权》，载《饮冰室合集·文集》之9，第104页。
③ 梁启超：《法理学大家孟德斯鸠之学说》，载《饮冰室合集·文集》之13，第18页。
④ 梁启超：《宪政浅说》，载《饮冰室合集·文集》之23，第38页。

就有所谓长者议会和国民议会，罗马亦有元老院和平民议会相对峙，争立法权，这些立法机构逐渐演变成了今日之国会。"十八世纪以来，各国互相仿效，愈臻完密，立法之业，益为政治上第一关键，观国家之盛衰强弱者，皆于此焉。虽其立法权之附属，及其范围之广狭，各国不同，而要之上自君相，下及国民，皆知此事为立国之大本大原。"① 而与此造成强烈反差的是，中国自古以来一直缺乏立法机构，即便有类似部门也很不完善，其后果是，一方面君相因循苟且，又见识隘陋，不能深谋远虑，施以变革；另一方面民间则不在其位，不敢代为谋，长此以往，则滋生腐败之温床。正因为立法权如此重要，所以"立法事业，为今日存国最急之事业"②；而国会是最重要的立法机构，所以就有了1907 年后梁启超等立宪派不断发动的请速开国会的请愿运动（详见本节第三部分）。

　　立法权之重要性无可怀疑，那问题的关键是，应由谁来立法？梁启超指出，按照英国思想家边沁的理论，政治应以最大多数人的最大幸福为根本目的，那么作为政治上第一大关键的立法，也当以此为宗旨。"夫立法则政治之本原也，故国民之能得幸福与否，得之者为多数人与否，皆不可不于立法决定之。"③ 既然立法关系到国民的幸福，那么立法权属于谁才是最合理的呢？梁启超从人性着手进行分析，他不以"性善"为人性之预设，而是具有一种如张灏所说的人性的"幽暗意识"④，认为利己乃人之本性，拥有立法权者，出于本性必定会订立有利于自己

---

① 梁启超：《论立法权》，载《饮冰室合集·文集》之 9，第 102 页。

② 梁启超：《中国法理学发达史论》，载《饮冰室合集·文集》之 15，第 43 页。

③ 梁启超：《论立法权》，载《饮冰室合集·文集》之 9，第 106 页。

④ 所谓"幽暗意识"，是发自对人性中与宇宙中与始俱来的种种黑暗势力的正视和醒悟：因为这些黑暗势力根深蒂固，这个世界才有缺陷，才不能圆满，而人的生命才有种种的丑恶和遗憾。但具有幽暗意识并不代表对阴暗面的认可，而是以强烈的道德感为出发点。张灏认为，幽暗意识造成基督教传统重视客观法律制度的倾向，因为人性不可靠，权力在人手中就变成一极危险的东西，要解决权力问题有两种途径，一种是希望掌权者通过内在道德的培养，以完美的人格去净化权力，另一种是求制度上的防范。从基督教的人性论出发，很难走上第一种途径，于是只能走第二种途径。参见 ［美］张灏《幽暗意识与民主传统》，载《张灏自选集》，上海教育出版社 2002 年版，第 2—5 页。

的法律，假使一人有立法权，其所立之法必然只有利于一人；假使众人有立法权，则所立之法必然有利于众人，这都是情理之中的事。但是一人之自利与众人之自利，却有善恶轻重之别。为了专制君主、贵族、男子、教会的利益所立之法，都是立法者出于一己之私而制定的法律，自今日视之，实为恶法；而现代社会所确立的人民的参政权、言论、结集、出版、迁移、信教等各种自由权，虽然也是由立法人自顾其利益而立，却属于文明之法。为什么呢？因为"前者之私利，与政治正鹄相反；而后者之私利，与政治相合耳"①。这正是所谓的为天下之"大私"就是真正的为"公"。根据政治之"正鹄"即最多数人的最大幸福这一原则，很显然，众人之利要重于一人，民之利要重于吏，多数之利要重于少数，所以在今日文明国，立法权应属于多数之国民。为了保证基本自由权利和幸福的实现，国民也应该"以争立法权为第一要义"②。

不过，梁启超又指出："立法权属于民，非徒为国民个人之利益而已，而实为国家本体之利益。何则？国也者，积民而成，国民之幸福，即国家之幸福也。国多贫民，必为贫国，国多富民，必为富国，推之百事，莫不皆然。"③ 就是说，立法权属于国民，不仅仅是为了每个国民个人的利益，实际上也是为了国家的整体利益，因为国家是由国民构成的，二者的利益是完全一致的。所以梁启超所说的拥有立法权的"多数之国民"不是指单个的人（实际上也不可能由单个的人来立法，若由一个人来立法就成了专制），它是指由国民选举产生立法机关，代表民意来议决法律，从而保障国民权益的实现，而这同时也是国家利益的实现。由此可见，在梁启超这里，国民个人的利益与国家的根本利益是统一的。此外，立法权在民，不是指每个国民都参与法律条款的订立，而是指通过选举出国会议员来制定法律，这也应当是梁启超为什么关注和强调选举权的重要原因。

第二，建立责任政府。一个好的政府，必定是国民的政府。什么叫

---

① 梁启超：《论立法权》，载《饮冰室合集·文集》之9，第106页。

② 梁启超：《新民说·论权利思想》，载《饮冰室合集·专集》之4，第37页。

③ 梁启超：《论立法权》，载《饮冰室合集·文集》之9，第106—107页。

国民的政府？即对于国民负责任的政府，"对于国民所选举之国会而负责任，是即对于国民而负责任也。故无国会之国，则责任政府终古不成立；责任政府不成立，则政体终古不脱于专制"①。所谓责任政府，就是"凡行政之事，每一职必专任一人，授以全权，使尽其才以治其事，功罪悉以属之，夫是谓有责任之政府"②。政府对于国会负责，具体而言，是"立法部议定之法律，经元首裁可，然后下诸所司之行政官，使率循之。行政官若欲有所兴作，必陈其意见于立法部，得其决议，乃能施行。其有于未定之法而任意恣行者，是谓侵职，侵职罪也；其有于已定之法而奉行不力者，是谓溺职，溺职亦罪也"③。责任政府，实际就是通过立法机关来牵制政府，使政府不超越法律所规定的权限，不侵犯人民的自由和权利，所以责任政府，也就是有限政府。有限政府思想，是宪政理论的一个重要方面，限定政府的权力，就是为了维护人民的权利，这与宪政之维护人权的宗旨是一致的。

梁启超还指出，即使实行民主政治，对政府的权力进行限制也是必要的，若其权限不定，人民也不可能得到自由。虽然从理论上言，民政之国人人自治而非治于人，但事实上并非如此，也不可能，因为"一国之中，非能人人皆有行政权，必有治者与被治者之分。其所施政令，虽云从民所欲，然所谓民欲者，非能全国人之所同欲也，实则其多数者之所欲而已。苟无限制，则多数之一半，必压抑少数之一半，彼少数势弱之人民，行将失其自由，而此多数之专制，比于君主之专制，其害时有更甚者"④。因此，建立责任政府，既可以防止专制，也可以防止出现多数的暴政，而其根本出发点，就是防止人民的自由权利遭受侵犯。可见，梁启超对民主政治的利弊以及立宪政体的意义都有深刻的洞见和准确的把握。

第三，司法独立。梁启超从国家的目的出发，而推导出司法权须独

---

① 梁启超：《政闻社宣言书》，载《饮冰室合集·文集》之20，第25页。
② 梁启超：《论立法权》，载《饮冰室合集·文集》之9，第104—105页。
③ 同上书，第105页。
④ 梁启超：《论政府与人民之权限》，载《饮冰室合集·文集》之10，第4页。

立的结论。他说，国家的目的有两个，一是谋国家自身的安全和发达，二是谋人民的安宁和幸福；而人民的安宁和幸福又是国家发达的源泉，因而是首先需要注意的。如果人民的权利遭到侵犯和压制，那么必定不可能有安宁和幸福，而国家也不可能发达。由此，若要保障人民的自由权利，"其一，须有完备之法律，规定焉以为保障；其二，须有独立之裁判官厅，得守法而无所瞻徇"①。他认为司法权独立，是仅次于国会制度的重要政纲。"凡立宪国皆有独立之审判厅以行司法权。何谓司法？谓遵法律以听狱讼也。何谓独立？使审判官于法律范围之内，能自行其志，而不为行政官所束缚也。审判官如何然后能不为行政官所束缚？凡任此者必终身在其职，苟非犯法或自行乞休，则虽以法部大臣，亦不能褫革之左迁之，如是则无所顾忌，而审判始得公平，人民权利，始获保障矣。此又立宪国之一重要条件也。"②"司法独立之真精神，惟在使审判之际，专凭法律为准绳，不受他力之牵掣。"③也就是说，不受行政权的控制和支配，是实现司法独立的前提和保证；而司法独立的目的，是追求司法公正，保障公民的权利，这一点也是宪政的根本意义之所在。

总而言之，三权分立是宪政的一个重要内涵，它最初被提出的出发点，就是反对专制主义、通过限制国家权力来保障公民的自由。其意义用梁启超的话说，即为"若夫贵自由定权限者，一国之事，其责任不专在一二人，分功而事易举，其有善政，莫不遍及。欲行暴者，随时随事，皆有所牵制，非惟不敢，抑亦不能，以故一治而不复乱也"④。中国欲确立宪政体制，必须以此为基本原则，政治的稳定基于此，公民自由权利的实现和保障也基于此。

有论者认为，"梁启超之所以欢迎分权制度，是因为他看到了政府滥用权力会使国家'致衰致乱'，而首先不是对个人自由的损害；梁启超之所以诉求自由，是因为他看到自由是消除导致中国衰朽腐败的病

① 梁启超：《政闻社宣言书》，载《饮冰室合集·文集》之20，第26页。
② 梁启超：《宪政浅说》，载《饮冰室合集·文集》之23，第39页。
③ 梁启超：《呈总统文》，载《饮冰室合集·文集》之31，第21页。
④ 梁启超：《论政府与人民之权限》，载《饮冰室合集·文集》之10，第5页。

源——'奴性'的最佳药石，而不是自由本身具有什么神圣不可冒犯性。一言以蔽之，西方的宪政主义者与中国的梁启超都看重分权和自由，但两者提供的理由是完全不同的"①。其意为，西方宪政主义者之所以凸显对权力进行控制的制度，是因为他们一直把个人的自由放在第一位，而梁启超首先考虑的是中国国家的强盛问题，因此，"当民主宪政价值对富强目标构成障碍时，只能做出舍弃前者的选择。1903 年以后，梁启超发现了他所羡慕的民主宪政价值与国家富强的目标越来越远，便提出了一种新看法，……从热爱'有机的统一和秩序'到抛别个人自由，梁启超最终与宪政挥泪告别，走向了'开明专制'"②。应该说，此论指出了梁启超宪政思想的特征之一，即他将宪政与国家的富强联系在一起，认为实行宪政是国家走向富强的必由之道。对此，我们没有必要讳莫如深，但是有几点说法是值得商榷的，首先，关于梁启超主张有限政府的动机。此说认为梁启超担心的是政府滥用权力会使国家衰乱，而不是担心个人自由会受到侵犯。而我们考察梁启超的重要文章《论政府与人民之权限》时就会发现，事实并非如此。在此文中，梁启超非常明确地指出："纵观数千年之史乘，大率由政府滥用权限，侵越其民，以致衰致乱者，殆十而八九焉。若中国又其尤其者也。故本论之宗旨，以政府对人民之权限为主眼，以人民对政府之权限为附庸。"为什么要限制政府权限？是因为政府滥用权力，侵犯了人民的自由权利，导致了国家的衰乱。国家衰乱是最终的结果，而其原因在于人民的权利不能得到保障，因而主张有限政府的出发点就是首先维护人民的自由权。梁启超进一步指明了政府的作用："事有一人之力所不能为者，则政府任之；有一人之举动妨及他人者，则政府弹压之。政府之义务虽千端万绪，要可括以两言：一曰助人民自营力所不逮，二曰防人民自由权之被侵而已。"③ 政府的义务就是维护每个国民的利益和自由权，这一观点在梁启超这里已经表述得十分清楚明了。而上述论者恰恰忽略了"政府滥用权

---

① 王人博：《中国近代的宪政思潮》，法律出版社 2003 年版，第 19 页。

② 同上书，第 19—20 页。

③ 梁启超：《论政府与人民之权限》，载《饮冰室合集·文集》之 10，第 2 页。

限，侵越其民"这一环节及关于政府义务的重要论述，因而得出梁启超
主张三权分立不是出于关心个人自由的论断。其次，该论者又说，梁启
超发现民主宪政价值与国家富强目标越来越远时，就"最终与宪政挥泪
告别，走向了'开明专制'"。这一说法显然不符合事实。且不说梁启
超并没有与宪政"挥泪告别"，就是"开明专制"，也只是他在很短一
段时期内的主张，而且他已经申明，"本篇虽主张开明专制，然与立宪
主义不相矛盾"①，他不过是认为中国"人民程度未及格""施政机关未
整备"，因而要"以开明专制为立宪制之预备"②。若以为梁启超提出开
明专制就意味着他告别了宪政，实在是对他的误解。

　　将宪政与国家富强联系在一起，并不是梁启超一个人的宪政思想所
具有的特征，而是几乎所有近代中国知识分子的宪政思想所具有的特
征。在这一点上，它与西方的宪政主义确实有所不同。西方的宪政植根
于西方深厚的文化土壤中，体现着西方基本的价值准则和观念，其产生
之初的主要目标就并非为民族国家的独立；而中国人对宪政的关注和思
考不是出于纯粹的制度建构，他们欢迎和接受宪政的最初动因，是他们
认为这种政治体制是西方国家富强的一个重要因素，而他们之所以有这
种观念，是因为当时贫弱的中国没有这种制度，因而，他们引进宪政，
当然要与实现中国的富强相联系。在近代中国救亡图存的语境下所产生
的宪政理念，自然不同于西方的宪政价值诉求即通过防御性的制度设计
来控制政府权力，以便为个人的自由和权利保有一个充分的私人空间。
近代中国宪政思潮具备这一特征，是特殊时代环境下的必然结果，其本
身并无可厚非。

　　就梁启超个人的宪政思想而言，虽然他也将宪政视为国家富强之
道，但他并没有因此否认宪政之保护个人自由的基本目标，因为他有一
个根本的观念，即个人的利益和国家的整体利益是一致的，二者并非处
于对立的状态。他认为国家的"第一目的，则其本身（即国家全体）

---

① 梁启超：《开明专制论》，载《饮冰室合集·文集》之17，第14页。
② 梁启超：《开明专制论》"著者识"，载《饮冰室合集·文集》之17，第50页。

之利益是也。其第二目的，则其构成分子（即国民个人）之利益是也"①。而之所以要以国家利益为第一目的，是因为国家只有自身存在和发展了，才能发挥其功用即确定个人自由之界而为之保障，"国家之功用，凡以其为国民所托命而已，而国民苟不存，则所谓国家者，亦不可得见。故国家常当兢兢焉惟国民之利益是图，此事理之至易睹者也"②。所以尽管表面是以国家利益为宪政的第一目的，而实际上仍是为了"国民个人"的利益，这才是宪政的最终落脚点和终极价值目标。因此我们完全可以说，梁启超不仅是一个爱国者，而且是一个真正的宪政主义者，即使他的宪政思想中带有中国特殊时代的某些印迹。

三　清末立宪运动的"设计者"和"操盘手"

历史有时也会开个大大的玩笑，作为清廷通缉犯的梁启超，却是晚清政府开展立宪运动实际上的"设计者"和"操盘手"。他持之以恒的宣传，成为清末立宪思潮形成的重要推动力；而在清末立宪运动实际展开的过程中，他也起着举足轻重的作用，成为一个重要的"幕后操盘手"，终使宪政由理论形态而落地为现实的政治操作，也使近代政治思想范式转换具有了现实的价值和意义。

梁启超在清末宪政改革过程中所起的作用，至少体现在三个方面，一是对中国实行宪政之步骤的设计，二是代考察宪政大臣起草了考察报告，三是创办立宪团体和报纸，发起国会请愿运动，推动了立宪的进程。

第一，梁启超对中国立宪运动之步骤进行了规划。

梁启超虽大力宣传宪政，但并不主张中国立即实行立宪政体，而须待民智稍开才能付诸实践。他指出，宪法是国家一切法度之根源，故初立之时，不能不精详审慎。他以日本为例，日本维新在明治初元，可草创宪法在明治5年，颁布宪法在明治13年，而实行宪法，则在明治23年；且派了五大臣去欧洲考察各国宪法之同异得失，归国后方开始宪法

---

① 梁启超：《宪政浅说》，载《饮冰室合集·文集》之23，第44页。

② 同上。

的起草工作，可谓慎之又慎。同理，中国立宪最快也得 10 年或 15 年。不过，不立即实行不意味着不必讨论，10 年以后实行的国家大事，须在 10 年以前就当计划，否则就会如航海而无指南针，不知所向。中国在当前所应该做的，是"采定政体，决行立宪"，即确定立宪的目标，做好立宪的准备工作，等到 10 年或 15 年以后再来实施。平心而论，梁启超所言并非没有道理，且不说各种组织机构的设定等工作之繁复，就是制定宪法这一项，就十分复杂而艰难，需要多方学习和分析总结，若在毫无经验又没有进行考察论证和计划的情况下贸然实行，恐成功的概率很小，甚至有可能导致政局动荡。凡事预则立、不预则废，中华人民共和国成立后国民经济和社会发展也都是通过一个个"五年规划"来进行的，所以说梁启超不赞成遽行立宪，并无不妥。

对于宪政该如何具体操作，梁启超亦作了规划，他认为中国实行立宪应当按照六个步骤来进行：

"次一，首请皇上涣降明诏，普告臣民，定中国为君主立宪之帝国，万世不替。

次二，宜派重臣三人游历欧洲各国及美国、日本，考其宪法之同异得失，何者宜于中国，何者当增，何者当弃。带领通晓英、法、德、日语言文字之随员十余人同往，其人必须有学识、不徒解方言者，并许随时向各国聘请通人以为参赞，以一年差满回国。（又此次所派考察宪法之重臣、随员，宜并各种法律如行政法、民法、商法、刑法之类皆悉心考究。）

次三，所派之员既归，即当开一立法局于宫中，草定宪法，随时进呈御览。

次四，各国宪法原文及解释宪法之名著，当由立法局译出，颁布天下，使国民咸知其来由，亦得增长学识，以为献替之助。

次五，草稿既成，未即以为定本，先颁之于官报局，令全国士民皆得辩难讨论，或著书，或登新闻纸，或演说，或上书于立法局，逐条析辩，如是者五年或十年，然后损益制定之。定本既颁，则以后非经全国人投票，不得擅行更改宪法。

次六，自下诏定政体之日始，以二十年为实行宪法之期。"①

梁启超的计划只能算是一个粗浅的纲要，但在设计的程序上应该说还比较合理，清廷的立宪工作可以说大致就是按照此步骤来开展的，梁启超这个被清政府称为"逆党"的人，成了清末立宪运动的"设计师"。

第二，梁启超代草了《考察各国宪政报告》。

梁启超等人的持续宣传和立宪思潮勃兴、1905 年弹丸小国日本战争大国沙俄、革命之说盛行和革命事件的屡屡发生……国内外形势的发展和社会舆论的压力，迫使清政府不得不考虑"安上全下"之举措，终于在宪政道路上迈出了第一步，拉开了预备立宪的序幕。

日俄战争结束后，清朝一部分大臣和亲贵表现出立宪的倾向，据张謇（1853—1926）说，"先是铁良、徐世昌辈于宪法亦粗有讨论，端方入朝召见时，又反覆言之，载振又为之助，太后意颇觉悟，故有五大臣之命"②。五大臣（载泽、端方、戴鸿慈、尚其亨、李盛铎）历时半年多，考察了东西方十几个国家，于 1906 年 7、8 月相继回国，载泽和端方等上了几份奏折请求立宪，8 月 28 日，清政府特召开御前会议，通过了实际上由梁启超起草的《考察各国宪政报告》。

端方（1861—1911，曾任直隶总督、北洋大臣）是出洋考察宪政的五大臣之一，他曾当面向慈禧太后进言立宪之必要性，对于他有没有或者在多大程度上受到梁启超的影响，尚无充分的证据，但他与梁启超有书信交往以及梁启超为之代笔考察宪政之奏议的事，是有据可查的。《梁启超年谱长编》专门记述了此事："当日端方频以书札与先生往还。计秋冬间先生为若辈代草考察宪政，奏请立宪，并赦免党人，请定国是一类的奏折，逾二十余万言。"③ 这可在梁启超给友人的信中得到印证。梁启超在给徐佛苏的信中说："近所代人作之文，凡二十万言内外，因抄誊不便，今仅抄得两篇，呈上一阅，阅后望即掷返。"他还特别叮嘱

---

① 梁启超：《立宪法议》，载《饮冰室合集·文集》之 5，第 6—7 页。
② 丁文江、赵丰田编：《梁启超年谱长编》，上海人民出版社 2009 年版，第 230 页。
③ 同上。

徐佛苏万勿将所寄之文示人，且看后即返还。徐佛苏本人作跋注曰："此函系乙巳年发，所谓此文万勿示人者，系梁先生代清室某大臣所作之考查宪政之奏议也。所请余告秘事者，即当日某督有奏请立宪及赦免党人之秘奏也。"①

经过御前会议的一番争论后，清政府于 1906 年 9 月 1 日正式宣布"预备仿行宪政"，又于 1908 年 9 月间宣布"预备立宪"以 9 年为限，9 年后（即到 1917 年）正式召开国会，同时颁布了中国历史上第一部宪法性文件——《钦定宪法大纲》，确立了君主立宪政体，规定了"臣民权利义务"，也对君权做了一些限制。清政府的"预备立宪"和《宪法大纲》的颁布，既是时势发展的必然结果，也是梁启超等人的立宪主张付诸实践的开始，尽管由于各种复杂原因，预备立宪并没有取得预期的效果，但它开了中国宪政史的先河，拉开了推翻专制法统的序幕。

人们常说清廷"预备立宪"是敷衍拖延，是虚伪的伎俩，但是根据梁启超的理论和日本等国的经验，立宪是需要预备的。而且从实际情况来看，清廷也确实为立宪做了不少工作，如清廷设立了咨议局和资政院用来练习议政；在光绪三十四年（1908）颁布了《户口调查章程》，要求三年内完成人口普查工作，以为选民调查和将来正式的选举作准备；又进行教育改革来提高民众的识字水平和文化程度，先于光绪三十一年（1905）废除科举制，然后广设小学堂、简易学塾和师范学堂等来普及教育，虽说很多是短期的，但清末的识字率已经超过 20%，这表明举措是有成效的；此外，在九年预备案中，还有财政清理的紧密程序，并且实际上也在清理财政上取得了一些成绩。这些可以说都是预备立宪带来的现代性的措施。②辛亥革命推翻了清政权，在这场较量中，后者是失败者，但我们不能因此就否定它为立宪曾作过的努力、而简单地以一个"骗局"之名盖棺定论。只能说，满清政府虽在作挣扎和补救，但大势已去，它无法改变灭亡的命运。

---

① 丁文江、赵丰田编：《梁启超年谱长编》，上海人民出版社 2009 年版，第 231 页。

② 张朋园：《知识分子与近代中国的现代化》，百花洲文艺出版社 2002 年版，第 267—275 页。

　　第三，梁启超等人创办立宪团体和报纸，发起国会请愿运动，推动了立宪进程。

　　预备立宪主要是为两个目标的实现作准备，一是颁布宪法，二是召开国会。《宪法大纲》作为制宪纲领已于 1908 年颁布，可算是立宪法的开始。至于召开国会，就要复杂得多，实际上当时存在着一个无法回避的难题：立宪政体作为一种民主政体，其重要表现之一就是国会的召开且国会议员由民众选举产生，但是民众选举不是一件轻而易举的事，需要先进行人口普查、提高识字率及选民和候选人的调查等诸项工作，而这些都需要一定的时间，在没有完成这些工作之前，选举议员、正式召开国会是有困难的。但当时革命之说盛行、革命风潮有愈演愈烈之势，以梁启超为代表的立宪派，十分担心若现有政治组织不变，恐不待九年筹备之告终，而国已亡矣，于是就有了立宪团体、报纸的创立及国会请愿运动的发生。

　　在 1905—1906 年，中国留日学生已达至两千多人，根据主张不同，分为"种族革命"与"政治革命"两派，而是否实行宪政是两派的一个重要分歧点，"所谓种族革命者，欲以激烈手段推翻满清君主也。所谓政治革命者，欲以和平手段运动政府实行宪政也"[1]。此时的梁启超，早已抛弃革命之论，而偏重政治革命，力主立宪以救国。1907 年夏秋间，他与徐佛苏、麦孟华、蒋智由、张嘉森（张君劢）及留日学界 300 余人在东京发起成立政闻社[2]，以促进立宪运动，其机关杂志为《政论》，他自己实为主任。政闻社会员约 1500 人，均为留学生，推选职员百余人。梁启超作了两个多小时的演说，畅论"世界各国政治革命不注重国内种族问题"之理由及"政党政治"之先例。这是立宪党成立团体之初始。

　　政闻社宣布了四大纲领："一曰实行国会制度，建设责任政府。……二曰厘订法律，巩固司法权的独立。……三曰确立地方自治，正中央、

---

　　① 徐佛苏：《创办政闻社之主义及其源流》，载丁文江、赵丰田编《梁启超年谱长编》，上海人民出版社 2009 年版，第 272 页。

　　② 政闻社从 1907 年 10 月创立至 1908 年 8 月被查禁，仅存 10 个月。

地方的权限。……四曰慎重外交，保持对等权利。"① 而其实际工作重心在"实行国会制度，建设责任政府"这一点上，这也与梁启超的认识——国会是立宪政治的关键——相一致。《政论》的主要作用就是为国会、政党与地方自治进行宣传。除刊行《政论》杂志外，政闻社还派员归国，劝告清政府速颁布立宪之诏。1908 年初，政闻社迁至上海，联络各省志士，发起国会期成会，警告政府速速颁布宪法，并且致电弹劾亲贵权奸丧权辱国，逐渐形成全国性的国会请愿运动。尽管梁启超宣称，政闻社之创设，"其对于皇室，绝无干犯尊严之心；其对于国家，绝无扰紊治安之举"②，但他们的行动，还是引起了张之洞、袁世凯等官员的愤忌，请清廷下令解散政闻社。虽然政闻社被封禁，《政论》亦被废除，然由于政闻社社员在各省的动议，劝导各省咨议局联合呈请政府限期召开国会，而民众参政之思想由此勃兴，在一定程度上实现了政闻社"唤起一般国民政治上之热心，而增长其政治上之兴味"③ 之初级目的，最终致有辛亥年各省咨议局反抗铁路国有而酿成革命之结果。

政闻社被禁和《政论》被停办，并未阻止梁启超等人推动立宪的决心和行动，1910 年 3 月 10 日（正月二十九），旬刊《国风报》在上海创刊（1911 年 7 月停刊，共出 52 期），该刊"以忠告政府，指导国民，灌输世界之常识，造成健全之舆论为宗旨"④，梁启超是主要编辑和撰稿人，该报在国内几十个城市设有分售处，并销往澳洲、南洋和北美洲各地，影响范围甚广。由于清廷宣布预备立宪时，国内多数国民其实还不知立宪为何物，这就使普及政治常识成为亟须的必修课，因此，远在海外的梁启超，一方面指导着国内的国会请愿运动，另一方面以报纸为舆论阵地，撰写了一系列文论来造成"健全之舆论"及给国人"补课"。从 1907 年到 1911 年，他写了《为国会期限问题敬告国人》《论请愿国会当与请愿政府并行》《宪政浅说》《国会与义务》《立宪政体与政治道

① 梁启超：《政闻社宣言书》，载《饮冰室合集·文集》之 20，第 25—27 页。

② 同上书，第 28 页。

③ 同上书，第 24 页。

④ 丁文江、赵丰田编：《梁启超年谱长编》，上海人民出版社 2009 年版，第 327 页。

德》《责任内阁与政治家》《立宪国诏旨之种类及其在国法上之地位》《责任内阁释义》《新中国建设问题》《中国国会制度私议》等诸多较有影响的文章。其中,《为国会期限问题敬告国人》一文向上至监国摄政王、下至一般国民的社会各阶层申明速开国会之利害关系;《宪政浅说》则从政治学、宪法学和行政学跨学科的角度,论述了国家的含义、功用和目的,介绍了何谓国体和政体;而洋洋洒洒十余万言的《中国国会制度私议》一文,具体阐述了国会的性质、组织和职权等,尤其是对选举问题进行了十分详细的介绍,进一步帮助国民加深了对国会的了解,使他们意识到国会就像日用饮食一样,是立宪国民一日不可或缺的,且设立国会是唯一能够帮助他们实现法定自由权利的方式。这些文章灌输宪政常识,及时地提供"立宪国民之粮",为立宪运动推波助澜。

立宪派 1908 年发动的国会请愿运动结果是清廷颁布《钦定宪法大纲》,并宣布预备立宪期为九年;而 1910 年则发生了四次国会请愿运动,前三次以立宪派为主力军,第四次则以学生为主。第一次请愿由立宪派的重要人物、时任江苏咨议局议长的张謇发起,请愿代表主要是各省咨议局议员,范围较小,人数较少;第二次请愿代表则扩大到社会各行业各团体,签名请愿人数达 30 余万,但依然是用和平的方式进行,这两次请愿皆以失败告终。至第三次请愿,不仅范围进一步扩大,涉及全国各地民众,而且许多省份都出现了大规模的群众游行,在方式上较前两次要激进。这次请愿,终使清廷将国会拟召开的日期缩短为五年,即将于宣统五年(1913 年)召开国会,并先设责任内阁。

国会请愿运动,从小范围扩大到全国、从少数官绅蔓延到社会各界人士,这既是立宪派宣传、运动的结果,又在更广泛的范围内普及了立宪知识,增强了立宪意识,几年后袁世凯洪宪帝制之所以很快便流产,与全国民众的强烈反对不无关系,这正好表明了广大民众的政治常识、民主观念已有极大提升,从此意义上说,国会请愿运动也是中国近代史上的一次启蒙运动,而梁启超,正是这场运动的精神导师和最早的发起者。

第五章

"去社会旧染之污"：梁启超的新民思想

"自由""权利""民主""法治""宪政"等，都不是抽象而孤立的概念，而是与人们的政治、经济和社会生活息息相关的范畴；它们不仅是一种学理，更是现实的要求。这些价值都与一定的主体密切关联，这种主体就是能思想和做出选择的活生生的人，就像洛克所说的，"只有人能实施行为，只有主体能施展其能力。……而且只有具有动作能力或不具有动作能力的主体，可以说是自由的或不自由的"①。没有主体，自由、权利便无所依附，平等、民主也无从谈起。在中国数千年的社会里，上述价值观念之所以隐没不彰，是因为"主体"都不曾存在，过去最缺乏的便是那个大写的"人"字。正因为如此，当梁启超在 20 世纪初提出"新民"时，曾触动了多少被压抑着的灵魂。

有学者认为，在中国近代，康有为最先发现了"人"及其"客观自然存在性"和"个体存在性"，他向往一个新世界，在那里，"人"可以享受各种权利和无穷的乐趣；严复和谭嗣同各以其自己的方式阐明了"人"的自由和平等思想；梁启超则将前面所有的思想结合，将这种具有"主体性"和"公民性"特征的人定义为"新民"。② 是不是康有为最先发现了"人"，这一点或还有待进一步考证，但梁启超提出的"新民"，确是对康有为、严复和谭嗣同等人的思想以及日本启蒙思想综合发展的结果。他最不朽的功绩，也正体现在其影响了几代人的新民思想，"新民"理想人格的提出，其哲学意义在于树立人之自我主体性，

---

① ［英］洛克：《人类理解论》上册，关文运译，商务印书馆 1959 年版，第 214 页。

② 黎晓平：《中国现代人权观念的起源》，《中国法学》2005 年第 1 期。

而其现实意义则在于从文化启蒙和道德习俗入手，探寻中国实现现代化的根本路径，而不是完全照搬西方制度。

第一节　梁启超的理想人格：新民

一　"新民"之义涵

在戊戌变法以前，梁启超变革要求的主题是中国政治制度的改良，与此相应的，在思想上他以抨击专制制度为中心。变法失败后，他将自鸦片战争以来近 60 年的社会政治经济变革和思想学术的发展作了分析和深刻的反省：洋务运动开展了 30 多年，也算声势浩大，可随着甲午战败即宣告破产；轰轰烈烈的维新变法运动更是仅百日便夭折。几十年来中国屡屡在变，可均以失败告终。为何变法如此艰难？对此，梁启超颇感困惑。此时，他思维的焦点仍在改变中国政制这一社会客体上，并认为是以西太后为首的顽固派导致了变法失败。于是，到日本后不及两月，他便创办《清议报》，一面对专制制度和慈禧专权进行猛烈抨击，另一面尽力介绍西方立宪制度，从其文论看，仍侧重在制度层面。

1900 年唐才常等人进行的勤王运动失败，梁启超受挫感严重，其思想和活动此后有明显转变，"自是启超复专以宣传为业，为《新民丛报》《新小说》等诸杂志，畅其旨义，国人竞喜读之。清廷虽严禁，不能遏，每一册出，内地翻刻本辄十数。二十年来学子之思想，颇蒙其影响。"① 此时梁启超已阅读了不少日本启蒙思想家的著作，从中深受启发，他终于意识到，西方的富强，表面上看是制度造成，但在政治制度背后实有着更深更广的文化依据，这就是国民性或国民心理，亦可称国民意识的。他将重心转向以介绍西学为主，目的在启迪民智，以图将来。1902 年《新民丛报》② 的创办和《新民说》的写作正是由此而来。

---

① 梁启超：《清代学术概论》，载《饮冰室合集·专集》之 34，第 62 页。

② 1902 年 2 月 8 日，即光绪二十八年正月初一，《新民丛报》在日本横滨创刊，每月 1 日、15 日发行，至 1907 年 11 月停刊，共出版 96 期。《新民说》在《新民丛报》创刊号首载，至 1906 年 1 月连载完毕，共 20 节。

《新民说》诸篇通俗易懂，但这并不影响其深刻性，本来，思想的深刻就不在于语言的艰涩难懂，而在于问题的深刻。梁启超比当时学人更显卓识之处，就在于他提出了一个极其深刻的问题，他认识到了人的问题是中国走向现代文明的最大障碍，并且为唤醒国人之自我主体意识一直坚持不懈地努力。正因为如此，《新民说》成为他一生中最重要的政治和道德哲学著作，也是中国近代思想史上最有影响力的启蒙著作之一，有学者誉之为"当时历史中最有震撼力的'自由主义政纲'"①；美籍学者黄宗智也认为，梁启超期待一种自由的、民族的、行动的"新民"出现，它是建立富强的新中国以及在中国建立自由民主制度的前提和保证，这种对人的现代化的求索，无疑具有十分深远的影响。②

从词源来看，"新民"一词取义于《大学》之开篇句"大学之道，在明明德，在亲民，在止于至善"（程子曰："亲当作新"）。这一概念体现了儒家传统的经世思想，其内容包括道德的修养和对人的革新。朱熹注曰："新者，格其旧之谓也，言既自明其明德，又当推以及人，使之亦有以去其旧污之染也。"③ 梁启超显然是取此"自明其明德，又当推以及人"之义，他对"新民"的解释明显援引了朱注："能去其旧染之污者谓之自新，能去社会旧染之污者谓新民。"④ 他作为先觉者，其责任自然是"新民"的第二种义，即"去社会旧染之污"，他曾多次援引与此义相类的佛家"未能自度，而先度人"之语，表明自己的目标是"变数千年之学说，改四百兆之脑质"⑤，使民众成为具有现代价值观念的新型国民。这一思维路向从《新民丛报》的宗旨也可见一斑："本报取《大学》新民之义，以为欲维新吾国，当先维新吾民。中国所以不振，由于国民公德缺乏，智慧不开，故本报专对此病而药治之，务采合

①　张育仁：《自由的历险——中国自由主义新闻思想史》，云南人民出版社 2002 年版，第 127 页。

②　［美］Philip. C. Huang, *Liang Ch'i-ch'ao and Modern Chinese Liberalism*, University of Washington Press, 1972, p. 162-163.

③　朱熹：《四书章句集注·大学章句》，中华书局 1983 年版，第 3 页。

④　梁启超：《自由书·说悔》，载《饮冰室合集·专集》之 2，第 75 页。

⑤　梁启超：《中国积弱溯源论》，载《饮冰室合集·文集》之 5，第 17 页。

中西道德以为德育之方针，广罗政学理论以为智育之原本。"① 当然，梁启超提出"新民"理论，也受到了严复的较大影响，这在本书第一章已有论述，此处不再赘述。

可见，梁启超的"新民"包含两个层面的含义，一是"使民新"或"对人的革新"，二是"新型的国民"，前者是一个动态的过程，充满变革的意味，后者体现变革的目标和结果。这两重含义一方面反映出以梁启超为代表的近代中国知识分子的强烈使命感，另一方面呈现出他们在新的历史情境下欲为之努力的方向；同时，"对人的革新"这一内涵透露出 20 世纪初"以人的觉醒"为核心的中国启蒙思潮必定是知识精英基于文化批判而进行的思想重建和文明再造运动，围绕着国民性，这一运动将从批判和重塑两个维度展开。

就"使民新"而言，"新民"之方法有两个："一曰淬厉其所本有而新之，二曰采补其所本无而新之。"② 所谓"淬厉本有"和"采补本无"，具体而言，就是融合中西文化和道德精神，重铸国民新品格，培育国民之精神，使过去的"部民"转变为现代之"国民"。他说："吾所谓新民者，必非如心醉西风者流，蔑弃吾数千年之道德、学术、风俗，以求伍于他人，亦非如墨守故纸者流，谓仅抱此数千年之道德、学术、风俗，遂足以立于大地也。"③ 就是说既要以一种海纳百川的开放心态去对待西方文明精神，又要立足于现代以新的眼光来重新审视中国传统道德文化，这无疑是一种理性而又科学的态度，若以一词来概括此种既"淬厉"又"采补"的方法，则为梁启超所说的"调和"或"化合"（可参见本书附录 1）。

就"新型国民"而言，它既是梁启超欲变革的目标指向，又是新制度和新国家的建设主体。"苟有新民，何患无新制度？无新政府？无新国家？"④ 对梁启超的这一说法，当时有人持批评和反对意见，如 1903

---

① 丁文江、赵丰田编：《梁启超年谱长编》，上海人民出版社 2009 年版，第 180 页。

② 梁启超：《新民说·释新民之义》，载《饮冰室合集·专集》之 4，第 5 页。

③ 同上书，第 7 页。

④ 梁启超：《新民说·论新民为今日中国第一急务》，载《饮冰室合集·专集》之 4，第 2 页。

年出版的东京留学生刊物《浙江潮》第 8 期中，飞生（蒋百里）就著文提出批评，他说："自理论上言，则有新民固何患无新政府，而自事实上言，则必有新政府而后可得新民也。"① 蒋百里把反清作为前提，因而认为《新民说》是"倒因为果"之论。但在梁启超看来，若将这几个要素置于一个因果链条上，"新民"无疑当处于链条的最前端。新民所具有的品性，几乎涵盖了梁启超所推崇的所有现代品格，它包括具有公德意识、国家思想、权利和义务观念，有进取冒险精神以及自尊、自治、自由精神，等等。这一新民形象，不是奴隶的形象而是人的形象；它也不是中国古代民本主义话语中的"臣民"，而是近代国家中的"国民"，它昭示着一个全新的人格主体的确立。"国民"这一概念"洋溢着近代意义上的'现代性'"，"相对于奴隶、奴才，'国民'是对生命个体的发现，是对个人价值的初步确认"②。可以说，《新民说》是中国近代最早、最系统的关于人的学说。

关于人在现代化中的地位和作用问题，西方探讨现代化理论的学者给予了极大关注并进行了探讨。德国著名社会学家马克斯·韦伯（Max Weber）从社会学、文化人类学和心理学的角度对西方现代化的因素进行了考察，他认为，"归根到底，产生资本主义的因素乃是合理的常设企业、合理的会计、合理的工艺和合理的法律，但也并非仅此而已。合理的精神，一般生活的合理化以及合理的经济道德都是必要的辅助因素"③。而"合理的精神，一般生活的合理化以及合理的经济道德"等都是与人的理性相关的因素，涉及人的心理态度、价值观念等方面。美国社会学家阿历克斯·英克尔斯（Alex Inkeles）也认为现代化的核心是人的现代化，人的现代化是现代化社会稳定、持续和健康成长的基石。他指出："许多致力于实现现代化的发展中国家，正是经历了长久的现代化阵痛和难产后，才逐渐意识到：国民的心理和精神还被牢固地锁在传统意识之中，构

---

① 转引自陈匡时《略论梁启超的〈新民说〉》，载蔡尚思等编《论清末民初中国社会》，复旦大学出版社 1983 年版，第 81 页。

② 张宝明：《自由神话的终结》，上海三联书店 2002 年版，第 20 页。

③ ［德］马克斯·韦伯：《世界经济通史》，姚曾懋译，上海译文出版社 1981 年版，第 301 页。

成了对于经济和社会发展的严重障碍。"① 他强调发展的最终要求是人在素质方面的改变，即从传统主义到个人现代性的改变。

梁启超不仅比上述思想家更早地认识到了人的地位和价值，而且在《新民说》等论著更是明确提出一系列的标准和要求，致力于改造国民的品性和心理结构，从人的智性开发和德性提升的角度提出了中国现代化的新课题，这无疑具有远见卓识。从关注制度变革转而探讨国民性问题，既是梁启超思想认识不断深化的表现，也是鸦片战争后中国先进知识分子在追求国家富强之道过程中认识变迁的一个结果，它表明了中国学习西方以及对自我的批判和反省已不再停留在表层，而是触及了文化深层。就梁启超个人而言，他自小受到中国传统文化尤其是儒学的熏陶，对儒学以纲常伦理为核心的特点及其对中国民众心理品格的影响有深刻的认知，在政治改革失败和广泛接触到西方近代社会政治和伦理道德学说之后，他认识到从心理结构层面对国民进行改造才是实现中国现代化的关键所在，这是他认识上的一个飞跃。

二　新国民：除去"心奴"的自由主体

历史学者萧功秦教授在比较中国和欧洲文明演进的路径时，曾用"细胞"与"砖墙"来形容欧洲文化和中国文化之异。他说，从结构上看，欧洲文明更像是一个由无数自主活动的细胞聚合而成的生命体，中国古代文明更像一个由无生命的砖块按固定的标准整齐堆砌而成的巨大墙体。他认为中国文明史实际上是一部通过压抑个性与地方自主性来实现宏观稳定原则的文明的盛衰史。大一统、同质性、一道同风的思想与意识形态，对人性的格律化，是中国文明的基本特点，这一点可以解释，在漫长的人类历史上，为什么西方人会发展出对人类文明有划时代伟大贡献的资本主义文明，而中国则走向沉睡与封闭。②

---

① ［美］阿历克斯·英克尔斯：《人的现代化》，殷陆君编译，四川人民出版社 1985 年版，第 3—4 页。原书名为 *Being Modern: Individual Changing in Six Developing Countries*（1974）（《迈向现代：六个发展中国家的个人变化》），中译本改名为《人的现代化》。

② 萧功秦：《从千年史看百年史——从中西文明路径比较看当代中国转型的意义》，《社会科学论坛》（学术评论卷）2007 年第 1 期。

砖块是构成墙体的基本单位，然而它是没有生命力的，所以墙体也是寂然无生气的。从秦以后的中国历史事实来看，在某些朝代的某个历史时期，也有比较开明的政治和开放的社会生态，但我们不得不承认，在中国传统文化和制度里，对于个性自由的伸张，确实是很缺失的，而这种缺失导致的一个结果便是人之奴性的深重和自我意识的薄弱，用萧功秦的话说，就是缺少有生命活力的"细胞"。鲁迅曾将全部中国历史划分为两个时代——"想做奴隶而不得的时代"和"暂时做稳了奴隶的时代"。他说："实际上，中国人向来就没有争到过'人'的价格，至多不过是奴隶，到现在还如此，然而下于奴隶的时候，却是数见不鲜的。""假使真有谁能够替他们决定，定下什么奴隶规则来，自然就'皇恩浩荡'了。"①鲁迅的批评十分尖锐，话不好听，却值得思考。百余年来，国人一直怀着实现现代化的梦想，但是，没有对于"自我"价值的认知、没有主体人格意识的群体，如何建立起一个现代化的国家？变法而不变人，终等于不变。

梁启超认为，在中国人所有的"社会旧染之污"中，奴性是最突出最严重的。在《新民说》等文论中，他一面高扬自由的旗帜，一面对中国人的奴性根性进行了毫不留情的批判，因为在他看来，自由即为"奴隶之对待"，"若有欲求真自由者乎，其必自除心中之奴隶始"②。虽然这种界定与现代政治哲学中"自由"概念的含义有很大不同，但把自由看作奴性的对立面，表明梁基本上把握到了作为主体的人的本质属性。他认为中国数千年的腐败，就是自奴隶性来，若不根除此性，中国就无法立足于世界，因此，当务之急就是要唤醒国民独立自主的人格意识，使之成为自主、自尊、自由的新民。在中国传统话语体系中，这就是人之为人的资格；从现代西方人本主义哲学的角度来讲，这就是要确立作为人的主体性。

"主体性"（subjectivity）一词有两种基本含义，一是指从属或依附于主体，即我们所讲的主观性；二是指主体自身所具有或达到的一种内

① 鲁迅：《灯下漫笔》，海南出版社1997年，第78页。
② 梁启超：《新民说·论自由》，载《饮冰室合集·专集》之4，第47页。

在的能动性，它建立在主体自身理解或反思的基础上，或者说，它是指主体以理性思考为基础的主动性（或者一种积极状态）。在西方，从古希腊的普罗泰戈拉提出"人是万物的尺度"，就宣告了具有能动性的人的出场；到近代，随着科学的发展和人本主义的兴起，人们在将自然对象化的同时也开始反观自身，在笛卡尔以理性为基础的怀疑精神的影响下，人作为独立性主体的观念开始广泛传播，由此，主体性原则在哲学中得以确立。而康德认为，人不仅是认识的主体，还是道德实践的主体，而且后者要高于前者。人是实践的主体，是因为人有自由意志，能自主选择自己的行为，自由意志是人的真正的自由。[①] 自康德以后，对主体性的探讨从关注人在外部经验世界中的地位或自由问题转移到了从内在性角度重建价值主体问题。所谓价值主体，就是自由主体，就是完整意义上的自我，它不受一切权威和信仰的束缚和囚禁，具有独立的人格尊严和神圣的自我完整性。"主体性的核心内容就是人的自由，真正的主体性必然意味着人的真正自由。"[②]

梁启超要塑造的"新民"就是这种具有自由意志的认知主体和道德主体，其主体精神主要体现在它是自尊自治、自由的个体，是一种理性的存在，它完全不同于没有人格意识的、被对象化的存在，即奴隶。新民就是去除了奴隶根性的"人"：我不做古人的奴隶，能根据自己的理性做出判断；我不做世俗的奴隶，能保持自己独立的个性；我不做自然和环境的奴隶，能自己控制自己的生活过程；我也不做情欲的奴隶，能够通过克己的方式来实现精神的自我主宰。总而言之，我是自己的主

---

① 邓晓芒教授把康德的自由观划分为"先验的自由""实践的自由"和"自由感"三个层次。其中，"实践的自由"又分为"一般实践理性"的自由即"自由的任意"和"纯粹实践理性"的自由即"自由意志"，两者都具有自由本体的意义（不纯粹的或纯粹的）。他指出，在康德看来，真正严格意义上的自由只能是自由意志，它最终表达为道德律或义务的形式。康德把人的真正自由建立在他的道德律、即他在自己的实践活动中命令自己遵守的道德法则之上。见邓晓芒《康德自由概念的三个层次》，《复旦学报》（社会科学版）2004年第2期。

② 方朝晖：《重建价值主体——卡尔·雅斯贝斯对近现代西方自由观的扬弃》，中央广播电视大学出版社1993年版，第2页。

人，是有自主性的人。在"新民"这一理想人格身上，"人"的价值得到了最充分的体现。

"心奴"之所以存在，是由于人容易受到各种欲望的束缚，但这种强制力并非来自外界，而是来自自己的内心，即"心为形役"。梁启超将人的受奴役状态分为三个层次，第一个层次是"人之奴隶我"，第二个层次是我"自奴隶于人"，第三个层次是"我奴隶于我"。在这三种状态中，第一种并不足畏，因为若是别人强迫我为奴隶，我可以奋起反抗从而摆脱其束缚，比如19世纪各国人民争取独立的斗争就是如此；第二种"自奴隶于人"尽管令人哀痛，但他人可能会出于仁慈或迫于正义，最终改变了"我"的命运，如美国解放黑奴的运动；第三种是最严重也最难以改变的，前面两种不论是由于被动还是主动，都不过是身为奴，而第三种"我奴隶于我"却是灵魂沦为奴隶即"心奴"。作为人的最大的悲哀和苦痛，不是来自外在的强制和压迫，而是来自"我"之内心的束缚和奴役。

不除"心奴"，则终难认识和挺立自我，也终难获得真正的自由。"形而为役，犹可愈也；心而为役，将奈之何？心役于他，犹可拔也；心役于形，将奈之何？形无一日而不与心为缘，则将终其生趑趄瑟缩于六根六尘之下，而自由权之萌蘖俱断矣。"① "辱莫大于心奴，而身奴斯为末"，为什么呢？因为"心中之奴隶，其成立也，非由他力之所得加；其解脱也，亦非由他力之所得助。如蚕在茧，著著自缚；如膏在釜，日日自煎"②。由于心中的束缚不是由外力所强加的，所以它也不能由他人之力而得以解脱，只能凭借自我意识的苏醒，通过理性的自觉自主而达到一种自由的境界。因此可以说，所谓"除心奴"，实际上就是从内在性角度建立一个价值主体或自由主体，它完全脱离精神上受奴役的状态，获得真正的自由和生命的尊严。用更通俗的话说，所谓"除心奴"，就是摒除不合理的欲望，摆脱灵魂的受束缚，恢复精神的"我"之本来的自由状态。这种方式，也就是梁启超所说的"克己"，"克己"的意

---

① 梁启超：《新民说·论自由》，载《饮冰室合集·专集》之4，第49页。

② 同上书，第47页。

思是以精神的我克制肉体之身的我，就是用"道德心以自主之"①。实现了道德理性的自主，就是实现了真正的自由。

梁启超之所以认为除去心奴是可能的，是因为他认为"人"之构成具有特殊性，即人的身心是二分对置的。他说，人莫不有两我，一是与众生对待之我，昂昂七尺立于人间者是也；二是与七尺对待之我，也就是与耳目之官相对的精神的我，即孟子所谓"心之官"。在他看来，这个精神的我是理性的、高层次的我，决定了人之所以为人的资格，而"与众生对待之我"和"耳目之官"都是低层次的、经验的我，两者之中，前者居于主导地位，并对后者起支配作用，"先立乎其大者，则其小者不能夺也"，"小不夺大，则自由之极轨焉矣"②。关于身心二分的认识和精神自由的可能性，梁启超除了从孟子那里得到启发，也受到康德自由意志理论和王阳明良知说的影响。他指出，康德将人的生命划分为下等生命（即肉体之身）和高等生命，前者属于现象界，后者则属于人之本质，即真我。"此真我者常超然立于时间空间之外，为自由活泼之一物，而非他之所能牵缚"③，"所谓活泼自由者何也？吾欲为善人、欲为恶人皆由我所自择。既已择定，则肉体乃从其命令以铸成善人恶人之质格"④。自由选择为善为恶，就是意志的自由或良心的自由，正因为是出于自由意志的选择，所以也就有了道德的责任。他一方面将康德的自由意志理论与王阳明的良知说相比，得出"以服从良知为道德的责任"，另一方面又将它与政治哲学的主权说相类比，得出"自由必以服从为缘"的结论。他说："大抵康氏良心说与国家论者之主权说绝相类。主权者绝对者也，无上者也，命令的而非受命的者也。凡人民之自由，皆以是为源泉，人民皆自由于国家主权所赋予之自由范围内，而不可不服从主权。良心亦然，为绝对的，为无上的，为命令的。吾人自由之权理所以能成立者，恃良心故，恃真我故，故不可不服从良心，服从真

① 梁启超：《新民说·论自由》，载《饮冰室合集·专集》之4，第50页。
② 同上书，第47页。
③ 梁启超：《近世第一大哲康德之学说》，载《饮冰室合集·文集》之13，第59页。
④ 同上书，第60页。

我。服从主权，则个人对于国家之责任所从出也，服从良心，则躯壳之我对于真我之责任所从出也，故字之曰道德之责任。由是言之，则自由必与服从为缘。国民不服从主权，必将丧失夫主权所赋予我之自由；（若人人如是，则并有主权的国家而消灭之，而自由更无著矣。）人而不服从良心，则是我所固有之绝对无上的命令不能行于我，此正我丧我之自由也。故真尊重自由者，不可不尊重良心之自由。若小人无忌惮之自由，良心为人欲所制，真我为躯壳之我所制，则是天囚也，与康德所谓自由，正立于反对的地位也。"① 这一段论述，其意旨可归结为：良知就是绝对命令，服从良知就是服从自己内心的绝对命令，也就是实现了意志自由，这才是真正的自由。

张君劢曾指出："中国人在哲学上最大的兴趣是对心灵的控制。这种现象可以和西方人的热心研究方法论相比。中国人认为，由于心常为物欲和偏狭所蔽，所以，净心为得道的先决条件。一旦把自私的念头消灭，心便能不偏不倚，明朗和远见了。周敦颐的无欲；朱熹的致知和专心；王阳明的知行合一——这些便是达到真理标准的三条道路。"② 显然，梁启超的"克己"走的就是这种去欲净心的路子，他的"克己"在很大程度上继承了儒家道德践履的方式，又有些类似于康德的道德自律。他将儒家的道德精神和康德的实践理性相结合来阐释"除心奴"和实现自由的可能性，正体现了他通过"淬厉"和"采补"、融合中西道德以培育新民的思路和方法。

梁启超的"除心奴"说也与其充满佛学色彩的"惟心"认识论有关。他说："境者心造也。一切物境皆虚幻，惟心所造之境为真实。……然则天下岂有物境哉，但有心境而已！"③ 他认为不同的人对同一环境的感受千差万别，乃是由于各人心境不一。在他看来，天下之境，没有不是可乐、可忧、可惊、可喜的，也没有什么是可乐、可忧、可惊、可喜的，所

---

① 梁启超：《近世第一大哲康德之学说》，载《饮冰室合集·文集》之13，第62—63页。

② 张君劢：《新儒家思想史》，中国人民大学出版社2006年版，第20页。

③ 梁启超：《自由书·惟心》，载《饮冰室合集·专集》之2，第45页。

谓乐忧惊喜之类情绪，全都在于人心。常人之所以为物所乐所忧，是因为他们知有物而不知有我，知有物而不知有我，即是我为物役，或曰"心中之奴隶"；而豪杰之士之所以能无大惊大喜，无大苦大乐，是因为他们"明三界唯心之真理而已，除心中之奴隶而已"①。若能知此义，则人人可以为豪杰。他认为人心是宇宙中绝对的主宰力量，是唯一的实在，"惟心所造之境为真实"；进而，他提出所谓"养心之学"，使心不为外物和欲望所牵制所束缚，这就是去除了"心中之奴隶"。既然天下之境全在人心，那么只要使心灵得到解放，不为形质所役，我们就能拥有完全独立的人格和自我主体性，不仅能支配万物，而且成为自己的主人。

无论是除去心灵上的各种束缚而获得思想的自由，还是排除感性欲望的干扰而获得意志的自由或道德的自由，实际上都属于精神的自由。但这种精神自由不同于庄子的精神自由，后者主要是指"游心"，即因顺自然，使心灵遨游于无尽的空间，不受尘世间烦恼的困扰；其实现自由的途径是"心斋""坐忘"这种直觉主义的非理性主义方式，达到的最高自由境界是"得道"，心灵进入"无己""无待"的状态。这种自由更多的是体现了一种避世的态度，缺乏积极进取的精神。这也就是胡适所说的，中国古人理解自由，或者选择隐遁的生活，或者梦想神仙的生活，都是"由自己内心去寻求最高的自由的意义"②，这只是一种内心的境界。而梁启超所讲的精神自由则不同，它指主体根除"心中之奴隶"而实现思想、意志的自由，它不是为逃避现实，而恰恰是一种积极的入世态度，是为了享受完全的、文明的、真正的自由；其实现自由的方式是由主体根据理性对一切权威和教条做出判断和裁决，从而实现自主自决。它突出了人自身的能动性，具有思想解放的意义。不过，梁启超的新民理论中存在着两个明显的不足：一是其"惟心"论和"除心奴"说夸大了"心"的感受力和支配力量，忽略了外部的世界和力量对于人的内部精神世界的作用；二是如果说除去了"心奴"就是自由的"新民"，那么外在的政治上的自由

---

① 梁启超：《自由书·惟心》，载《饮冰室合集·专集》之2，第46页。

② 胡适：《自由主义》，载欧阳哲生编《胡适文集》12册，北京大学出版社2013年版，第733页。

对于"新民"来说，意义是什么？或者，人的精神自由与其政治上的自由之间的关系，究竟如何？这是他未能予以充分阐释的。

第二节 批判与改造：国民性重塑

为实现新民理想，梁启超一生花了大量时间和精力在办报事业上，借助报馆之"势力"而行其重大之责任。他说："凡欲造成一种新国民者，不可不将其国古来误谬之理想，摧陷廓清，以变其脑质，而欲达此目的，恒须藉他社会之事物理论，输入之而调和之。"① 报馆之"势力"，在于它能荟萃万国之新思想言论而一一介绍给国民，并且通过新旧思想的交锋，使误谬的旧观念被摧陷廓清，使新的理论逐渐深入人心。正是借助报馆这一"耳目喉舌""人群之镜"，梁启超进行了其人生中具有重大意义的工作——批判和改造国民性，使民众看到镜子里的自己，从而"交换智识"，改变脑质。

一 国民性批判："使国民知受病所在"

梁启超直言不讳地说："吾观我祖国民性之缺点，不下十百。"② 他提出新民说的目的就是"欲以探求我国民腐败堕落之根原，而以他国所以发达进步者比较之，使国民知受病所在，以自警厉自策进"③。既然是要使国民知受病所在，那么对国民性进行批判自然是"新民"的题中应有之义。通观《新民说》诸篇，不难发现，它是对两千年王权政治结构和专制政体下形成的中国国民劣根性的批判书，但是，它与一些西方语境中对中国等相对落后国家国民性的否定性评价有根本的不同，后者的目的是为西方殖民主义提供一个借口，而梁启超是在批判的同时为建立新的国民价值观和道德规范提供一种有价值的指导，为现代国民意识的培育指明方

---

① 梁启超：《清议报一百册祝辞并论报馆之责任及本馆之经历》，载《饮冰室合集·文集》之6，第51页。

② 梁启超：《新民说·论毅力》，载《饮冰室合集·专集》之4，第102页。

③ 梁启超：《新民议》，载《饮冰室合集·文集》之7，第105页。

向，所以这部批判书又是一部指导书，其思想的背后是爱国主义，其批判的出发点是救国和启蒙，这是《新民说》开启国民性批判这一历史性主题的意义之所在。

批判国民性缘于对国民的重视，因为重视，所以总希望铸铁成钢。若从时间上追溯，梁启超突出国民的重要性并非始于《新民说》。在1899年的《论近世国民竞争之大势及中国前途》一文中，他就集中论述了"国民"的意义，区分了国民竞争与国家竞争之异。他指出，中国数千年来，只有"国家"二字，从无"国民"之谓，国家从来都是一家之私产，与民众无关。然实际上，"国者积民而成，舍民之外，则无有国"，民对于国而言，是逻辑在先的，他们是"国民"而非"臣民"，更非奴隶。何谓国民？"以一国之民，治一国之事，定一国之法，谋一国之利，捍一国之患，其民不可得而侮，其国不可得而亡，是之谓国民。"[1] 也就是说，从应然的角度讲，国民是国家之主人和主体，是国家利益的捍卫者，也是其自身权益的捍卫者。一旦国家竞争变为国民竞争，"一国之人各自为其性命财产之关系而与他国争"，万众一心，那么其力量是极其巨大的，所以在全球竞争日趋激烈的时代，最重要的就是蓄积和扩充"国民力"，以维护民族之自存。他在1901年4月至7月间发表的《中国积弱溯源论》一文中，也将中国积弱的"总因"归于"国民全体"，认为"国家之强弱，一视其国民之志趣品格以为差"[2]。将我国民之最突出的"劣根性"归结为奴性、愚昧、为我、好伪、怯懦、无动等六个方面，希望能与"有权者"和"众人之与吾同心者"，共同来疗治病根，以变"劣国民"为"良国民"，如此国家才有希望，否则，即使引进西方先进的器械，移植西方的政制，也于事无补，于国无益。在1901年11月李鸿章去世后，梁启超在《李鸿章传》中再次确指出"今日世界之竞争不在国家而在国民"，并且从这一视角对李氏进行了评判，认为李鸿章"不识国民之原理，不通世界之大势，不知政体之本原"，"知有兵事而不知有民事，知有外交而不知有内治，知有朝廷而不知有国民"。

---

[1] 梁启超：《论近世国民竞争之大势及中国前途》，载《饮冰室合集·文集》之4，第56页。

[2] 梁启超：《中国积弱溯源论》，载《饮冰室合集·文集》之5，第14页。

既然已认定民德民智程度低下与中国之贫弱这两者间是因与果的关系，那么要改变其"果"，自然要从"因"上着手，这便有了"新民之道"。可见，"新民"说是他对之前几年间认识的进一步深化，也是其国民性改造思想的系统表达。

实际上，最先对中国国民性进行批判的，并非梁启超，也不是其他中国人，而是外国人。随着西学东渐，一些来华的外国人通过创办报纸刊物等方式将西方诸国的情形和理论学说介绍给了中国，同时也以其巨大的优越感，赤裸裸地表达对中国人乃至东方人的蔑视，比如在当时的一些西报上，就有外国人公开诋毁中国的国政和官吏，称中国人为"黄祸"。作为有爱国心和责任感的知识分子，梁启超等人不会一味地隐忍，由于愤慨于西方人和日本人的言论侮辱，梁启超作文痛斥了他们的诋毁并揭露了其险恶用心，他在《中国之将强》一文的开篇即写道："西人之侮我甚矣！西人之将灭人国也，则必上之于议院，下之于报章，日日言其国政之败坏，纲纪之紊乱，官吏之苛黩；其将灭人种也，则必上之于议院，下之于报章，日日言其种族之犷悍，教化之废坠，风俗之糜烂，使其本国之民士，若邻国之民士，闻其言也，仁者愀然思革其政，以拯其难，鸷者狡焉思乘其弊，以逞其志。夫然后因众人之欲，一举再举而墟其国，奴其种，而俨然犹以仁义之师自居。"[①]

梁启超一针见血地指出，外国人不断攻击华种、华民和华教，其意图无非是要使西方世界皆怀仇视华人之心，使其种族主义和殖民主义政策有正当的理由，从而达到对中国和其他非西方国家"墟其国、奴其种"的阴险目的。他坚定地认为，西人的目的不会得逞，因为中国不是100年前的印度，也不是30年前的土耳其，自"甲午"一役后，风气大开，许多中国人已然觉醒，有见于危亡之故，思振兴中华之道，因此，中国断无可亡之理，不仅如此，中国还必将走向强盛。

从文章的字里行间，我们感受得到一个年轻人的血性和强烈的自尊，但也或许正是因为年轻和出于自尊，其中也有着一定的意气因素，因为在他对中国"必强之道"的论述中，并没有提出充分有力的理由，

---

① 梁启超：《论中国之将强》，载《饮冰室合集·文集》之2，第11—12页。

反而有让人觉得幼稚可笑之处，如他认为黑色、红色和棕色人种之所以不昌，是因为他们血管中的微生物与大脑的角度都与白人相差太大，而中国人是黄种人，"黄之于白，殆不甚远，故白人所能为之事，黄人无不能者"①；又指出日本人种本出于中国，日本人学习西方走向了强大，中国同样也能。这样的论证，不但没能证明黄种人的优势，反而从另一个角度证明了白种人之优，也似乎说明只有学习西方才能走向盛强。当他以此理由相信中国"种类之美，教俗之善"时，不仅不能说服他人，恐也不能说服自己，所以，当他不久后在与友人的探讨中批判国民性时，就不足为奇了。他在给严复的信中说，中国"风俗之败坏，士夫之隘陋，小民之蠢愚，物产不兴，智学不开，耳目充闭，若坐智井，耻尚失所，若病中风"②。这样的情况在1899年再次出现，当时西方瓜分中国之论甚嚣尘上，梁启超作《论中国人种之将来》一文给四万万同胞"壮其气"，指出中国国民富于自治力，具有冒险独立精神、长于学问、思想易发达等特质，并由此断言"二十世纪，我中国人必为世界上最有势力之人种"③；可在同一年的《国民十大元气论》及随后的诸文中，他又批评国人太缺乏独立性等，与此前的议论完全相反。这样的做法，一方面可见梁启超的爱国心和民族自尊心，另一方面也反映出年轻的他在一定程度上受到了西方关于中国国民性话语的影响，开始有了对国民性的自我反省。当然，正如前文所说的，梁启超基于爱国主义的国民性批判，是爱之深则恨之切的一种反映，与西方殖民主义语境下对中国人的訾毁是截然不同的。

与严复在社会达尔文主义的理论架构下进行中西文化比较和批判传统文化一样，梁启超对不同民族特性的比较及对中国国民性的批判，也是基于优胜劣败的历史进化观或竞争价值观。他有一个斗蟀之喻：百种蟋蟀当各处一笼时，都各自为雄，可一旦置于一笼之中，由于争斗，每日死一部分，最后只剩下一二种，这一二种就是其中的最强者。这就是生存竞争，

---

① 梁启超：《论中国之将强》，载《饮冰室合集·文集》之2，第13页。
② 梁启超：《复友人论保教书》，载《饮冰室合集·文集》之3，第10页。
③ 梁启超：《论中国人种之将来》，载《饮冰室合集·文集》之3，第48页。

优胜劣汰。人类也是如此，现在地球上的各色人种、各民族就是同处于一笼中的蟋蟀，弱者都会被淘汰掉，只有最强者才能立足。为什么同居于一个地球上的各人种、各民族，有的强、有的弱？他认为根源就在于其民族特性或国民品性之相异。如白人好动勇猛、进取果敢、富于竞争性，因而比其他人种优胜；白人中最强的是条顿人（Teutons），具有很强的政治能力，创设代议制度，使民众都能参与政权，又能定团体与个人、中央与地方之权限，各不相侵，使其民族日益滋长发达；而在条顿人中，盎格鲁撒克逊又是最优，因为这个民族具有众多优良品性，如独立、纪律观念强、体壮而有冒险精神、重实业不尚虚荣、有很强的权利思想、能因时势而发扬其固有之本性，等等。有比较方知有高下优劣，梁启超不厌其烦的列举不同民族和不同人种的特点，目的是希望我国民能常反观自省，知道彼此国民性质有何异同，分析哪些致强、哪些致弱，"一一勘之，一一鉴之，一一改之，一一补之，于是乎新国民可以成"[1]。换而言之，在知己知彼的前提下，扬长避短，取长补短，就能成为新型的国民。从梁启超的列举比较中，我们能强烈地感受到他对国人殷切的期望，但是在他丰满的理想中，更多强调人之主观的作用，而忽略了创造客观现实条件的意义，他所列举的那些所谓优秀民族的特性，其实是在漫长的发展过程中由经济、政治、历史、文化、环境等诸种因素共同作用的结果，绝非"取人所长、学来即可"这么简单。

那么，在梁启超看来，中国人应当"一一改之"的"劣根性"有哪些呢？归纳而言，主要体现为以下四个方面：

一是武力脆弱，民气懦怯。

一个国家和民族能否自强、自立，关键在于民气。民气是何物？梁启超解释为："一国中大多数人，对于国家之尊荣及公众之权利，为严重之保障，常凛然有介胄不可犯之色，若是者谓之民气。民气者，国家所以自存之一要素也。"[2] 通俗地说，民气即一国之民众为了维护国家的

---

① 梁启超：《新民说·就优胜劣败之理以证新民之结果而论及取法之所宜》，载《饮冰室合集·专集》之4，第11页。

② 梁启超：《新民说·论民气》，载《饮冰室合集·专集》之4，第143页。

尊严和自身的权利而具有的一种精神和气概。民气离不开民力、民智和民德，具体而言，无民力之民气，则必无结果，因为只有有实力才有底气，否则有气也无用；民气必待民智而后可用，无民智之民气，则无价值；无民德之民气，不仅无益反而有害。民气需要激励，也需要积蓄，若民力、民智、民德三者已进，则民气自然能进；何时可用民气，则视具体情况而定。

梁启超悲叹我国武力脆弱，民气怯懦。他不惜笔墨，叙述了中华民族在两千年历史中所遭受的挫折和屈辱。他说，中华民族文明开化早，但自秦以降，常受制于游牧异族威权之下，黄帝子孙屈服于他族者三百余年，北方同胞则屈服于异族者七百余年，而边陲之地，常年受到外族侵扰而无宁日。至今天，遇到挟文明之利器的更加强大的敌人，更是难逃一败再败的命运。这样充满屈辱的历史，就是中国人文弱、柔懦之病所致。他从政治、文化、习俗等方面分析了造成中国人柔弱怯懦之秉性的原因。从文化上看，是由于儒教之流失。他严厉地批评后儒不发扬孔子儒学中刚健不息的精神、而阴取老子雌柔不争之哲学，养成"柔脆无骨、颓惫无气、刀刺不伤、火爇不痛之民族"①，处于此生存竞争、弱肉强食之世而无生存之能力。从政治上来看，是由于霸者之摧荡。他说，中国历史上的一些专制君主如秦始皇、汉高祖、明太祖等，为了巩固自己的统治，一方面用暴力方式镇压百姓，甚至杀功臣、诛异己，令人畏惧怯懦；另一方面用律令政策、帖括楷法等柔术，使民众的思想和精神都处于一种缠绵柔弱的状态。从习俗上看，由于各种原因，中国人形成了轻武之习、颓废腐败之俗，而不能成雄鸷沉毅慷慨之国民。然而，梁启超认为造成民气懦弱的首要原因，乃在长期大一统的政治格局。征诸历史，中国的战国时代及欧洲，都是列国并立，战争频发，竞争激烈，那时武器也不像今天如此发达，所以士兵和普通百姓对于勇力武功十分崇尚。然中国自秦以来，多是大一统之世，大一统格局固然有利于国家的统一和稳定，但它一方面往往伴随着高度的集权，另一方面弱化了人们的竞争意识或者说限制了竞争，使骁勇有力者作用渐失，社会上形成

---

① 梁启超：《新民说·论尚武》，载《饮冰室合集·专集》之4，第113页。

重文轻武的观念，其后果便是致使武事废弛，民气柔靡。梁启超的分析未必会得到多数人的共鸣，因为厌恶分裂和纷争是普遍的心理，在一般人看来，大一统的朝代才应该是最好的历史时期，少有人会认为这与国民劣根性有什么关联。梁启超的侧重点在大一统弱化了竞争意识这一方面，但实际上，大一统下的高度集权与国民心理的形成是有关系的，大一统表面看只是一种政治形态，但它是与君权至上、君道不二等观念密切联系在一起的，在长期的王权统治下，人们的心理结构深受这种观念的影响，可以说是深入到骨髓，"官本位"就是这种心理的外在表现之一。

二是缺乏独立品格和进取冒险精神。

梁启超认为，中国所以不能成为独立国，是因为国民缺乏独立之品性。所谓独立，就是不依赖他力，即《中庸》所讲的中立而不倚，但中国人只有"倚"而无"立"，其表现在：谈学问则倚赖古人，谈政术则倚赖外国，君主与官吏相倚赖，百姓与政府相倚赖，这种彼此相倚赖，不是合作意义上的相互协调扶持，而是推卸和放弃自身应有的责任，一旦有事，则唯指望他人，自实质上言，仍是一种奴性的表现。一国之中，若人人不能担负责任，都倚赖他人，最后必是无一人可倚赖，因为他们不过是盲人倚赖盲人罢了。当时一些学人论及独立，或者是讲拒绝列强之干涉而独立，或者说是推翻满洲的统治而独立，但在梁启超看来，最应担忧的还不是中国不为独立之国，而是中国无独立之民。他认为"当先言个人之独立，乃能言全体之独立；先言道德上之独立，乃能言形势上之独立"①。

民气懦怯，又无独立之德，自然就缺乏进取冒险精神。在梁启超看来，进取冒险之性质就是孟子所说的"浩然之气"，这与柔弱怯懦之气是截然相反的的，人有此浩然之气则生，无之则死；国有之则存，无之则亡。梁启超通过对西方众多先贤豪杰的列举分析，得出他们之所以敢进取冒险，是因为他们有理想，对未来充满希望；他们有热爱的对象，或者是国家、或者是人民、也或者是心中的价值信仰；他们有智识，如

---

① 梁启超：《十种德性相反相成义》，载《饮冰室合集·文集》之5，第44页。

哥伦布之所以敢横渡大西洋，是因为他有丰富的地理知识，林肯击败南方分裂势力，坚决废除奴隶制度，是因为他深知自由、平等之可贵……梁启超一方面感叹中国人体魄不如西方人健壮，而智识程度又相对落后，素来缺乏进取冒险之精神，另一方面批评道家和儒家思想观念的长期浸染对国人的影响，如道家"未尝先人，而常随人""知足不辱，知止不殆"等思想，儒学末流遗孔子教义之大体，而撷拾其偏言，取其"狷""勿""命"等主义，而弃其"狂""为""力"等主义，导致国人无进取冒险之性质。他以极其悲愤的语调说："呜呼！一国之大，有女德而无男德，有病者而无健者，有暮气而无朝气，甚者乃至有鬼道而无人道。恫哉！恫哉！吾不知国之何以立也！"① 不过，梁启超并未因此表现出绝望之情，他在批评之后，仍以一曲英文的少年进步之歌，来表达对民众的激励和中国未来的期望，体现出一位先觉者的积极向上精神。

三是民智低下，缺乏现代价值观念。

"民智"一词出自《韩非子·显学》篇："民智之不可用，犹婴儿之心也。""禹利天下，子产存郑，皆以受谤，夫民智之不足用亦明矣。""民智"指的是人的聪明智虑和学识。在韩非子看来，民众的才智与婴儿相当，统治者治国不要像儒家那样指望得民心。与韩非断言"民智之不足用"不同，梁启超恰恰认为民智民德是政治进步、国运更替的根本原因，是统治者最应重视的，因而提升民智民德乃是当下之首要急务，他批评民智低下正是为了开启民智。

所谓民智低下，主要是指国人愚陋狭隘，士人缺乏真知。由于长期的闭关锁国，大多数中国人并不知道中国之外还有其他的国度，也不知道四书五经之外还有其他的民族文化，视野的狭隘与和灵魂的封闭常常相随，守旧之徒，往往还在天朝迷梦里盲目自大；又由于国家贫弱、教育落后，很多国人愚昧无知、心智幼稚，人才严重不足。梁启超认为，使国人智识低下的最根本原因，是八股取士的人才选拔制度。"八股取士，为中国锢蔽文明之一大根源。行之千年，使学者坠聪塞明，不识古

---

① 梁启超：《新民说·论进取冒险》，载《饮冰室合集·专集》之4，第29页。

今，不知五洲，其蔽皆由于此。"① 八股取士使日日治帖括之学的士子们缺乏真知，难以成为适合国家需要的有用人才。梁启超指出，在一个"竞智"的时代，若想以愚士、愚民与智敌，无异于自求败亡。

由于民智不开，国人缺乏包括自由精神和权利观念在内的现代国民意识。本书第二章已用了较多篇幅论述梁启超的自由观，但更多是从正面阐述自由的内涵和价值，不是从批判性的角度即国民所缺少的精神品质角度来讲自由问题。作为一种现代意识和精神品格，"自由"在我国民头脑中几乎是缺席的，用梁启超的话说，中国人仅有形质界之生命，而无精神界之生命，即无自由意识和观念，"今日欲救精神界之中国，舍自由美德外，其道无由"②。梁启超指出，中国人自由意识的缺乏，首先是因为传统文化特别是作为两千年思想主流的儒学里很少有关于"自由"的论述，如严复所言"历古圣贤之所深畏，而从未尝立以为教者也"③；其次是中国人长久以来没有享受过真正的自由，不知自由之不易和可贵。自表面上看，中国人并非不自由，无论是在生活、言论还是在宗教信仰方面，官吏都是不禁止的，也就是说各国宪法中规定的自由，中国人似乎都拥有，可是，这并不是真正的自由，因为官吏不禁止，只是由于其政术拙劣，无暇顾及，一旦禁止，人们原本有的各种正当自由权就会消失殆尽，因此，中国人"有自由之俗，而无自由之德"。所谓自由之德，是他人不能给予也不能剥夺的，其享用自由权完全由自己操控，中国人的自由显然不具有此性质。也因为没有享受到真正的自由，所以很多人不能正确理解自由的含义，以为无人管束、为所欲为即自由，不知自由当在法律范围之内，这也是缺乏自由观念的一个体现。

自由是权利的表征，自由是否得以实现，体现为正当权利是否实现。相对于四肢五脏等形而下生存之要件，权利乃是人的形而上生存之要件，没有权利思想者，是麻木不仁的，因其感受不到权利被侵之苦痛。梁启超通过比较中国和日本两国主权被侵犯时国人在态度和感情上

---

① 梁启超：《戊戌政变记》，载《饮冰室合集·专集》之1，第87页。

② 梁启超：《十种德性相反相成义》，载《饮冰室合集·文集》之5，第46页。

③ 严复：《论世变之亟》，载王栻主编《严复集》第1册，中华书局1986年版，第2页。

的巨大差异，得出我国民无权利思想，也揭示出国民品性因缺乏权利思想而趋于低下。他将国人无权利思想再次归咎于传统文化的影响，尤其是儒家的宽柔之教和仁政学说等思想的流弊，指出权利思想缺乏对个人和国家将可能造成的严重后果，告诫政治家勿要摧压权利思想，呼吁教育家要以培养权利思想为第一义，也殷切希望每个人都坚持权利思想及维护自己的合法权利。梁启超的这些教诲和观念，在今天看来，依然具有重要的启发意义。

四是缺乏公德，爱国心薄弱，是政治和国事的"旁观者"。

"群"是梁启超政治思想体系中的一个重要概念，他所谓的"群"，不是人口学意义上的、单个人简单的集合体，而是指通过某种共同的精神或纽带而联结在一起的社会群体，有时也指国家。一个群之所以为群，一个国家之所以为国家，都是依靠公德而成立的，但是我国人最缺乏的品德之一，便是公德。且不说无数愚陋卑下之人难以成群、成国，就是无数洁身自好之人，如果没有公德，也难以成为群体、国家，因为没有公德心，就不会为本群本国之利益而尽其当尽之义务和责任，甚至会为了一己之私利而牺牲本群本国之利益。

无公德心，则必然对国事淡漠，"我国民中无一人视国事如己事者，皆公德之大义未有发明故也"①。梁启超说，欧西和日本人常言中国人毫无爱国心，他对此并不认同，但是我国民爱国心薄弱，却是不能否认的。他曾以"旁观者"来形容国人，并语重心长地告诫道："国人尽为旁观者，国虽大而必亡！"② 中国人爱国心薄弱的原因，由于三点：不知国家与天下之差别，不知国家与朝廷之界限，不知国家与国民之关系。数千年来，中国人同处于一个小天下之中，以为中国之外，别无他国，以为中国即是天下，因此脑中从无"国家"这一概念，更无国家独立之志气；他们不知国家为何物，将国家与朝廷混为一谈，甚至以国家为朝廷的所有物；在长期的专制政体下，国事从来只是一家之事，国民也从未被视为国之民，而只是守其本分以侍奉主人的奴隶，国家视其民为

---

① 梁启超：《新民说·论公德》，载《饮冰室合集·专集》之4，第14页。
② 梁启超：《呵旁观者文》，载《饮冰室合集·文集》之5，第70页。

奴，久而久之，民也自视为奴，奴隶若干预主人家事，主人非摈斥则谴责，所以奴隶对于主人的事情，少有关心者，视国事与己无干。以近代史实为例：中国被列强强行打开国门始于鸦片战争，然我国四千年之大梦，至五十多年后的"甲午"一役后才被唤醒，在这期间，与列强签订一系列的不平等条约、丧权辱国的割地赔款等，对于大多数中国人来说，皆不能感受到痛痒。这是多么可怕的疏离和淡漠！国中虽然有四万万人，实际上不过数人而已，因为其余皆是奴隶，以数人之国，与亿万人之国相抗衡，焉有不败之理？因此，只有做那变"奴"为"人"的新民事业，开民智、通下情，合全国人之聪明才力，才能力挽狂澜于既倒，扶大厦之将倾。

在梁启超的新民理论体系中，国民性批判是前提和基础，虽然其中难免有牵强之处，但其意义在于：通过自我审视的方式使国人警醒，知病根之所在；同时，在对"我国民腐败堕落之根原"的分析中，他对中国传统文化也进行了深刻的批评和反省，力图"变数千年之学说"，这促使人们对固有文化传统重新进行审视。

有学者说，自梁启超之后，中国的精英人物逐步认可了西方殖民主义者对于中国国民性的各种批评，如陈独秀、鲁迅、李大钊、胡适、钱玄同、蔡元培、梁漱溟、林语堂等，都毫不留情地批评国人的弱点，将国民劣根性看作中国不能及时实现现代化的最主要障碍；认为这反映了近代以来中国与西方殖民者在文化上、精神上形成了一种权力关系，并且中国人不太重视从这种权力关系中解脱出来，对自己的文化尊严放弃得太多，当下之中国，要在新的世界格局中谋求发展之路，必须从充满殖民权力色彩的国民性话语迷魂阵中挣脱出来。由此，该学者提出，"国民性批判"是否可以终结？[①]

不可否认，在梁启超批判国民性之后，有不少学人沿着他的思路，继续着国民性批判这一工作，但是，这是否就是对西方殖民主义者批评

---

① 摩罗：《"国民性批判"是否可以终结？》，《中华读书报》2008年10月8日。此文是作者在读了周宁的《天朝遥远——西方的中国形象研究》（北京大学出版社2006年版）一书后所写书评，认为《天朝遥远》可能从学术上和思想上终结"国民性批判"这一主题。

中国人的各种说法的认可？是否就是陷于文化、精神上的权力关系而不能甚至不愿挣脱？前文说过，梁启超及后来者对于国民性的批判，其出发点与西方殖民主义者是完全不同的，在用词和语气表达上，也有很大的区别，如果说是"认可"，那就等于说他们与殖民主义者的批评没有什么不同。实际上，殖民主义者的批评和攻击，只是使梁启超更加明确地意识到国家的落后原来还有更深层次的原因，这就好比当甲批评乙后，乙经过反省，也进行自我批评，这当中，甲的批评不过是一个引子而已；更何况，在梁启超的认识形成的过程中，还有严复对国民问题的强调这一重要因素，所以，说梁启超在一定程度上受到了西方殖民主义者思维的影响或可，但若因此说中国与西方殖民者形成了文化、精神上的权力关系，是难以成立的。在笔者看来，国民性批判不会终结，因为人的完善是一个永远存在的动态发展过程，没有最好，只有更好，既然缺陷总是会有，那么对它的批判也不会停止，而且在世界上从没有哪个国家的人民会因为对本国国民的自我批判而变得自卑、这个国家会因此走向衰落，只会因为自我批判而不断改变和提升。同样，梁启超由于批判国民性而对我国传统文化进行批判，并不就意味着他放弃了文化尊严，没有批评和反省，就不可能有文化的现代转化，他从 20 世纪初提出对于中西文化要采取"淬厉"和"采补"的态度（前文已述），至晚年依然是强调这一方法路径，从而在一定程度上推动了儒学的近代转型。这表明，他是一直有着很强的文化自觉意识的，在欧游后其文化自信更是大大增强，并没有所谓的"陷于文化、精神上的权力关系而不能甚至不愿挣脱"。

二　重塑国民品格："改四百兆之脑质"

国民性批判不是以批判本身为目的，而是为了改造国民性。如果说前面的批判国民性是"破"的一面，那么重新塑造的国民性就是"立"的一面；如果说批判是"解构"，那么改造就是"建构"。梁启超正是从正反维度来进行"新民"的启蒙工作的。

由于中国人尚未摆脱梁启超所批判的那些品性，因此他们只能称作"部民"，即"群族而居、自成风俗者"，中国要进入到文明国的行列，必须把"部民"转变为"国民"，即"有国家思想、能自布政治者"①，具体而言，是"能治一国之事，定一国之法，谋一国之利，捍一国之患"② 的广大民众，他们是与国家的政事、法律、安全、利益等密切关联在一起的人们共同体，是国家之主人。国民是国家成立的要件，国民意识是现代政治制度的根基，因此，开发民智、培养现代国民意识和精神品格就成为重中之重。梁启超指出，作为一个自由的现代国民，以下几种品质是必不可少的。

首先，新民应具有自尊品格和理性精神。

自尊是人之主体意识的首要体现，梁启超解释说，"自"是国民之一分子，自尊就会尊国民；"自"也是人道的一个基本组成部分，所以自尊就会尊重人道。为了让人们更好地理解何谓自尊，他引用孟子关于人之所以为人的特质是具有仁义礼智四端之教，指出凡是自谓不能扩充此四端的自贼、自暴、自弃者，都是无自尊的表现。人贵自尊，就是尊重自己为人的资格，承认自己是个"人"，否则，就只能是奴隶，"夫自尊与不自尊，实天民、奴隶之绝大关头也"③。就个人而言，自尊者方能为人；就国家而言，自尊才能立国。但国家不是一个有形的存在，它的尊严要凭借国民来体现，"夫国家本非有体也，借人民以成体，故欲求国之自尊，必先自国民人人自尊始"④。若为国民者不能自尊其一人之资格，则绝不可能自尊其一国之资格；若人人不自尊，则国家必不能立，所以自尊实关系到一个国家能否存立。梁启超从个人和国家的角度强调了自尊的不可或缺性；同时，他指明自尊不是骄盈自大，而是由诸种品质综合而成的一种高尚德性，这些品质包括自爱、自治、在人格、思想和经济上都能独立、能尊重他人、能自觉背负起对群体和国家的责任等。其中，他特别强调自治是国家自立自强的一个必要条件，所谓自治，是指能约束自己的行为，尤其是能自觉遵守法律的能力，此法律非

① 梁启超：《新民说·论国家思想》，载《饮冰室合集·专集》之4，第16页。

② 梁启超：《论近世国民竞争之大势及中国前途》，载《饮冰室合集·文集》之4，第56页。

③ 梁启超：《新民说·论自尊》，载《饮冰室合集·专集》之4，第68页。

④ 同上书，第70页。

由外烁，也非由某一人所制定，而是群体"发于人心中良知所同然"，共同制定并自觉遵守的公律，既保护自身的自由也不侵犯他人的自由，不受任何强迫。有自尊自治之国民，才有可能成自主独立之国家。

"新民"必是一种理性的存在。他不盲从权威，不以古人之教为束缚自己思维和灵魂的绳索，不在流俗中丧失自我，敢于怀疑，敢于提出挑战。梁启超认识到了人的这种特性的尊贵，所以他十分推崇笛卡尔，尊之为"近世文明初祖"。他说："笛卡尔起，谓凡学当以怀疑为首，以一扫前者之旧论，然后别出其所见，谓于疑中求信，其信乃真。此实为数千年学界当头棒喝，而放一大光明以待来哲者也。"① 又说："及笛卡尔兴，始一洗奴性，而使人内返本心，复其固有之自由。笛氏之功，不在禹下也。"② 也就是说，在他看来，自由是人所固有的本性，但这种本性常常由于人的奴性而被掩盖遮蔽，唯有当人怀着求真的态度去怀疑和反思，才能去掉心灵的枷锁，重新恢复本心的自由。这就是一种理性精神。它强调自我主体在选择和判断上的独立和自由，"我有耳目，我物我格；我有心思，我理我穷"，"其于古人也，吾时而师之，时而友之，时而敌之，无容心焉，以公理为衡而已，自由何如也"！③ 这种唯以公理为判断是非善恶之准绳的气度，体现的正是一种理性精神和自由品格，其旨趣与明代李贽所说的"不以孔子之是非为是非"大致相同。具有这种理性精神的人，也就是章太炎所说的"依自不依他"的道德主体，胡适所讲的"健全的个人主义者"。

具有自尊品格和理性精神的新民，懂得自爱也尊重他人，懂得个人权利之可贵也知他人自由之不可侵犯，所以他们往往也是有强烈的自由意识和权利观念的人，而这两种品格也是梁启超尤为强调的，在《新民说》中即有专论"权利思想"和"自由"的内容，在其他论著中也常常述及，不过由于本书第二章和第三章已有较多分析，故此处不再重复。

---

① 梁启超：《近世文明初祖二大家之学说》，载《饮冰室合集·文集》之13，第6页。

② 同上书，第9页。

③ 梁启超：《新民说·论自由》，载《饮冰室合集·专集》之4，第48页。

其次，新民应具有国家思想和义务观念。

中国传统的政治秩序是以"三纲"为基础的家国同构，国是家的扩大，君主是最权威的家长，其他人都是子民。在这种从家族伦理推衍出的差等政治格局中，作为臣民的广大民众缺乏一种真正的国家意识和国家观念是必然的，在他们眼里，只有君主和朝廷，视野再扩大，就是天下，但即便是最广大的天下，实质上也被看作"一家"。当历史发展到近代，国家之间的冲突和竞争日趋激烈，传统的家国观念和天下观显然都不能适应时代的需要，以自由、平等、个人权利等价值为基础形成的契约论国家观取而代之就成为势之必然。但新的国家观念不是自发出现在"臣民"头脑中的，需要先知先觉者的宣扬教化，梁启超正是以"木铎"发声，以养成民众之国家思想为重要目标，"惟所论务在养吾人国家思想"。

在梁启超批评中国人爱国心薄弱时，分析过其原因有三点，即不知国家与天下之差别，不知国家与朝廷之界限，不知国家与国民之关系。在《新民说》中，他将此三点进一步展开，从正面阐释国家思想的内涵，他说，所谓国家思想要从四个层面去理解："一曰对于一身而知有国家，二曰对于朝廷而知有国家，三曰对于外族而知有国家，四曰对于世界而知有国家。"① 就第一个层面而言，梁启超认为国家之起源有对内和对外两个维度，就对内而言，每个个体由于自身能力的有限，必须分工合作；就对外而言，当面临危难时，须群策群力方能御外侮。这两个方面都体现了人之"能群"的社会属性，要维护自身的利益，必须维护"群"的利益，因为苟非利群，则不能利己，由此，每个人要明白在一己之上，还有一个最高的群——国家。就第二个层面而言，国家与朝廷的关系，从存在的先后来看，有国家而后有朝廷；从地位来看，国家能变置朝廷，而朝廷不能吐纳国家，二者就好比公司与公司之事务所的关系，而君主不过是事务所之总办，朝廷是为国家而设的，不能超越于国家之上，而且只能是正式成立的朝廷，方能代表国家。但过去专制君主以为自己即是国家，民众也以朝廷为国家，殊不知忠君和忠于朝廷未必

---

① 梁启超：《新民说·论国家思想》，载《饮冰室合集·专集》之4，第16页。

是忠于国家,爱朝廷也未必就有国家思想。从第三个层面来看,一个国家之存在且有其国家之名,是因为有他国的存在,由于物竞天择之公例,国与国之间,免不了矛盾和冲突。一个有国家思想的人,一个真爱国者,绝不愿服从于他国主权之下,宁可粉身碎骨,也不肯让渡丝毫权利于他族。此为国家思想之第三义。最后一个层面,是相对于博爱主义、世界主义而言的。康有为的大同乌托邦、谭嗣同基于佛教万法平等的"仁学"理想,都是立足于全人类,以世界主义为其精神。但梁启超与康、谭不同,他认为,在这竞争为主导的社会,国家才是最上之团体,而不是以世界为最上之团体,"国也者,私爱之本位,而博爱之极点"①。不能上及国家层面,是野蛮民族,超出国家层面,也是野蛮民族,因为这同样是"部民"而非"国民"。

归结上文而言之,中国人由于缺乏国家思想而致爱国心薄弱,要培养国家思想,须先使国民知其对于国家之义务。梁启超以父母和子女法律上的权利义务关系来申言国家与国民的关系:父母早年有养育子女的义务,所以晚年有受子女赡养的权利,反过来,子女享受了被抚养的权利,则当履行其赡养父母的义务。权利与义务是辩证相待的,国民可向国家要求其正当权利,且国家有维护国民合法权利之责任,那么国民也有对于国家之义务,"夫朝纲紊乱,从而正之者,国民之义务也;国中有乱,从而戡之者,国民之义务也"②。纳税、服兵役、维护社会纲纪和秩序,这都是国民之义务,而维护国家的主权独立,更是国民义不容辞的责任,因为若无国家之独立自由,国民之安全、幸福及其他一切权利皆无从谈起,这也正是梁启超一面宣扬个人自由、一面强调服从和义务的原因之所在。

最后,新民应具有政治意识和充分的政治能力。

如果说前面主要是强调国民所当培育的现代思想和精神,那么此点则侧重于讲对国民之能力的培养,相对于培养一种思想,培养一种能力要更加艰难,尤其是政治能力。

---

① 梁启超:《新民说·论国家思想》,载《饮冰室合集·专集》之4,第18页。
② 梁启超:《新民说·论义务思想》,载《饮冰室合集·专集》之4,第105页。

梁启超说，中国陷于面临危亡的窘境，最初是由政府导致的，要免于灭亡，也当经由改造政府之一途，政府既然是被改造的客体，就不能同时作为改造的主体，其主体只能是国民；改造政府指的是改无责任之政府为有责任之政府，所谓有责任之政府，不是指对君主负责，而是对国民负责，欲政府为良政府，必须由国民予以监督，尊重民意，此政府非专制之政府，而是立宪之政府。换句话说，要救中国于危亡，须实行立宪政治；要实现立宪政治，须有具备一定政治意识和政治能力之国民。"立宪政治非他，即国民政治之谓也。"① 立宪政治与国民之间，是相辅相成的辩证关系。一方面，国民必须具备三种资格，立宪政治才能化成，一是国民具有政治意识，不漠视政治；二是国民对于政治是否合适具有判断的常识；三是国民具备充分的政治能力。另一方面，要先建设立宪政治，国民的三种资格才能进步。无论哪个在先，国民之政治意识、政治热情和政治能力都是十分重要的。

梁启超相信亚里士多德所说的"人天生是一种政治动物"，所以他也相信人类具有政治能力是一种天性，然而由于某些原因，人的政治能力会变弱或者消失。中国人民就是由于"伏于专制及羁轭，困于家族之范围，役于生计之奴隶"②，专制政体之压制、家族制度之制约、低层次的需求不能得到满足致难以生出高层次的政治和精神需求，使人民的政治本能已被斫丧十之六七，再加上丧乱频仍，其政治能力基本上就丧失了。根据生物进化之规律，物体之官能，皆用进废退，人民没有运用其政治能力之余地，就算有用之者，也会为强者所蹂躏，使其天赋本能隐没不显，至有朝一日能有机会运用，也不能立刻有成效，好比一个妇女被缠足数十年，有一天不再裹足，也无法如常人之足。

国民政治能力之重要，自然无可置疑，那么如何使国人成为具备投票选举等政治能力的"市民"（citizen）？谁来培养？这是首先要解决的问题。梁启超将此任务"交给"中国"中等社会"。他说："国民者其所养之客体也，而必更有其能养之主体……主体何在？不在强有力之当

---

① 梁启超：《政闻社宣言书》，载《饮冰室合集·文集》之20，第23页。

② 梁启超：《新民说·论政治能力》，载《饮冰室合集·专集》之4，第155页。

道，不在大多数之小民，而在既有思想之中等社会。"① 他所说的 "既有思想之中等社会"，其实就是知识精英，他们是先觉者，当担负起觉后觉者之责任，这也恰是梁启超所讲的 "新民" 的第一层内涵，即 "使民新"。他期望中国之知识精英能互相协助，共同完成新民之时代伟业，由此，他进一步引申发挥，希望立宪与革命两主义并行而不悖，认为两派在政治问题上原非决然对立，本是殊途而同归，有公敌时，二者积极地协助，相扶掖为用；无公敌时，二者消极地协助，以不相妨碍为界。梁启超所言不无道理，只是要两主义并行不悖，在理论上可以，在实践上却不能，后来的事实也证明了这一点。

知识精英培养国民之政治能力，国民再改造政府，同时，通过国民对政府的改造，即实行立宪政治，使国民政治能力愈加发达，再进一步改造政府……以实现国家政治的良性循环，这是梁启超为近代中国政治发展所设想的一条路径。

梁启超说，海外各国的华人，经常遭到不平等的待遇，甚至被驱逐，因为外国人认为中国人 "贪鄙龌龊，风俗败坏"，担心华人将恶俗传到其国内，对其国家造成不良影响。对此，他指出，虽然各国私意苛政深可愤恨，然而愤懑终不能解决任何问题，况我国民终究 "有以自取焉"，我们无法让外国人自动停止语言上的轻视和行为上的排斥，那么中国人应该做的，就是 "革除陋习，人人自爱，使彼无所藉口而后可"②，如此方能自立于各国。这正如我们在生活中常说的，当你没有办法改变别人的想法时，最好的办法就是改变自己，让自己变得更好，如此才能赢得尊重。培养现代国民意识和精神，从而使国家发展具有最强大的动力，这就是解决问题的最好方式。

三　道德革命："知有公德，而新民出焉"

实际上，公德意识也属于上文所论国民 "现代品格" 的范畴，是与国家思想和义务观念密切相关的一种品质，之所以单列进行阐发，只是

---

① 梁启超：《新民说·论政治能力》，载《饮冰室合集·专集》之4，第156页。
② 梁启超：《商会议》，载《饮冰室合集·文集》之4，第5页。

为了突出伦理道德问题和公德之重要，这也符合梁启超对新民品德的认识。

前文已论及，新民是除去了"心奴"的自由主体，这里的"自由"实际上就是一个道德伦理范畴，它是相对于奴性而言的。胡适说中国古人所寻求的自由只是一种内心的境界，是因为他将自由主要看作一个法律意义上的概念。自由与法律的关系，当然不言而喻，但从本质上讲，自由仍是一个道德的概念。自由不是放纵，不是为所欲为，就在于它与道德是合一的，二者不能相分；道德发展到一定程度，始有对于真正自由的渴望和要求。向内寻求自由与向外寻求自由并不是截然相反的途径，反而是要有向内寻求的意识，方有向外寻求的可能，因为向内寻求自由者，终究是对"自己"有所自觉者，因其自觉，而对外在的现实和政治状态有所反抗。如果一个人是浑噩的，吃饱睡好便觉是足够的幸福，从不关注自我在这宇宙中、在生活中是怎样的一种地位和状态，试问他还会去追求一种内在的、精神的自由吗？所以，有学者主张："必须先有精神的自由，然后才配有'公民的自由'。"① "人们有了内发的精神上自由的要求，然后法律上关于自由之规定方会不致沦于一纸空文。"② 正因为自由与道德的密切关联，梁启超在论述如何成为自由的新民时，特别强调道德的革命和民德的重建；同时，他也常常强调儒家的修养方法，如"克己"等，视之为实现自由的路径，因为在他看来，儒家的修养方法，亦正是使人有道德的自觉，成为一个道德上和精神上的自由人。他将儒家的修身之道与西方自由概念相勾连，使当时的国人更好地理解和接受现代价值观念，无疑有其巧妙之处。

严复曾说，在民智、民力和民德三者中，新民德是最难的。的确，人之聪明智虑可以通过获取新知的方式较快地得到开发，但道德伦理却不是那么容易改变，比如人之奴性、自私、狭隘、保守，等等，并不一定会随着知识的增加就相应地发生变化。梁启超言"中国所以不振，由于国民公德缺乏，智慧不开"，并且在《新民说》中论现代国民应有品

①　张东荪：《理性与民主》，岳麓书社 2010 年版，第 197 页。
②　同上书，第 199 页。

格时首篇即论"公德"，或正是由于深知道德改变之不易。他说过，如果学堂教育，不事德育，不讲爱国，培养出来的就会是一些崇洋媚外、不知有本国的不贤不孝之徒。① 我们今天讲"三好学生"，同样也应把培养优良的品德和爱国心放在第一位，而不是只重智识教育，否则再好的学校，也只能培养出不问国事、不关心社会和他人的技师、工匠，甚至学校成为向外国输送人才的培养基地。这是先辈留下的遗训，我们不可不谨记。

在梁启超看来，公德是新民当具备的最重要的品德，因为"人群之所以为群，国家之所以为国，赖此德焉以成立者也"②，没有公德，则群将不群，国将不国，所以培育新型国民，首先就是培养具有公德之人，"知有公德，而新道德出焉矣，而新民出焉矣"③。可是，反观我国国民，最缺的品质之一就是公德，多数人缺少公德心和义务观念，自然就会导致过国家贫困和落后。

梁启超首先批评了中国的传统伦理。他将中国伦理称为"旧伦理"，而将近代西方伦理称为"新伦理"，指出二者存在着很大的差异：西方新型伦理包括家族伦理、社会伦理和国家伦理，而中国旧伦理中的五伦，唯于家族伦理（父子、兄弟和夫妇）稍为完整，而社会伦理和国家伦理都不完备，因为朋友一伦不足以尽社会伦理，君臣一伦不足以尽国家伦理。不能尽此三种伦理之义务，就不具有完全的人格；因人格的不完全，所以国民中无一人视国事如己事，结果导致政治不进，国家日衰。由此，梁启超认为，道德的提升和人格的完善是培育新民的首要任务，具体而言，培养公德心是塑造新民的第一步。其次，他又批评了中国传统道德观念具有重大的缺陷。中国人缺乏公德，不是因为中国人不讲道德，实际上中国道德发达较早，梁漱溟说中国"理性早启，文化早熟"，其理性就是指道德理性，只不过在中国道德体系中偏于私德，而公德缺如。何谓私德？何谓公德？"人人独善其身者谓之私德，人人相

---

①　梁启超：《戊戌政变记》，载《饮冰室合集·专集》之1，第83页。

②　梁启超：《新民说·论公德》，载《饮冰室合集·专集》之4，第12页。

③　同上书，第15页。

善其群者谓之公德。"① 梁启超说，本来公私二德都很重要，缺一不可，无私德则人不能立，合无数卑污虚伪残忍愚懦之人，无以为国；无公德则不能团，虽有无量数束身自好、廉谨良愿之人，同样无以为国，所以，公德、私德皆不可偏废，但中国数千年来，以束身寡过主义之私德为德育的中心点，只能养成私人之资格，如《论语》《孟子》等儒家典籍中关于"温良恭俭让""忠信笃敬""刚毅木讷"等教义，绝大多数都是关于私德之培养，不足以养成完全的人格，尤其是"不在其位，不谋其政"等观念，谬种流传，使人们习惯于事不关己高高挂起，对于本群本国之公利公益持漠不关心的态度。

在批判传统伦理道德的基础上，梁启超在社会进化论的框架内提出了"道德革命"论。他指出，根据天演之公例，道德也是具有时代性的范畴，虽然道德之本原即"利群"这一点是永恒的，但道德之条理并非一成不变，"非数千年前之古人所能立一定格式以范围天下万世者也"②。人群进化，道德亦在进化，即使是古圣先哲之言也不是永恒的真理，过去的道德规范应重新加以审视，根据新的历史条件而进行"革命"。他不无忧虑地指出："苟不及今急急斟酌古今中外，发明一种新道德者而提倡之，吾恐今后智育愈盛，则德育愈衰，泰西物质文明尽输入中国，而四万万人且相率而为禽兽也。"③ 梁启超提倡道德革命论，在当时实是一大胆言论，因为两千多年来，在中国人心目中，儒家圣哲的道德之教是形上之道，是不可挑战的权威，对于人们的日常行为规范乃至社会国家的秩序都起着重要的规范和维系作用，人们从不敢谈所谓的新道德问题，即便是梁启超时代的维新者也不例外，"中体西用"论即是一个体现。在当时人心闭塞、观念尚比较保守的时代，敢于对古圣先贤的道德之教提出批评并倡导道德革命，实在是需要相当的勇气和卓识。当然，梁启超把中国传统伦理称作"旧伦理"而把西方伦理称作"新伦理"，这样截然对立的二分法并不准确，他对儒家道德观念的批评也

---

① 梁启超：《新民说·论公德》，载《饮冰室合集·专集》之4，第12页。

② 同上书，第15页。

③ 同上。

有不尽然之处，因为即使在今天，中国传统伦理道德中的许多精华依然具有重要价值，而且儒家的一些道德规范如"克己复礼"等也并不只具有私德的意义，它同样属于公德中必备的内容，这是无可否认的。

梁启超主张进行道德革命而建立的新道德，是以"利群"为核心精神的道德，实际上就是公德。他结合近代西方的功利主义哲学来理解和阐释这种新道德。他在介绍英国哲学家边沁（Jeremy Bentham）的学说时指出，边沁认为道德"专以产出乐利预防苦害为目的。其乐利关于一群之总员者谓之公德，关于群内各员之本身者谓之私德"，"边沁以为人群公益一语，实道德学上最要之义也"[①]。通过对边沁学说的解释，他将其公私德理论与功利主义道德原则联系在一起。边沁是功利主义思想的最系统的阐述者，其政治法律思想的最主要特点就是功利主义原则，也即他后来所称的"最大幸福原理"，它是指这样一种原则："它按照看来势必增大或减小利益有关者之幸福的倾向，亦即促进或妨碍此种幸福的倾向，来赞成或非难任何一项行动。"[②] 人的最大幸福，是人类行动的目的，而且是唯一正确适当并普遍期望的目的。判断善恶的标准，就是快乐和痛苦，所谓善，就是就是快乐或幸福，所谓恶，就是痛苦。边沁把法国启蒙思想家爱尔维修等人的自爱原则或利益原则改造成趋乐避苦原则，认为这才是人的本性。"人类身心的天然素质，决定人们在一生的绝大多数场合一般都信奉这个原理而无此意识。这即使不是为了规范他们自己的行动，也是为了评判他们自己的以及别人的行动。"[③] 正因为人的这一本性，个人利益便永远是行为的依据，也是道德产生的根源。

梁启超从理论上基本认同边沁的"最大多数人的最大幸福"原则，他认为这一原则除了与其道德理论相契合外，还有两大优点：一是它比卢梭等人所说的国民全体之最大幸福更具有现实的可能性，从而也就更具有现实意义；二是作为一种通行的政治学说，它为人们争取自由权利

---

① 梁启超：《乐利主义泰斗边沁之学说》，载《饮冰室合集·文集》之 13，第 31—32 页。

② ［英］边沁：《道德与立法原理导论》，时殷弘译，商务印书馆 2000 年版，第 58 页。

③ 同上书，第 60 页。

提供了学理上的依据。因为有了这一理论原则，"则多数之弱者敢于相争，而少数之强者不得不相让，今日欧美之治，皆此一争一让所成之结果也。他日或能将此幸福范围，愈括愈大，以驯至世界大同之运者，亦一争一让所成之结果也"①。但针对中国的现实问题时，他又认为此原则并不适用于今日之中国，其理由是"幸福生于权利，权利生于智慧"。同权利一样，幸福也是通过智慧和不懈的追求得来的，而不是他人所给予的。若一群之中只有少数人有智慧，则享幸福者只有少数；多数人有智慧，则享幸福者多数，幸福与智识是成正比例关系的。由此，在中国民智程度尚未达于大多数的情况下，而欲幸福之程度达于大多数，必会百弊丛生，故在社会政治实践中不可运用此功利原则。

其实，梁启超对边沁学说的理解与边沁本人的意旨有一定的偏离。比如，边沁指出："功利是指任何客体的这么一种性质：由此，它倾向于给利益有关者带来实惠、好处、快乐、利益或幸福（所有这些在此含义相同），或者倾向于防止利益有关者遭受损害、痛苦、祸患或不幸（这些也含义相同）；如果利益有关者是一般的共同体，那就是共同体的幸福，如果是一个具体的个人，那就是这个人的幸福。"② "共同体的幸福"和"个人的幸福"，在梁启超那里则变成了"公德"和"私德"。梁启超主要是通过日译著作来了解西学的，因而不排除这种概念上的转换是由日本翻译者所为，而这种概念上的转换造成了含义上的什么变化呢？边沁指出："共同体的利益是道德术语中所能有的最笼统的用语之一，因而它往往失去意义。在它确有意义时，它有如下述：共同体是个虚构体，由那些被认为可以说构成其成员的个人组成。那么，共同体的利益是什么呢？是组成共同体的若干成员的利益总和。不理解什么是个人利益，谈论共同体的利益便毫无意义。当一个事物倾向于增大一个人的快乐总和时，或同义地说倾向于减小其痛苦总和时，它就被说成促进了这个人的利益，或为了这个人的利益。"③ 就是说，只有当我们强调

---

① 梁启超：《最大多数最大幸福议》，载《饮冰室合集·文集》之 10，第 67 页。

② ［英］边沁：《道德与立法原理导论》，时殷弘译，商务印书馆 2000 年版，第 58 页。

③ 同上。

"共同体"是由每个个人组成时,"共同体"这个抽象的概念才是有意义的;离开了个人利益来谈共同体的利益,并没有多大价值。而梁启超说"边沁以为人群公益一语,实道德学上最要之义也",这就与边沁的原意有了出入,甚至可以说与边沁的意思恰好相反。

边沁认为,社会是由各个个体组成,因此社会利益就是每个个人利益的总和,个人在追求自身利益时自然而然地就在增加整个社会的利益。因此,边沁最后的立足点是个人利益,他称其功利主义是一种"合理的个人主义"。而梁启超的理解是:"边沁常言人道最善之动机,在于自利,又常言最大多数之最大幸福,是其意以为公益与私益常相和合,是一非二者也。而按诸实际,每不能如其所期,公益与私益非惟不相和合而已,而往往相冲突者,十而八九也。果尔,则人人求乐求利之主义,遂不可以为道德之标准。"[1] 在边沁那里,尽管最大的个人利益可以和最大的社会利益获得一致,但他所重者在个人利益,社会的利益也是以个人的幸福为依归的。而在梁启超看来,既然在实际生活中公益与私益常常不能统一且有冲突,那么边沁的功利原则就不能成为道德的标准了,所以他说:"夫边氏所谓最大幸福者,谓将其苦之部分除去,而以所余之乐为衡也。而一群之公益不进,则群内之人,其所苦必多余所乐,故真明算学而精于计量之法者,则未有不以公益与私益并重者也。苟犹私而忘公焉,则不过其眼光之短思虑之浅不知何者为真乐真利、何者为最大幸福而已,非能应用边沁之学理者也。"[2] 梁启超一方面强调个人利益与公共利益并重,另一方面将"最大多数"概念与其"群"的概念等同了起来,这样,边沁的功利原则就成为其公德观念的学理依据。"群"是梁启超哲学和政治思想中的一个重要概念,他有时指国民全体或大多数,有时也指国家、民族。他认为道德起源于利群的需要,"道德之立,所以利群也,故因其群文野之差等,而其所适宜之道德亦往往不同,而要之以能固其群、善其群、进其群为归"[3]。是否利群是判

---

① 梁启超:《乐利主义泰斗边沁之学说》,载《饮冰室合集·文集》之 13,第 37 页。

② 同上书,第 39 页。

③ 梁启超:《新民说·论公德》,载《饮冰室合集·专集》之 4,第 14 页。

断道德好坏的标准，有益于群的道德为善，反之为恶。在边沁那里，能否实现最大多数人的最大幸福是判断善恶的标准；在梁启超这里，能否利群是判断道德好坏的标准，二者看起来十分相似，但实际上相差较大。

梁启超的"道德革命"论充满了功利主义色彩，不过，他理解的"功利主义"与西方的功利主义原则并不相同，后者虽然不排斥社会利益，但认为社会整体利益的增加是以个人利益为前提，而又最终以个人利益为依归的，在这一根本点上，梁启超的论述显然与之不太相合。梁启超是承认人的自利本性的，但他担心这种自利本性会膨胀，因而在国家面临生死存亡的危急关头，大力宣扬公德观念和国家思想，这是出于现实的考虑，他对边沁功利主义原则的理解可以说是合乎情理的误读。

值得注意的是，边沁过于强调个人快乐和幸福的功利主义原则和梁启超强调公德的理论后来都得到了一定程度的修正，只不过前者的理论局限由另一个功利主义者密尔予以了修正，而后者则由梁启超本人来完成。密尔用人类的社会感情把个人利益和社会利益协调起来，冲淡了边沁功利主义的成分；梁启超则在一年后又作了《论私德》篇。他在文章开头便指出，"论德而别举公焉者，非谓私德之可以已"①。关于转变的原因，他解释说由于近年来非但利国进群事业没有取得一点进展，反而"道德革命"论等被一些愚顽者作为借口来批评这些新理想"贼人子而毒天下"，所以他深感有必要再强调私德，指出"私德与公德，非对待之名词，而相属之名词也"②。他引斯宾塞之言曰："凡群者皆一之积也，所以为群之德，自其一之德而已定。群者谓之拓都（即团体——引注），一者谓之么匿（即个人——引注）。拓都之性情形制，么匿为之，么匿之所本无者，不能从拓都而成有，么匿之所同具者，不能以拓都而忽亡。"③ 意思是，一团体中人所具的公共之德性，最终还是要通过其中每个个体对于团体的公共观念而体现出来。个人之德不备，不可能因团

---

① 梁启超：《新民说·论私德》，载《饮冰室合集·专集》之 4，第 118 页。

② 同上。

③ 同上书，第 118—119 页。

体而具有；个人已具备的，也不会因团体而失去。个人不具备私有之德性，则即使有千万个这样的人，也不能成公有之德性。公德和私德的关系，实际上只在"一推"之间：只知私德而不知公德，所缺的只在一推；缺私德而托以公德，则推之具也不存在了。所以他认为"欲铸国民，必以培养个人之私德为第一义；欲从事于铸国民者，必以自培养其个人之私德为第一义"①。梁启超关于公德和私德关系的论述表明，实际上公德与私德并不能割裂开而成为对立的两极，重视私德的培养不等于不顾公德，一个有公德的人，往往私德也比较完善，而一个不能独善其身的人，很难真正讲究公共道德。申而论之，重视个人利益并不意味着排斥团体利益和国家利益，强调国家利益也不应当忽视个人利益，二者实质上是统一的。梁启超在《论公德》一文中就指出，西方伦理中一直比较重视社会伦理和国家伦理，但自17世纪以来，以个人主义为理论基础的自由主义思潮也逐渐在西方思想界占据主导地位，这说明重视个人利益并不必然与重视社会利益和国家利益相冲突，梁启超既宣扬自由主义学说，又强调公德和国家思想，也正说明了这一点。

梁启超"道德革命"论的意义是不容忽视的：

首先，它反对盲从传统思想权威的奴性意识，主张思想的自由，体现出一种怀疑精神和理性精神。它超出传统圣贤伦理人格的框架，以自由为新的思想意识和伦理道德观念的核心，这具有思想启蒙的意义。

其次，梁启超在批判中国传统儒家伦理道德的基础上提出"道德革命"论，主张以西方新型伦理来重新构建中国伦理道德体系，实质上已经突破了"中体西用"的思维模式，将社会变革的对象从制度层面深入到国民心理结构层面，这是一次意义重大的超越。胡适也说，"《新民说》的最大贡献在于指出中国民族缺乏西洋民族的许多美德"②。这些需要"采补"的美德，正是"西用"里所不包括的内容，而现在被梁启超作为一种新国民的标准明确列举来，这在中国历史上是首次，它具

---

① 梁启超：《新民说·论私德》，载《饮冰室合集·专集》之4，第119页。

② 胡适：《四十自述》，载欧阳哲生编《胡适文集》第1册，北京大学出版社2013年版，第66页。

有标杆的意义。

再次，梁启超对传统伦理道德的批判，成为五四新文化运动时期乃至整个中国近现代思想史上激进的社会批判和伦理革命理论的先导，陈独秀、鲁迅等人都深受其影响。如陈独秀的思想言论就明显具有梁启超思想的痕迹，他说："解放云者，脱离夫奴隶之羁绊，以完其自主自由之人格之谓也。……盖自认为独立自主之人格以上，一切操行，一切权利，一切信仰，惟有听命各自固有之智能，断无盲从隶属他人之理。"① 还断言"伦理的觉悟，为吾人最后觉悟之最后觉悟"②。鲁迅对传统伦理道德的批判更是淋漓尽致、入木三分，比梁启超的批判还要尖锐和深刻，这在前文中曾提及。

最后，梁启超的新民德思想为中国新的历史时期道德秩序的重建提供了一种理论参照。诚如有的学者所言，"梁启超的《新民说》是一部里程碑式的著作，后人的论述尽管出发点、表现方式有所不同，但始终不曾摆脱梁启超的影响，尤其是'公德''合群''国家思想'的论述，几乎成为 20 世纪国民教育的指导思想"③。这一评价是比较符合事实的。

晚年的梁启超，对于新民和国民意识的重要性，有了更深的体认，也有了更深沉的反思，其中既有对 20 世纪前 20 年中国思想界的反思，也有对其自身进行的文化批判的反思。他提出了两个观点：一是现代国民意识乃现代政治制度之根基。他指出，政治及其他一切设施，非通过国民意识之一关，断不可能有效。国人汲汲于移植西方政治制度，恨不能一一取而实验之，殊不知"制度不植基于国民意识之上，譬犹掇邻圃之繁花，施吾家之老干，其不能荣育宜也"④。二是思想之改造，须有足以维系人心的新思想来取代旧思想，而其途径，"万不能将他社会之思

---

① 陈独秀：《敬告青年》，载《独秀文存》，安徽人民出版社 1987 年版，第 4—5 页。

② 陈独秀：《吾人最后之觉悟》，载《独秀文存》，安徽人民出版社 1987 年版，第 41 页。

③ 黄坤：《一个世纪的话题：评梁启超的〈新民说〉》，《华东师范大学学报》（哲社版）1998 年第 2 期。

④ 梁启超：《先秦政治思想史》，载《饮冰室合集·专集》之 50，第 6 页。

想全部移植，最少亦要从本社会遗传共业上为自然的潜发与合理的针砭洗练"①。此两点，可以说皆与其 20 世纪初所倡导的"新民"说相呼应，前者乃强调培育"新民"之重要，后者乃突出"淬厉其所本有"和"采补其所本无"的新民之道。梁启超一生学术观点常随时而变，但在对"人"这一因素予以极大关注和重视这一点上，实有着前后一贯性。

从另一个角度看，梁启超并没有如有的学人所说的成为五四新文化运动时代的落伍者。他再次强调国民意识对于社会变革和建立新的政治结构的重要意义，正是他对于近代中国思想演变反思和总结的结果。从文化根本和国民心理、人格上寻找原因，这与五四时期的文化健将们何尝不是一致的呢？或者可以说，五四时期的文化革新运动，本就可以追溯到 20 世纪初的《新民说》，而梁启超正是这场文化革新运动的先驱人物。正如著名学者许纪霖曾指出的，20 世纪中国现代性的起源，不能仅仅回溯到五四，晚清是比五四更重要的"转型时代"，而梁启超的思想在其中显示出不可替代的意义，中国的启蒙，非自五四起，实自《新民说》始。②

当然，尽管梁启超作为知识精英提出了"新民"即人的现代化这一重大历史课题，却无法独立完成重塑现代国民性的任务，也非通过几种报纸杂志的宣传便能收完全之功。它需要社会各阶层的共同努力，需要政治、经济、文化、教育等各个领域的有机配合，还须经历一个较长过程的培育，方能有一定的气象。正如梁启超所言，"一国之进步，往往数十百年乃始得达。"③ 新民是改变人之脑质的工作，比改造其他事物的难度更大，其目标一定不是一两年甚至一二十年里就能达成，即使在百年后的今天，启发民众的工作依然要继续，因为它还远未完成。

---

① 梁启超：《先秦政治思想史》，载《饮冰室合集·专集》之 50，第 7 页。

② 许纪霖：《思想史研究的"十字架"——黄克武〈一个被放弃的选择——梁启超调适思想之研究〉代序》，原载《文学报》2006 年 8 月 3 日。

③ 梁启超：《新民说·论毅力》，载《饮冰室合集·专集》之 4，第 101 页。

第六章

梁启超与中国近代的民族主义思潮

从传统的族群意识到近代民族主义观念的形成，是近代中国人观念转型的表现之一。民族主义对近代中国的影响，可以用余英时先生的观点来说明："中国近百年来的变化，一个最大的动力就是民族主义。一个政治力量是成功还是失败，就看它对民族情绪的利用到家不到家。如果能够得到民族主义的支持，某一种政治力量就会成功，相反的就会失败。"[①] 他认为近代中国出现过的各式各样的现代化思想和政治运动，凡能掀动人心于一时者大抵皆以民族主义为出发点，并基本上都假借着民族主义的动力。从史实来看，近代中国各种思潮与运动之发生，确与民族主义有着千丝万缕的联系。

正是由于民族主义中国近代史上产生过巨大的力量，从 20 世纪 90 年代开始，国内史学界对中国近代的民族主义思潮予以了极大关注，相关研究论著层出不穷。不过，由于受过去以革命为主旋律的历史撰述方式的影响，近代中国的民族主义研究多与革命派和革命运动连在一起。实际上，中国近代民族主义思潮的形成，梁启超有不可忽视的贡献，他是中国近代民族主义理论的奠基者和民族主义思想的有力传播者。如果我们不以成王败寇为标准，不作革命优于改良的价值预设，结合中国历史和当时的世界形势，较为客观地分析梁启超的民族主义思想，应该说其中具有不少合理的成分，对于今天处理我国民族关系也有一定的启发意义。

---

① 余英时：《中国近代思想史上的激进与保守》，载许纪霖编《二十世纪中国思想史论》上卷，东方出版中心 2000 年版，第 423—424 页。

第一节　梁启超对"民族主义"的引入和辨析

一　"民族主义"概念的引入

英国著名史学家霍布斯鲍姆曾说过:"若想一窥近两世纪以降的地球历史,则非从'民族'(nation)以及衍生自民族的种种概念入手不可。"① 霍氏之言并非夸大其词。民族主义自16世纪发轫于西欧以来,已在世界范围内成为一个影响深远的重大社会思潮,与此相连的民族主义运动亦是此起彼伏,从未间断。在西方诸国进行的现代民族国家运动中,民族主义曾被当作最有效的整合国家与社会的权力资源。从整体上看,西方的民族主义是启蒙运动的产物和资产阶级民主革命的一部分,而东方的民族主义是作为反对民族奴役和压迫、争取民族解放的形式而出现的,因此,尽管东方的民族主义也具有民主主义的性质,但争取民族国家的独立是其首要的目标。

民族主义在其最广泛的意义上,是指特定的意识形态、社会运动和政治诉求。就其起源而言,完全是现代历史的产物。② 中国现代意义上的民族主义兴起于晚清,与西方民族主义的产生是现代性的内在要求不同,中国民族主义的产生,主要是西方列强入侵、国家面临危亡时国人民族意识觉醒的结果。当然,这并不是说,中国只有在近代被纳入世界体系以后才开始产生民族意识,其实在中国文化传统中,一直有着较发达的民族意识和民族思想。自先秦以来,中国人心目中就有着鲜明的"华夏"与"夷狄"的观念,只是这种"夷夏之辨"只能属于传统的族类民族主义,不具有现代的特征和意义。但这种族类民族意识,无疑为中国近代民族主义的产生提供了思想基础和一定的助力,许多人正是在传统民族意识的基础上理解并接受现代民族主义的。鸦片战争以后,"夷狄"所指的对象已经发生极大变化,"夷夏之辨"在很大程度上演

---

① [英]霍布斯鲍姆:《民族与民族主义》"导论",李金梅译,上海人民出版社2000年版。

② 徐迅:《民族主义》,中国社会科学出版社2005年版,第39页。

变成了中外之辨，但传统夷夏之辨的一个特点在 19 世纪后期的中西文化之争或中外之辨中仍在延续，那就是依然带着民族文化优越的心理，至少在 19 世纪 40 年代至 70、80 年代的知识分子身上是如此，如以王韬、郑观应等为代表的早期改革派，尽管对西学充满兴趣，承认西方的科学技术和政治制度胜于中国，但是在骨子里，他们依然认为中国的传统道德文明是形上之学，要优于西方的形下之学，实际上直到张之洞"中学为体，西学为用"的口号里依然饱含着此种心理意识。

近代中国真正导致民族主义情绪迅速滋生蔓延的是甲午中日战争，日本这个"蕞尔岛国"的胜利和《马关条约》的签订对中国人的打击是前所未有的，群情激愤之中，国人的民族意识也被唤醒。诚如梁启超所言："吾国四千余年大梦之唤醒，实自甲午战败割台湾、偿二百兆以后始也。"① 康有为领导公车上书、维新变法，严复提倡西学、译介西方的社会政治学说，孙中山上书李鸿章、赴檀香山创办兴中会，黄遵宪、梁启超等人创办《时务报》……后来成为两大对立阵营的改良派和革命派的一系列重要活动皆此由而展开。维新派深感于政治制度之陈旧，立志于更改政体；革命派悲愤于大厦之将倾，誓愿"驱除鞑奴，恢复中国"。在浓厚的民族主义氛围中，老朽的中华帝国呈现出变革的生机，而各种社会思潮如自由主义、激进主义、保守主义等亦共同交织成荡激人心的思想图景，所有这些思想主张与政治活动的共同目标都是企盼建立一个独立自主的现代民族国家。可以说，民族主义既是近代中国各种运动的基本动力，又是中国由传统向现代转型的一个重要的主导力量。

梁启超是中国现代民族主义的奠基者。《中国大百科全书·民族卷》对于"民族"一词的解释是："1903 年中国近代资产阶级学者梁启超把瑞士—德国的政治理论家、法学家 J. K. 布伦奇利的民族概念介绍到中国来以后，'民族'一词便在中国普遍使用起来。"此解释实际上也是对梁启超传播民族主义思想之贡献的认可。实际上，梁启超在 1901 年发表的《国家思想变迁异同论》一文中，就已经首次将"民族主义"概念引入了中国，并且在此文及随后的一系列文论中对西方近代民族主

---

① 梁启超：《戊戌政变记》，载《饮冰室合集·专集》之 1，第 1 页。

义进行了系统的介绍和阐释。由此，"民族主义"终于在中国形成了文本话语，并成为近代中国的一种基本的意识形态和社会思潮。

梁启超介绍和宣传民族主义，与其日益清晰的国家观念密切相关，他将国家主义的根本精神概括为"向内团结、向外对抗"，于是这一精神也成为民族主义的本质内涵。国家主义最初是针对世界主义而提出的。他指出，欧洲自 14、15 世纪以来国家主义就逐渐萌芽和发展，至第一次世界大战前后达到全盛；与之相反的是，中国一直有的是"超国家主义"的政治论，"中国人则自有文化以来，始终未尝认国家为人类最高团体。其政治论常以全人类为其对象，故目的在平天下，而国家不过与家族同为组成'天下'之一阶段；政治之为物，绝不认为专为全人类中某一区域某一部分人之利益而存在。其向外对抗之观念甚微薄，故向内之特别团结，亦不甚感其必要"①。中国人向外对抗的观念是否甚微薄，或可有待探讨，然说中国士大夫自古以来天下观念发达而国家意识淡薄却非虚言，士人的理想均不离修身齐家治国平天下、实现世界大同，这种理想即使在近代康有为的《大同书》和谭嗣同的《仁学》中仍然得到充分的想象和描述。

在走出国门后，梁启超的思想很快超越传统的天下观，也超越了他的老师，这是他学术视野变得开阔、对世界形势也有了清楚认知的结果。他在 1901 年的《南海康先生传》中指出，作为教育家的康有为，其重精神、贵德育的教育理念，对于救治中国社会之病根，具有重要意义，但其教育思想中所最缺者，即是国家主义，康氏所重，在个人的精神和世界的理想，但在梁启超看来，当日之中国，最重要的是要"操练国民以战胜于竞争界"，所以应以国家主义为教。他所树立的理想人格"新民"，其品质之一便是抛却了天下观念而确立了国家观念，他将国家思想作为一个现代国民必具的内涵，他殷切期望中国人实现由"部民"到国民的身份转换。具体而言，能利群者、忠于国家而非仅忠于朝廷者、维护国家独立和主权者、以国家为最上之团体而非以世界为最上之团体者，皆为国家思想之体现。明白此点，即明白国家之义，而明白了

---

① 梁启超：《先秦政治思想史》，载《饮冰室合集·专集》之 50，第 2 页。

国家之义，方能养成真正的爱国主义，共同为国家的独立、自由和富强而努力。美国学者列文森曾说："在中国近代思想史的大部分时间中，可以说是一个使'天下'变为'国家'的过程。"① 如果这一论断可以成立的话，那么梁启超在这个过程中无疑是一个枢纽性的人物。

实际上，梁启超的国家主义思想在 1899 年时即已初露端倪，而这主要受日本国家主义思潮和伯伦知理国家学说的影响。1899 年 4 月的《清议报》上已开始登载伯伦知理《国家论》的译著，而梁启超也在其同年的文章中明确表达了国家主义的倾向："有世界主义，有国家主义。无义战、非攻者，世界主义也；尚武敌忾者，国家主义也。世界主义，属于理想；国家主义，属于事实。世界主义，属于将来；国家主义，属于现在。今中国岌岌不可终日，非我辈谈将来、道理想之时矣。"② 他比较了基于天下观的世界主义与基于政治共同体意识的国家主义之间的不同，认为在世界主义和国家主义之间，当下应该提倡的是国家主义而非世界主义。

在 1902 年的《干涉与放任》（《新民丛报》第 17 号）一文中，梁启超将古今"治术"分为两大主义——干涉和放任，前者主张集权于中央，其所重者在秩序；后者主张散权于个人，其所重者在自由。梁启超认为，西方历史，无论从政治还是经济发展来看，都不过此二主义迭为胜负而已，其 18 世纪和 19 世纪上半叶，为放任主义全胜时代，19 世纪下半叶为两主义竞争的时代，而 20 世纪将为干涉主义全胜时代。"伯伦知理之国家全权论，亦起于放任主义极盛之际，不数十年已有取而代之之势。畴昔谓国家恃人民而存立，宁牺牲凡百之利益以为人民者，今则谓人民恃国家而存立，宁牺牲凡百之利益以为国家矣。自今已往，帝国主义益大行，有断然也。帝国主义者，干涉主义之别名也。"③ 此时，他提出了另一个名词——帝国主义，认为帝国主义大行于 20 世纪是时势

---

① ［美］列文森：《儒教中国及其现代命运》，郑大华、任菁译，中国社会科学出版社 2000 年版，第 87 页。

② 梁启超：《自由书·答客难》，载《饮冰室合集·专集》之 2，第 39 页。

③ 梁启超：《自由书·干涉与放任》，载《饮冰室合集·专集》之 2，第 87 页。

发展之必然。而此帝国主义概念，实际上就是民族主义发展的第二个阶段，即民族帝国主义阶段。梁启超基于国家主权论，提出了民族主义，又指出民族主义发展到一定程度，演变成民族帝国主义，虽然仍是站在国家的立场，但其学理依据已大不相同，其实质也有所改变，这使得梁启超的民族主义观具有了更为复杂的内涵和特征。

二　"民族主义"与"民族帝国主义"

梁启超提出了民族主义概念，但并不是笼而统之地进行宣扬，而是结合欧美的历史和世界形势的发展态势，辨析了民族主义和民族帝国主义之别，并指出了这两种思潮的理论依据也不相同，使人们更清楚地了解了民族主义发展的阶段性特征，这对于民族主义运动具有指导性的意义。

梁启超指出，欧洲的民族主义萌发于 18 世纪下半叶，全盛于 19 世纪；民族帝国主义则萌发于 19 世纪下半叶，全盛于 20 世纪，因此今日欧美正处于民族主义与民族帝国主义相更替的时代。何谓民族主义？"各地同种族同言语同宗教同习俗之人，相视如同胞，务独立自治，组织完备之政府，以谋公益而御他族是也。"何谓民族帝国主义？"其国民之实力，充于内而不得不溢于外，于是汲汲焉求扩张权力于他地，以为我尾闾。其下手也，或以兵力，或以商务，或以工业，或以教会，而一用政策以指挥调护之是也。"① 按梁启超的解释，民族主义与民族帝国主义是两种不同性质的思潮，前者主要致力于民族国家的独立及内部的组织和建设，它是防御性质的，或者说是非进攻性的；后者则致力于对外扩张，是进攻性质的。民族帝国主义与古代的帝国主义迥然相异："彼则由于一人之雄心，此则由于民族之涨力；彼则为权威之所役，此则为时势之所趋。故彼之侵略，不过一时，所谓暴风疾雨，不崇朝而息矣；此之进取，则在久远，日扩而日大，日入而日深。"② 民族帝国主义是"以全国民为主体"的"民族帝国"，而不是以一君主为主体的"独夫帝国"，由于它是"民族不得已之势"而产生的，所以不仅力量更强

① 梁启超：《新民说·论新民为今日中国第一急务》，载《饮冰室合集·专集》之 4，第 4 页。
② 同上。

大，而且影响也更持久，因而也更难以抵挡。

他进而对这两种思潮进行了更深入的学理分析。他说，民族主义和民族帝国主义分别与两种不同的理论相关，前者出自平权思想，后者则以强权理论为指导，前者以卢梭的社会契约论为代表，后者以斯宾塞的进化论为代表。"平权派之言曰：人权者出于天授者也，故人人皆有自主之权，人人皆平等。国家者，由人民之合意结契约而成立者也，故人民当有无限之权，而政府不可不顺从民意，是即民族主义之原动力也。其为效也，能增个人强立之气，以助人群之进步；及其弊也，陷于无政府党，以坏国家之秩序。强权派之言曰：天下无天授之权利，惟有强者之权利而已，故众生有天然之不平等，自主之权当以血汗而获得之；国家者，由竞争淘汰不得已而合群以对外敌者也，故政府当有无限之权，而人民不可不服从其义务，是即新帝国主义之原动力也。其为效也，能确立法治（以法治国谓之法治）之主格，以保团体之利益；及其弊也，陷于侵略主义，蹂躏世界之和平。"① 民族主义与民族帝国主义都是国家思想的一种表现，但民族主义的原动力是天赋权利说，而民族帝国主义的原动力则是以竞争价值观为核心的强权观，二者有本质上的区别。就民族主义来说，根据契约论和天赋权利说，每个人都是自由、平等而独立的，政府的义务就是保护个人的自由权利不受侵犯；申而言之，则一国的国民不得由外国人来管辖；一国的主权不得被他国分割，国家之间应该平等对待、和平共处。正是出于自由、平等和独立的强烈愿望和要求，才有了伟大的民族精神和可歌可泣的民族解放运动。"凡百年来种种之壮剧，岂有他哉？亦由民族主义磅礴冲激于人人之胸中，宁粉骨碎身，以血染地，而必不肯生息于异种人压制之下。英雄哉，当如是也！国民哉，当如是也！今日欧洲之世界，一草一石，何莫非食民族主义之赐。……民族主义者，世界最光明、正大、公平之主义也，不使他族侵我之自由，我亦毋侵他族之自由。其在于本国也，人之独立；其在于世界也，国之独立。使能率由此主义，各明其界限以及于未来永劫，岂非

① 梁启超：《国家思想变迁异同论》，载《饮冰室合集·文集》之6，第19页。

天地间一大快事！"① 由此可见，梁启超所讲的民族主义具有两个面相：一是就本国而言，人人具有独立自主之权，政府不能侵犯，否则，就要以政治革命来改变政体形式；二是就国际而言，国家具有独立自主之权，这是符合国际正义的原则的，因此，正如人人自由而以不侵人之自由为界一样，国国自由也要以不侵他国之自由为界。

　　梁启超对民族主义和民族帝国主义的区分与伯林对两种民族主义概念的区分多有暗合之处。伯林在 1991 年接受意大利《新见识》杂志主编加代尔斯（N. Gardels）的访谈时明确提出了两种民族主义概念，一种是进攻性的民族主义，另一种是非进攻性的民族主义。进攻性的民族主义，在思想上表现为种族主义、大国或大民族沙文主义、极端民族主义、各种宗教的原教旨主义、排外主义、文化帝国主义等，在政治上则表现为德国纳粹主义、意大利法西斯主义、伊朗的神权政治等；进攻性的民族主义，在狂热捍卫自身文化的同时，对其他文化及其承担者轻则拒斥、压制，重则必欲毁灭而后快。② 非进攻性的民族主义，则是 18 世纪德国诗人兼哲学家赫尔德（Herder）所说的文化的自决，赫尔德否认任何民族优于其他民族，他崇信民族文化的多样，认为不同的民族文化可以和平共处。他还提出了归属感和民族精神的概念，认为人既需要吃喝，需要安全感和行动自由，同样也需要归属某个群体。假如没有可归属的团体，人会觉得没有依靠、孤单、渺小、不快活；他指出，每一群体都有自己的民族精神，也就是一套习俗与生活方式，一种看事与行为的态度，这些之所以有价值，纯粹只因为这是属这个群体所有。伯林认同赫尔德的观点，他强调价值多元论，承认并且尊重个人的民族归属感。有学者把伯林称为"社群主义式的自由主义者"，因为他既坚持消极意义上的个人自由，又强调"集体性的个人性"是个人发展的重要条件。③ 在自由和归属感之间寻求平衡，是伯林思想的一大特点，也是自

---

① 梁启超：《国家思想变迁异同论》，载《饮冰室合集·文集》之 6，第 20 页。

② 顾昕：《伯林与自由民族主义思想》，载刘军宁等编《直接民主与间接民主》，生活·读书·新知三联书店 1998 年版，第 237 页。

③ 同上书，第 234 页。

由民族主义的特征。这一特征表明了自由主义与民族主义结合的可能性。但是，自由主义是以个人自由为本位，而民族主义总是与民族国家的主权密切相关，带有以群体的归属为指向的倾向，所以二者虽有整合的可能性，但还是存在着内在的紧张关系。

这种紧张关系在梁启超的民族主义思想中也有一定的体现。梁启超是自由主义理论的大力宣传者，在他的思想中，有许多与自由主义相关的观念，如关于个人的权利、个人道德的自主性等，他"将这些自由主义的基本理念放在民族国家共同体的叙事脉络中加以论述，形成了中国自由民族主义的最初形态"[1]。自由民族主义的特征在他这里表现为：一方面，他高扬自由主义；另一方面他又认为民族主义发展到一定程度就是民族帝国主义，承认民族帝国主义发生的必然性，而民族帝国主义不是以个人自由为基础，而是与"合群""团体之利益"紧密联系在一起的。他说："正理与时势，亦常有不并容者。自有天演以来，即有竞争，有竞争则有优劣，有优劣则有胜败，于是强权之义，虽非公理而不得不成为公理。民族主义发达之既极，其所以求增进本族之幸福者，无有餍足，内力既充，而不得不思伸之于外。故曰：两平等者相遇，无所谓权力，道理即权力也；两不平等者相遇，无所谓道理，权力即道理也。"[2]按照"正理"，人人当自由，国国当独立；然而按照"时势"，竞争无处不在，优胜劣败的生存规则不可逃避，因而强权也就成了公理。有了社会进化论，民族帝国主义轻而易举地获得了其合法性的理论前提，于是，合群以对外敌、个人服从国家和政府，就成了自然之理。在"时势"面前，梁启超似乎也没有更好的选择，这就决定了在他的思想中，自由主义与民族主义或者个人自由与国家自由之间具有一种张力。对于为什么民族主义发展到一定程度就是民族帝国主义，梁启超主要是从社会进化的角度来理解的，而没有从经济的角度进行分析。帝国主义是资本主义发展的最高阶段，随着生产力的发展和生产社会化程度的提高，资本主义生产关系发生新的变化，垄断组织的统治成为经济生活的基础，资本主义就从自由竞争

---

[1]　许纪霖：《现代中国的自由民族主义思潮》，载《社会科学》2005 年第 1 期。
[2]　梁启超：《国家思想变迁异同论》，载《饮冰室合集·文集》之 6，第 20 页。

阶段进入垄断阶段，它在国际关系间的重要表现就是军事的扩张或资本的渗透，也就是梁启超所说的民族帝国主义。对于经济因素在其中起到的根本性作用，梁启超似乎没有充分意识到。

梁启超称民族帝国主义为"新帝国主义"，他批评这种帝国主义的侵略特性，但又不得不承认其在世界历史中的实在性，并且认为这是民族主义发展到极致的必然结果。但他同时指出，在没有经过民族主义阶段时，绝不能先进入民族帝国主义阶段，"凡国而未经过民族主义之阶级者，不得谓之为国。譬诸人然，民族主义者，自胚胎以至成童所必不可缺之材料也；由民族主义而变为民族帝国主义，则成人以后谋生建业所当有事也"[①]。当今欧美正处于民族帝国主义阶段，但我国情势大不同，故不能盲目效仿。他批评有的人不观时势之变化而固守旧说，又担忧有人不辨中西异同而鲁莽行事，其言曰："吾国于所谓民族主义者，犹未胚胎焉。顽锢者流，墨守十八世纪以前之思想，欲以与公理相抗衡，卵石之势，不足道矣。吾尤恐乎他日之所谓政治学者，耳食新说，不审地位，贸然以十九世纪末之思想为措治之极则，谓欧洲各国既行之而效矣，而遂欲以政府万能之说，移殖于中国，则吾国将永无成国之日矣。知他人以帝国主义来侵之可畏，而速养成我所固有之民族主义以抵制之，斯今日我国民所当汲汲者也！"[②] 梁启超之意，包括两点：第一，西方已经发展到新帝国主义阶段，因而我们不能囿于旧观念，以为可以凭借圣君贤相或者几个英雄人物即可与之抗衡，要消除外患，必须培养我国人之民德、民智、民力，皆可与对方相匹敌方可。也就是说，惟有实行民族主义之策，依靠全体国民的力量，才能抵制帝国主义的侵略。第二，就我国发展情势而言，尚处于民族主义未胚胎的阶段，因而不能超越此阶段而实行民族帝国主义，尤其不能以"政府万能之说"而实行于中国，否则中国民智永难开，而国家也永无成立之时。中国现在只能实行民族主义，因而政治的中心点就是维护国民的自由和权利，以自由平等之说开启民智和提升民德，以为民族国家的存立和发展奠定坚实的社会基础。

---

① 梁启超：《国家思想变迁异同论》，载《饮冰室合集·文集》之6，第22页。

② 同上。

从个人权利与国家权力关系的角度，梁启超也认为中国只能实行民族主义。他说，今日西方各国都集中权力于中央，以增强国家的竞争力，"然必集多数有权之人，然后国权乃使强，若一国之人民皆无权，则虽集之，庸有力乎？……故医今日之中国，必先使人人知有权，人人知有自由，然后可。……若夫帝国主义之一阶级，吾中国终必有达之之一日，西人经百年而始达，我国今承风潮之极点，或十年或廿年而遽达焉，盖未可定。要之，欲躐此一级而升焉，吾有以知必不能也。何也？无其本也"①。本是什么？就是人人有权，人人有自由。人人有自由、有权利是国家有权的前提和基础，失去了这一基础，国家就如同空中楼阁。在没有经过民族主义精神陶冶的阶段之前，切不可实行民族帝国主义，不可压制个人自由权利而集中国家权力。也就是说，尽管中国与西方列强同处于 20 世纪初这一历史时期，但在"时势"上二者差别很大，中国只是刚刚准备进入民族主义阶段，而西方列强已经进入了民族帝国主义阶段，这种发展阶段的差异与指导思想的差异是一致的，或者说，中国与西方列强在思想场景上是不同的，梁启超所说的不能"躐级"实际上也就是指思想场景不能错位。

应该说，梁启超的这一认识是极有见地的。他的主张对于我国今天的国策和外交原则依然有一定的启发意义。尽管中国的综合国力已经十分强大，但我国的主要任务仍然是并且永远是满足人民日益增长的对美好生活的需要，使人民享有更多的民主和自由，而不是牺牲民生来进行军备扩张，实行民族帝国主义政策。党的十九大报告明确宣告："中国奉行防御性的国防政策。……中国无论发展到什么程度，永远不称霸，永远不搞扩张！"这无疑是十分明智的抉择。

第二节　梁启超与孙中山民族主义思想之比较

在 19 世纪末 20 世纪初的中国，高扬着民族主义大旗呐喊和践行着

---

① 梁启超：《答某君问法国禁止民权自由之说》，载《饮冰室合集·文集》之 14，第 31 页。

理想的最主要和最重要的代表，非改良派（后为立宪派）和革命派莫属。梁启超和孙中山分别是当时两派的主要领导人物，在关于民族和国家未来等问题上，二人的思想都颇具代表性，因而了解和对比他们的民族主义思想，既可以深化对改良派和革命派的认识，又可以给处理今天中国的民族关系和民族问题、维护国家的统一和稳定提供些许启示。

一　梁启超"专言政治革命"及其逻辑依据

梁启超民族主义思想的一个重要内容和特点是：他坚持"大民族主义"，反对"小民族主义"。"大民族主义"和"小民族主义"两个概念是梁启超首先提出的，他说："吾中国言民族者，当于小民族主义之外，更提倡大民族主义。小民族主义者何？汉族对于国内他族是也；大民族主义者何？合国内本部属部之诸族以对于国外之诸族是也。……合汉合满合蒙合回合苗合藏，组成一大民族。"[①] 大民族主义是指在世界范围内将中国与其他国家处于对立的位置，其主要任务是反对外敌侵略和参与世界竞争；小民族主义则是在中国范围内区分不同的民族或种族，其最终目标也可能是建立一个独立的民族国家，但没有超出传统"夷夏之防"的范围。

"大民族主义"观是梁启超主张政治革命而反对种族革命的思想基础，由于主张"大民族主义"，他坚决反对暴力流血的种族革命，而力主以立宪政体取代专制政体的政治革命。他明言："吾之论旨，始终以政治革命为救国之惟一手段，而所谓种族革命社会革命者，皆认为节外生枝，无益于事，而徒碍政治革命之实行，故辞而辟之。所以必辞而辟之者，欲国民集精力以向于政治革命之一途，国庶有豸也。"[②] 其理由是：其一，政治革命和种族革命"决不能相容"，因为种族革命必然以暴动为手段，其后果，一是造成许多国民的流血牺牲，二是由于中国国民程度不够，革命后即使建立了共和之政也是不完全的共和，而不完全

---

① 梁启超：《政治学大家伯伦知理之学说》，载《饮冰室合集·文集》之13，第75—76页。

② 梁启超：《杂答某报》，载夏晓虹辑《〈饮冰室合集〉集外文》上册，北京大学出版社2005年版，第400页。

的共和，则必至亡国。其二，中国正处于外敌侵凌的严峻历史时期，全国各族人民应该一致对外共同御侮，唯有国家存立了，各族人民才不致被外族奴役，就此点而言，汉族和满族的根本利益是一致的，不应因内竞而为外敌留下可乘之机。

梁启超自言其立论"皆用严正的论理法（演绎法归纳法并用），不敢有一语凭任臆见"①，此评价不免有所夸大，然其关于政治革命和君主立宪的主张，确实运用了大量的逻辑说理的方法予以论证，这使得其观点具有相当的学理依据而非流于空论。概括而言，他的逻辑方法包括对概念的辨析、对命题的论证和通过演绎推理进行辩驳，当然，这三者并非截然分开、各自独立的，在概念的辨析和命题的论证中，包含着推理，而在演绎推理中，也有对概念的界定和对相关前提的论证。

首先是对重要概念的辨析。

人们通常认为1903年是梁启超放弃革命而转向温和改良的分水岭，但实际上在此之前他已有思想转向的迹象。他于1902年底作《释革》一文，详细阐发与其政见密切相关的概念——"革"之义涵，为"革"字"正名"，虽然他发表此文时还未开始与革命派论战，但这篇文章既体现了他对逻辑方法的应用，也透露出他对于政治变革和种族革命的态度，这有助于我们了解其民族主义观念的发展变化。

汉语的"革"在英文中有两个对应的词即 Reform 和 Revolution（梁启超有时将二词简写为 Ref. 和 Revo.），近代日本学者将 Reform 译为"改革""革新"，指因其所固有而损益之以迁于善；将 Revolution 译为"革命"，指从根底处掀翻之而另造一新世界。在晚清反满风潮中，Revolution 由于其"革命"之义而在中国留日学生群体中成为一个流行词汇，对其时乃至后来的中国人产生了较大影响，一般中国人几乎都将 Revolution 一词视为流血的暴力斗争和王朝更替的代名词。

在梁启超看来，日本人将 Revo. 译为"革命"并不准确，其理由是："革命"指王朝易姓，不足以当 Revo. 之意。他指出，"革命"一词在中国先秦典籍中已出现，如《易传》之"汤武革命，顺乎天而应

---

① 梁启超：《开明专制论》"著者识"，载《饮冰室合集·文集》之17，第14页。

乎人",《尚书》之"革殷受命",皆指王朝易姓而言。也就是说,以改朝换代来释"革命"不乏历史依据,但是不能反过来说 Revo. 就是指"革命"或改朝换代,因为世间事物无不有其 Revo.;即便以政治论,有不必易姓而不得不称为 Revo. 者,也有屡经易姓而不能称为 Revo. 者,此即为"易姓者固不足为 Revolution,而 Revolution 又不必易姓"①。从逻辑学的角度言,梁启超之意为:王朝易姓既非 Revolution 的充分条件,亦非其必要条件。通俗讲,Revolution 这个词与"革命"或"改朝换代"之间并无必然的联系。

为证明以上观点,梁启超以世界历史和史学界的说法作为论据。他说,欧洲数千年来,各国王统变易者以百数,但史家从未冠以Revolution 之名;而 19 世纪,反被史学界通称为 Revolution 时代,然而除了法国主权屡变外,其余各国都是"王统依然"。再如日本,尊王讨幕、废藩置县,明治后的日本与明治前的日本有天壤之别,是真正行Revolution 之实者,然日本皇统万世一系,天皇较之以前更"安富尊荣神圣不可侵犯"。这都表明,实行 Revolution 不必然要改朝换代。反观中国历史,鼎革易代不啻百数十姓,但"群治之情状"并未有根本不同,这说明改朝换代也不一定就意味着社会各方面的彻底改变。

梁启超将 Reform 和 Revolution 二词进行了比较。他认为,二者的区别主要在实施程度和范围的不同,具体而言:"Ref 主渐,Revo 主顿;Ref 主部分,Revo 主全体;Ref 为累进之比例,Revo 为反对之比例。其事物本善,则体未完、法未备,或行之久而失其本真,或经验少而未甚发达,若此者,利用 Ref。其事物本不善,有害于群,有窒于化,非芟夷蕴崇之,则不足以绝其患,非改弦更张之,则不足以致其理,若是者,利用 Revo。……其前者吾欲字之曰'改革',其后者吾欲字之曰'变革'。"②

简言之,Ref. 是渐进的、局部的变化,使本善的事物更完善;Revo. 是彻底的、全面的改弦更张。比如中国 30 余年之洋务运动,就是

---

① 梁启超:《释革》,载《饮冰室合集·文集》之 9,第 43 页。

② 同上书,第 40—41 页。

Ref. 即改革，而后来由于内忧外患加剧、民智程度也有所提升，实行政治制度的大变革，就是 Revo. 即变革。也就是说，Revolution 只是人们为了适以自存而依据社会进化原理自觉选择的"人事淘汰"而已，它是一种"国民变革"，与"王朝革命"并不相属。如上述除法国外的欧洲各国、日本明治维新，都是实行了 Revolution，但不是王朝革命，而是国民变革。他说："变革云者，一国之民，举其前此之现象而尽变尽革之，所谓'从前种种，譬犹昨日死；从后种种，譬犹今日生'（曾文正语），其所关系者非在一事一物一姓一人。"① 中国若不想遭天然淘汰之祸、沉沦于天演规则之下，只能实行大变革，"国民如欲自存，必自力倡大变革实行大变革始；君主官吏而欲附于国民以自存，必自勿畏大变革且赞成大变革始"②。

梁启超对"革"之内涵的辨析和重新解释，尤其是将 Revolution 的外延扩大，其意图很明显，一是不希望由于人们将 Revolution 理解为流血的暴力革命，使当权者闻"革命"色变，从而使一些本有利于中国发展的变革都遭遇来自上层和各级官吏的阻碍；二是通过"正名"和征诸历史的方式，区分王朝革命和国民变革，指出中国实行国民变革才是救亡图存之正途，而不是一定要推翻现有朝廷，从而为其渐进变革的主张服务，同时也试图对当时风雨欲来的革命风潮起到一定的劝阻的作用。梁启超的"释革"，有主观上的强以己意说词的局限，也有利于社会变革的意义，尤其是他所说的改朝换代不一定就意味着社会各方面的彻底改变这一观点，联系辛亥革命后 30 多年的史实，也不是完全没有道理。

其次是对命题的论证。

梁启超坚持"大民族主义"，与其对于满汉关系的理解相关联，其中最重要的两个问题是：满清入关后中国是否已亡？今日之政府是满洲政府还是中国政府？这正是他与革命派争论的焦点问题。他结合历史与逻辑，论证这些重要命题，成为支撑其政治主张的依据。

梁启超论证的第一个命题是：满洲入关后中国并未亡。

---

① 梁启超：《释革》，载《饮冰室合集·文集》之 9，第 43 页。

② 同上书，第 44 页。

对满汉关系的认识不同，使革命派和立宪派在对清政府的态度、对政治革命和种族革命的理解以及政体的选择等诸方面都截然不同，正因为如此，梁启超说"此实最切要之问题也"。如果中国真的已亡，就不是"救亡"的问题，而是"光复中国"的问题了，那么他与革命派在立场上的歧异也就不复存在。革命一派主张种族革命，其最重要的认识前提就是中国已亡，所以要以革命夺权的方式来光复国家，这样的观念在《民报》创刊之前就已在一定范围内流行，如邹容 1903 年作《革命军》时记为"皇汉民族亡国后之二百六十年"。汪精卫在《民报》第 1 号发文，从民族的六个构成要素即同血系、同语言文字、同住所、同习惯、同宗教和同精神体质等出发、并结合中国历史的发展来说明，满洲与汉人绝非同族，满洲入住中原意味着中国的灭亡，他总结说："以一王室仆一王室谓之易姓，以一国家蹂一国家谓之亡国，以一种族克一种族谓之灭种。彼满洲者对于明朝，则为易姓，而对于中国，对于我民族，则实为亡国灭种之寇仇，誓当枕戈泣血，以求一洗。"①

对于汪精卫等革命派提出的中国已亡论，梁启超从学理和历史的角度，运用证明和反驳的逻辑方法，得出满洲入关后中国未亡的结论。他首先援引西方近世学者的理论提出了国家"三要素"说，以证明中国只有易姓而无亡国。他指出："事实上国家之定义，曰有国民，有领土，有统一之主权。具此三要素，谓之国家；此三要素缺一，而国家消灭。我中国现在之领土，则黄帝以来继长增高之领土也；其国民，则黄帝以来继续吸纳之国民也；其主权，则黄帝以来更迭递嬗之主权也。中国之未亡，抑章章也。而历代之帝王，则总揽统治权者而已，总揽统治权者，乃国家之一机关，而非国家也。故中国自有史以来，皆可谓之有易姓而无亡国。"② 梁启超称历代帝王为"总揽统治权者"，不过是"国家之一机关"而已，那么，只要国家得以存立的三要素没有改变，即使帝

① 精卫（汪精卫）：《民族的国民》，载张枬、王忍之编《辛亥革命前十年间时论选集》第 2 卷上册，生活·读书·新知三联书店 1977 年版，第 94 页。

② 梁启超：《杂答某报》，载夏晓虹辑《〈饮冰室合集〉集外文》上册，北京大学出版社 2005 年版，第 401 页。

王发生更换，也不意味着国家灭亡，否则我们可以说，中国历史上的亡国不啻二十余次了。

其次，针对汪精卫之中国已亡论的前提即"以一国家蹢一国家谓之亡国"的说法，梁启超根据"三要素"说，逐一进行反驳。其一，从"国民"这一要素来看，满洲之皇室，起于建州卫，而建州卫自明朝以来就是我国的羁縻州①，其首领受策命获得官爵并统领其部，如同云南、四川、广西等省的土司一样。如果说西南土司之人民为我中国之人民，那么明朝建州卫之人民，也不能不认为是中国人民，因此，"爱新觉罗氏，亦我固有人民之一分子而已"；另据史册记载，清太祖努尔哈赤在明朝时曾封授龙虎将军，此亦可证明清室之先代确为明朝之臣民，自然也即为中国之臣民。由此，"清之代明，则是本国臣民对于旧王统倡内乱谋篡而获成功也，决不可谓以一国家蹢一国家也"②。其二，就"领土"这一要素论，满洲不能称之为国家，因为其最初"逐水草迁徙之游牧人民，仅有土地而无有领土，故仅有社会而无有国家"（梁引日本小野塚博士语）；满洲虽后来以沈阳为都建国号曰清，但这只能算内乱现象，乃"中国臣民中之爱新觉罗一族，对于中央政府而谋革命"，割据中国固有的一部分领土而自设假政府与中央政府相对峙，至其势力扩张，遂取中央政府而代之，这与刘邦在革命过程中于巴蜀关中建汉、其后取代秦等事件如出一辙。他质疑道："若以沈阳之清为中国外之一国，而谓其亡中国也，则刘氏可谓以汉国亡中国，李氏可谓以唐国亡中国，朱氏可谓以吴国（按：明初号吴）亡中国，有是理乎？故吾谓清之代明，决非以一国家蹢一国家也。"③ 如果清国之建立，与汉、唐、明之建立确属同一现象，那么梁启超此一假言推理，是无可辩驳的。其三，从"统一之主权"来看，梁启超将中国与罗马进行了比较，认为罗马之灭亡，属于日本美浓部博士所说的"现在之政府已倾覆，而无能代之之

---

①　我国于唐朝始，在边疆设羁縻州，以情况特殊，因其俗以为治，有别于一般州县。羁縻，喻牵制联系之意，借以形容天子与边疆四裔之关系羁縻不绝。

②　梁启超：《杂答某报》，载夏晓虹辑《〈饮冰室合集〉集外文》上册，北京大学出版社2005年版，第402页。

③　同上。

新政府以为统一"这种情况，一国分裂为若干国，所以罗马在事实上已失其存在。但中国不然。"清之兴也，领土如故，国民如故，主权之统一如故；所异者，则总揽统治权之一机关，由朱氏之手以入于爱新觉罗氏之手而已。故明之王统亡，而中国之国家未尝亡也。"① 归纳以上理由，梁启超得出"中国自有史以来以迄今日，皆有易姓而无亡国"的结论，因此，满洲入关后中国也未亡。

在论证中，梁启超将君主理解为国家之一机关，这实际上是基于现代的国家观，对"朕即国家"的传统君主观念的否定，对于帝王的角色重新予以定位。在此认识前提下，他批评革命派为"君主主体说"之谬论所误导而持复仇主义，所谓"君主主体说"，即认总揽统治权者即为国家，而不知君主只是国家之一机关。在梁启超看来，他们当全力以争的不是"此机关之谁属"，而是"此机关之权限"，权限定则机关良，机关良则国家受其利，所以革命派的排满，实属是本末倒置。

梁启超论证的第二个命题是：今日之政府是中国政府而非满洲政府。

针对革命派所认为的今之政府只是满洲政府，梁启超提出了两个假言判断："若今日政府为满洲政府，则今之国家，不可不谓之满洲国家；若今之国家为中国国家，则今之政府不得复谓之满洲政府。"其理由是："政府者，国家之一机关，与国家一体相属而不可离异者也。"② 这就好比一个人头上之口与其躯体不能分开而论一样，不能说躯体是张三的，而头上之口是李四的。所以，若称满洲政府，前提是必须认中国已亡，必须现今世界中，只有满洲国而无所谓中国；根据此前已证的结论"中国自有史以来以迄今日，皆有易姓而无亡国"，可知中国未尝亡，世界中自古及今亦未尝有满洲国，所以，"中国国内，无满洲政府存立之余地"，"故吾谓今之政府，实中国政府，而非满洲政府也"③。他又补充道，满洲政府，只有存在于万历四十四年至崇祯十七年间的沈阳政府，

---

① 梁启超：《杂答某报》，载夏晓虹辑《〈饮冰室合集〉集外文》上册，北京大学出版社2005年版，第402页。

② 同上书，第405页。

③ 同上。

此后满洲政府便消灭，而继受明朝政府，即自秦以来中国的中央政府。

梁启超指出，认今日政府为满洲政府而非中国政府，于国于民皆无益。当时有革命者说，永远不为满洲政府上条陈，甚至认为满洲政府越腐败，则革命的目的越容易达成。但在梁启超看来，这种心理实际上是将自己置身事外、置于国家之外，"明弃其固有之权利，放其应尽之责任"，如果国民都不尽其监督之义务，政府必将走向腐败而危及国家。这也正是他"断断然辨此"之缘由。

梁启超通过厘定国家与政府间的关系，再以其所证明的"中国未亡"之结论作为前提，推出今之政府是中国政府，可谓顺理成章，自形式上言，此推理无任何问题，符合充分条件假言推理的规则。但是，此推理在理论前提上有明显的瑕疵，其一，梁启超强调政府与国家之间相联系的一面，而忽略了二者间的区别：国家代表的是主权，政府代表的是政权，国家的合法性来源于非选择性的传统，具有稳定性和持久性，社会公民不能反对和脱离国家，否则就会失去公民的资格；而政府的有效性取决于政府对社会进行统治和管理的有效性，公民具有批评和反对政府及其政策的权利。也就是说，从国际法的意义上说，满洲政府是中国政府，但并不意味着不能从执政者的角度称之为满洲政府，也不意味着中国公民不能反对满洲政府。其二，梁启超说满洲政府也曾存在过，即沈阳政府，而根据他所作的判断"若今日政府为满洲政府，则今之国家，不可不谓之满洲国家"，恰可以反推出，沈阳政府存在的时期，也就是满洲国家存在的时期，如此就可以推翻他此前的结论"满洲国之自始未尝存在"，那么他第一个命题的真实性也因此要接受检验了。只能说，他在论证过程中的"补充说明"纯为画蛇添足之举，终致落入"以己之矛陷己之盾"的困境。

最后是通过三段式的演绎推理进行驳辩。为了证明政治革命和种族革命孰能达救国之目的，梁启超运用三段论的形式进行了推演，最后得出不当以种族革命为救国手段的结论。他的推演过程主要包括四个三段论推理（梁拟定的是两个推理，但实际上是四个，因其将小前提一和二、断案一和二分别合在一个推理中），涉及两个方面，一是种族革命与救国的关系，二是种族革命与政治革命的关系。

一是关于种族革命与救国之关系的两个推理，不过，虽然是要对革命派之种族革命进行反驳，他所列三段式在形式上却是政治革命与救国的关系，其式如下：

推理一：大前提："凡可以达救国之目的者，皆吾辈所当以为手段者也。"

小前提（一）："政治革命，实可以达救国之目的者也。"

结　论（一）："故政治革命，吾辈所当以为手段者也。"

推理二：大前提："凡可以达救国之目的者，皆吾辈所当以为手段者也。"

小前提（二）："非政治革命，更无道焉可以达救国之目的者也。"

结　论（二）："故舍政治革命以外，吾辈无可以为手段者也。"①

他先认定这两个推理"如铜墙铁壁，颠扑不破"，然后将"推理一"的小前提更换为"种族革命，实可以达救国之目的者也"，随之有结论"故种族革命吾辈所当以为手段者也"；或将"推理二"的小前提更换为"非种族革命，更无道焉可以达救国之目的者也"，随之得出"故舍种族革命以外，吾辈无可以为手段者也"。针对第一个小前提，他提出质疑：如果种族革命后所得君主是暴君或昏君，能达救国之目的吗？显然不能。由此，第一个小前提已破。针对第二个小前提即"只有种族革命可以达救国之目的"（因为"非种族革命，更无道焉可以达救国之目的"意思即为"只有种族革命可以达救国之目的"），他提出如此假设：若满洲政府忽然以至诚行立宪，以更新为度，是否可以达救国之目的？答案是能。由此，则第二个小前提也不能成立。综合而论，"苟以救国为前提，则无论从何方面观之，而种族革命总不能为本来手段、为直接手段"。由此结论，又反推出"政治革命之一观念，与救国之一观念，既连属为一体而不可分也"②。

二是关于政治革命和种族革命关系的推理，即以政治革命为前提，种族革命能否为政治革命的补助手段？其式如下：

---

① 梁启超：《申论种族革命与政治革命之得失》，载《饮冰室合集·文集》之19，第2页。

② 同上书，第3页。

推理三：大前提："凡可以达政治革命之目的者，吾辈所当以为手段者也。"

小前提（一）："种族革命，实可以达政治革命之目的者也。"

结　论（一）："故种族革命，吾辈所当以为手段者也。"

推理四：大前提："凡可以达政治革命之目的者，吾辈所当以为手段者也。"

小前提（二）："舍种族革命以外，更无他道焉可以达政治革命之目的者也。"

结　论（二）："故舍种族革命以外，吾辈无当以为手段者也。"①

针对推理三，梁启超指出，要验证小前提是否正确，须先明确政治革命和种族革命的概念，因而他首先对二者进行了界定："政治革命者，革专制而成立宪之谓也。无论为君主立宪，为共和立宪，皆谓之政治革命。苟不能得立宪，无论其朝廷及政府之基础生若何变动，而或因仍君主专制，或变为共和专制，皆不得谓之政治革命。种族革命者，民间以武力而颠覆异族的中央政府之谓也。盖苟非诉于武力，而欲得种族上之政权嬗代，则必其现掌政权者，三揖三让以致诸我然后可，然此必无之事也。故非用武力，不能得种族革命，明也；而其武力苟未足以颠覆中央政府，则不成其为革命。"② 也就是说，政治革命的核心内涵是"变专制为立宪"，而种族革命的核心内涵是"武力"和"颠覆中央政府"，这是二者的区别之所在。

梁启超首先从君主之产生方式及君主有无立宪之诚意两方面，论述了"人民以武力颠覆中央政府"与"君主立宪制"之间毫无因果关系。他说，君主立宪必然是以君主的存在为前提，根据历史上无数的成例，革命后新君主的产生无非是以无数民众的流血牺牲为代价、尽灭群雄而一雄独存而已，如果革命派也如此，那么立宪将来能至与否尚未可期，而"君主"二字已先受其毒；且新君主未必有立宪之诚意，就算有，可能还未实行而中国已先亡。关于为何新君主可能还未实现立宪之志愿而

---

① 梁启超：《申论种族革命与政治革命之得失》，载《饮冰室合集·文集》之19，第3页。

② 同上书，第4页。

中国已先亡，梁启超并未进一步阐述，但他以此断言，以武力颠覆中央政府与君主立宪制之间无一毫因果必然联系。其次，他又论述了"人民以武力颠覆中央政府"与"共和立宪制"之间无因果关系。他指出，共和立宪制的根本精神是卢梭的"国民总意"说，其统治形式是孟德斯鸠的三权分立论。就"国民总意"而言，"总"在逻辑上是全称，但在人口多、幅员广之大国，其实际政治生活中的投票选举等，绝不可能是"全部"，至好的情况是大多数，且大多数又未必是出于自由意志，所以"国民总意"根本难以实现。就"三权分立"而言，"三权分立之政治，即最高主权在国民之政治也。而最高主权在国民之政治，决非久困专制骤获自由之民所能运用而无弊也。准是以谈，则虽当革命后新建共和政府之时，幸免于循环反动以取灭亡，而此政体，终无术以持久，断断然也。不持久奈何？其终必复返于专制。然则其去政治革命以救国之目的，不亦远乎？"① 也就是说，由于中国国民长期处于专制政体之下，其政治能力并不足以实行共和制，所以三权分立也难以实现。结合此两点，他得出，"人民以武力颠覆中央政府"的种族革命无法实现政治革命的目标，因此，种族革命不仅不能为救国之本来手段、直接手段，甚至也不能成为政治革命的补助手段、间接手段。

梁启超用逻辑分析来支撑其政治革命的主张，相对于一些革命者基于民族主义情绪而主张种族革命而言，无疑更具有理性的色彩。但若从逻辑学的角度去"挑刺"，其论证并非毫无漏洞。

在概念的阐释方面，他将政治革命界定为"革专制而成立宪之谓"，实际上是将政治革命仅仅理解为政治改革；将种族革命界定为"民间以武力而颠覆异族的中央政府之谓"，实际上将种族革命解释为暴力斗争。同样是"革命"一词，他没能在同一意义上使用，致使其内涵前后不一致。此外，革命派坚决要实行种族革命，主要原因在于他们认为清政权是异族统治，与汉族绝不相容，所以梁启超将种族革命释为"民间以武力而颠覆异族的中央政府"并无不妥，这符合革命派的原意。但在推理过程中，他将这一内容转换成了"人民以武力颠覆中央政府"，抽掉了

---

① 梁启超：《申论种族革命与政治革命之得失》，载《饮冰室合集·文集》之19，第15页。

"异族"二字，这已改变了"种族革命"的含义，因此，他所论证的"人民以武力颠覆中央政府与君主立宪制和共和立宪制之间无一毫因果关系"，实际上不是"种族革命与君主立宪制和共和立宪制之间无一毫因果关系"，尽管不要"异族"二字也可能得出同样的结论，但他偷换概念在先，已违反了逻辑学上的"同一律"原则，其推理自然也因此失据，可靠性大打折扣。

在推理方面，他为论证种族革命非救国之手段，先拟定两个三段式（即推理一和推理二），并且认定此三段式"如铜墙铁壁，颠扑不破"，然后以此为正确的前提来进行下一步的推理。在逻辑推理中，一个推理的结论要正确，须满足两个条件：形式有效和前提真实。自形式上看，两个三段式并无问题，但是，"只有政治革命可以达救国之目的"这一判断，如何能成为不证自明的前提？对此，他并没有给出任何事实上的依据，也就是说，这一前提正确与否，本身还有待证明，它只是一个预期理由，那就不能被视为"颠扑不破"的真理而直接作为推论的证据。此外，在论述"人民以武力颠覆中央政府"与"君主立宪制"之间毫无因果关系这一点上，他给出的理由也明显不够充分。

既然在概念的使用上违反了同一律，在推理中的前提本身又不能保证其真实性，推理过程中还存在理由不充分的情况，那么最后结论的真实性，同样是无法保证的。所以，如果梁启超要证明"只有政治革命是救国的唯一手段"，恐怕还需要找出更有力的证据和更严密的逻辑论证。

当然，梁启超的逻辑中存在着漏洞并不奇怪，毕竟逻辑本身是追求高度严密性的，而当时西方形式逻辑只是初被介绍到中国，国内研究者少之又少，梁启超同样也未能进行系统深入的研究，故其推论难免有瑕疵。而且梁启超以逻辑方法楔入政见，其意义并不在对于逻辑学本身有多大的贡献，而在于他试图以一种更理性的方式探索救亡之路径，以期将中国走向现代化所付出的代价降到最低，这种思路无疑是可取的，多灾多难的中国经不起太多的折腾。虽然他基于历史和逻辑的分析而进行的设计未能成为现实，但他对于当时中国国民程度的判断、对未来可能状况的预见，在后来的实际政治中基本都得到证实，这些充分证明他作为思想家和政治活动家在面对关系国家前途的重大问题上的稳健、理性和智慧。他曾在驳辩后提出这样的疑问："不惜流千万人之血，耗一国之物力，当此列强眈眈之余，冒万险掷孤注，而惟此区区不足重轻之君位之谁属是争，曾是智者而若是乎？"① 联想当时中国的现实，我们不能说他的质问毫无道理。

在历史和生活中有太多的非确定性因素，逻辑的分析和论证也有其限度，常常不能决定历史事件是否发生，但是，如果一个民族能形成重视逻辑分析的传统、富有理性精神的民族性格，不轻易被情绪所左右；能把追求严密和精确作为一种习惯，那么谁又能说它对于历史发展的进程不能有所改变呢？这或许是梁启超运用逻辑方法给予我们最有价值的启示。

二　孙中山的民族主义思想

孙中山是革命派的精神领袖和核心领导人物，革命派中主要人物的民族主义观念基本与孙中山一致；而梁启超不仅与孙中山有过交集，而且其民族主义思想的具体阐述和明确表达更多的是在与革命派的论战中进行的，所以从孙中山的民族主义思想既可以更多地了解梁启超民族主义观念叙述之展开的背景，也有助于明了梁启超与孙中山等革命派在观念上的异同、各自的意义和缺陷，从而使中国近代民族主义思潮在政治发展过程中的作用呈现出更加清晰的脉络。

孙中山的思想集中体现在三民主义，民族主义是其中的一个重要内容。关于孙中山的民族主义思想，耿云志先生曾提出"三阶段"说，他认为，从1894年创立兴中会到1905年同盟会成立，孙中山及其战友们一直持反满的民族主义，未能摆脱狭隘民族主义的藩篱；同盟会成立后，从本质上说，已确立以民族建国为目标的近代民族主义，但仍未能完全摆脱反满的局限；到五四新文化运动时期，特别是国民党改组时期，孙中山的民族主义有了新的飞跃，明确阐明了争取建立各民族一律

---

① 梁启超：《杂答某报》，载夏晓虹辑《〈饮冰室合集〉集外文》上册，北京大学出版社2005年版，第404页。

平等的国际新秩序的思想和主张。①在研究孙中山民族主义思想的论著中，耿先生的持论算是较为中肯的。但笔者看法仍稍有不同，孙中山在辛亥革命前的民族主义旗帜，基本上就集中在反满问题上，因其认为建立新政府新国家的前提是推翻清政权；辛亥后至"一战"结束，孙中山几乎再没有提及民族主义，因他认为民族主义的目标已经完成，这表明，以推翻清政权为民族主义主题的认识，贯穿了其大半生。他也有一些关于"五族共和"的论述和演讲，不过在 1921 年他仍有"所谓五族共和者，直欺人之语"②的言论，强调汉族本位。

辛亥革命前，孙中山把推翻满清王朝作为民族主义运动的首要目标。在他看来，排满作为民族主义的核心内涵是自然而然的，因为种性意识是民族主义天然的心理和情感基础。他说，民族主义不需要去作什么研究便能知晓，因为它是"从种性发出来，人人都是一样的"③，就好比一个人见了父母自然会认得，不会把父母当作路人，也绝不会把路人当作父母，同样，汉人见了满人，也不会当作汉人。出于此种族意识，孙中山认为中国已亡，汉人已经成了亡国之民，汉人所要行的"民族革命"，是要夺回政权，光复汉民族的国家。从 1894 年兴中会盟书中的"驱除鞑奴，恢复中国，创立合众政府"到 1905 年同盟会宣言"驱除鞑虏，恢复中华，建立民国，平均地权"，再到 1911 年演讲中所言"满政府立心之狠毒，无一不欲绝汉民之生计。但吾无怪其然：凡非我族类，其心必异"④，他都明确表达了与满洲政府势不两立的态度和排满的决心。他在 1924 年的演讲中再次指出，中国受政治力的压迫以至于完全亡国，已有两次，一次是元朝，一次是清朝，两次都是亡于少数民族；更可怕的是，与亡国同时消亡的，是中国的民族主义、中国人的民

----

① 耿云志：《孙中山民族主义思想的历史演变》，载《广东社会科学》2007 年第 1 期。

② 孙中山：《在桂林对滇赣粤军的演说》，载《孙中山全集》第 6 卷，中华书局 1985 年版，第 24 页。

③ 孙中山：《在东京〈民报〉创刊周年庆祝大会的演说》，载《孙中山全集》第 1 卷，中华书局 1981 年版，第 324 页。

④ 孙中山：《在中国同盟会葛仑分会成立大会的演说》，载《孙中山全集》第 1 卷，中华书局 1981 年版，第 523 页。

族精神。他呼吁"我们今日要把中国失去了的民族主义恢复起来，用此四万万人的力量为世界上的人打不平，这才算是我们四万万人的天职"①。孙中山的看法所透射出的民族心理显然是对满族政治地位的否定和对汉族历史文化的认同，而对汉民族的认同在当时为革命的发生获得了广泛的群众基础和行动的力量。

　　在孙中山以为中华民国的建立标志着中国民族主义的任务已经完成时，"一战"爆发，随后世界民族主义浪潮高涨，建立独立自主的现代主权国家成为诸多民族首要的政治诉求。世界形势的发展使孙中山的认识有了转变，他指出："革命以后，满清虽已推倒，而已失之国权与土地，仍操诸外国，未能收回。……中华民国固未可谓为完全独立国家也！吾人若以救国为己任，则仍当坚持民族主义，实行收回已失之土地与国权，始能与日本、暹罗同为东亚之独立国。"②此时，孙中山的民族主义在内涵上明显与以前有了很大不同，他由民族认同转向了双重认同，即民族认同和国家认同。所谓民族认同，"主要体现为一个民族的人们对其自然及文化倾向的认可与共识，主要依赖于体貌特征、共同记忆、血缘关系和历史文化传统等"；所谓国家认同，"主要体现为个体或群体在心理上认为自己归属于某一国家这一政治共同体，意识到自己具有该国成员的身份资格。国家认同是现代国家的合法性基础，为国家维系自身的统一性、独特性和连续性提供重要保障"③。前者强调共同的历史文化传统，后者强调同属于一个国家，二者是两个相异但又密切相关的概念，应该具有统一性，但也有可能分离，分离的结果就是民族矛盾和民族冲突的发生。现代的民族国家既是历史文化共同体，也是政治共同体，但若进行层次的区分，国家认同当是民族认同的升华，从维护国家统一和秩序的角度来看，国家认同比民族认同具有更高的价值。对于孙中山等革命派而言，民族认同为辛亥革命的发生提供了重要的思想基

---

　　①　孙中山：《三民主义》，载《孙中山全集》第9卷，中华书局1986年版，第226页。

　　②　孙中山：《在桂林对滇赣粤军的演说》，载《孙中山全集》第6卷，中华书局1985年版，第25页。

　　③　青海省发展中的马克思主义研究中心：《实现民族认同与国家认同相统一》，载《人民日报》（理论版）2009年12月17日。

础和动力，但当时确亦有一定的消极影响。

之所以说孙中山转向了双重认同，是因为一方面他正确认识到了中国当时并未成为一个完全独立的国家，因而对于建立现代主权国家的诉求十分强烈；另一方面，他所要建立的国家是汉族同化了其他民族的"完全底单一民族国家"，所以在他的观念里，民族认同和国家认同的双重性体现得较为明显，这从其后期的言论尤其是他提出的几个概念可窥一斑。

一是"国族"概念。英文 nationalism 一词，在大陆普遍翻译为民族主义，而在台湾则翻译为国族主义，它比较兼顾到民族主义所包含的两种不同的认同：对民族的认同和对国家的认同。而"国族"概念，孙中山在关于三民主义的演讲中就已使用。他明确指出："民族主义就是国族主义。"① "国族"是相对于家族和宗族而言的，孙中山认为，中国人有很强的家族主义和宗族主义观念，但是没有国家观念，没有国族主义。他指出，要想恢复民族主义，必须结成大团体，由宗族推到国族，以抵制帝国主义，"有了国族团体，还怕什么外患，还怕不能兴邦吗！"② 将民族主义界定为兼有民族和国家双重含义的国族主义，重视民族认同和国家认同的统一，表明孙中山对民族主义有了更深入的理解，在理论上有了巨大进步，这也可以说是他对梁启超民族主义观在一定程度上的趋同。这种理解和认识与当时世界形势和中国情势都是相符合的。

二是"大民族主义"和"中华民族"概念。这两个概念最初都是由梁启超在 20 世纪初年提出的，强调中华民族原本由多民族在漫长的历史中融合而成，是不可分割的整体，在列强入侵时当同仇敌忾，一致对外。孙中山后来也用到这两个概念，不过在概念内涵上与梁启超的还是有一定差异。比如关于"大民族主义"，孙中山说："汉族号称四万万，或尚不止此数，而不能真正独立组一完全汉族底国家，实是我们汉族莫大底羞耻，这就是本党底民族主义没有成功。由此可知，本党尚须在民族主义上做功夫，务使满、蒙、回、藏同化于我汉族，成一大民族主义

---

① 孙中山：《三民主义》，载《孙中山全集》第 9 卷，中华书局 1986 年版，第 185 页。
② 同上书，第 239 页。

底国家。"又说："今日我们讲民族主义，不能笼统讲五族，应该讲汉族底民族主义。……兄弟现在想得一个调和底方法，即拿汉族来做个中心，使之同化于我，并且为其他民族加入我们组织建国底机会。仿美利坚民族底规模，将汉族尽管扩为中华民族，组成一个完全底单一民族国家。"① 类似的言论在孙中山生命最后几年的演讲中多次出现，主要包含三层意思：一是当前的主要目标是建立一个完全独立的主权国家，也就是说，要以反帝为民族主义的首要任务；二是建立民族国家的任务要由汉族和其他少数民族共同完成，而不是将少数民族排除在外；三是汉族要同化其他民族。可见，孙中山的"大汉族主义"确实不同于辛亥革命前的排斥其他民族的狭隘民族主义，认识到了中国各民族在完成建国目标中有不可忽视的力量，其国家认同明显加强。但是，他以汉族为本位的民族认同仍然没变，他所称的"中华民族"是指"完全底单一民族国家"，要将其他少数民族完全同化于汉族，这显然是不现实的，也是不正确的，它会造成对民族感情的伤害，影响各民族之间的关系。这是其民族主义思想的缺陷。

孙中山力主暴力革命与其排满的民族主义观念具有逻辑上的一致性，因为若以"驱除鞑虏，恢复中华"为目标，就必须以暴力手段推翻清政权。在这个问题上，孙中山与梁启超分歧甚大，虽然二人也曾有过共识，但终因梁启超反对暴力革命而走向分途。如果从中国近代的时代课题即各民族团结一致共建独立自主的民族国家来看，梁启超所讲的"大民族主义"无疑是与之相契合的；不过从当时的社会环境来看，其民族主义观与当时众多国人排满的民族情绪不太一致，因而缺乏广泛的群众基础，在这一点上，他不及孙中山。因此，梁、孙二人的民族主义思想，各有其明显的优长与不足。

三 关于立宪派和革命派之论争的反思

20 世纪初立宪派与革命派的论战（主要是从 1905 年至 1907 年），

---

① 孙中山：《在中国国民党本部特设驻粤办事处的演说》，载《孙中山全集》第 5 卷，中华书局 1985 年版，第 473—474 页。

是对中国近代社会影响深远的重要事件，留下了宝贵的思想遗产，包括经验和教训。

1905 年 11 月 26 日，同盟会的机关报《民报》创刊发行，至 1910 年 2 月终刊，共出了 26 期。《民报》从创刊号起，便以战斗者的姿态向梁启超宣战，拉开了革命派与立宪派论战的大幕。说是两党之论战，实际上立宪派一边主要"参战者"就是梁启超，而革命派中的论战者有孙中山、胡汉民、汪精卫、陈天华、章太炎、朱执信、廖仲恺、冯自由等人，可以说，这是一场双方力量很不均衡的思想战争。但梁启超的态度很坚决，丝毫不肯妥协和退让，他在 1906 年给康有为的信中，述说了当时"两大敌夹于前后"的处境，但相对于政府，革命党是更大的敌人，"今者我党与政府死战，犹是第二义；与革党死战，乃是第一义，有彼则无我，有我则无彼"①。思想的论争由于关乎中国前途之走向而成了你死我活的生死之战。

双方争论的焦点，一是民族主义，一是民生主义即社会主义，尤在民族主义问题上分歧严重，争辩也异常激烈。

汪精卫出于"非我族类，其心必异"的认识前提和对满洲的强烈仇恨，对于当时清政府的立宪行动十分怀疑，觉得那不过是一种试图牢笼汉族民众的手段，不可能带来满汉平等与和睦相处。他批评梁启超将种族思想与政治思想混为一谈，否认革命派是以排满为立国的手段，指出排满是为了达到民族主义的目的，立国是为了实现国民主义的目的，二者都是目的，而不是以一个为目的，以另一个为手段；并且认为"民族主义之目的达，则国民主义之目的亦必达"②。也就是说，汪精卫视排满的民族主义为立国的国民主义的充要条件，既如此，排满自然是第一要务。朱执信与汪精卫持同样的观点，认为"消灭种界一问题也，立宪一问题也，种界消灭然后能立宪"③；"革命者，以去满人为第一目的，以

---

① 丁文江、赵丰田编：《梁启超年谱长编》，上海人民出版社 2009 年版，第 245 页。

② 精卫（汪精卫）：《民族的国民》，载张枏、王忍之编《辛亥革命前十年间时论选集》第 2 卷上册，生活·读书·新知三联书店 1977 年版，第 97 页。

③ 蛰伸（朱执信）：《论满洲虽欲立宪而不能》，载张枏、王忍之编《辛亥革命前十年间时论选集》第 2 卷上册，生活·读书·新知三联书店 1977 年版，第 117 页。

去暴政为第二目的，而是二者固相连属，第一目的既达，第二目的自达"①。不仅观点与汪精卫相同，语调句式也基本一样。胡汉民则更加"自信"，他说："满洲去，则中国强；中国强，则远东问题解决；远东问题解决，则世界真正之平和可睹。"②

革命派相继在《民报》发声，表达的观点大致相类，他们的文章在当时引起了极大关注，对于反满革命风潮也产生了推波助澜的作用。不过，若仔细分析这些文章，其中难以令人信服之处确有不少。如他们普遍认为，民族主义的目的达到了，则国民主义的目的自然达到；而按胡汉民的说法，似乎只要排满成功，中国、东亚乃至世界上的问题都能迎刃而解。如此立论，依据是什么呢？他们并未能提供充足的理由。汪精卫自己也承认，立宪的本质在伸张国民之权利，以监督政府之行为，可是"民权非能骤然发生者也，其发生也有由来，而其进也以渐"③。既然如此，那么仅以几次革命行动，就能如他所说的可以克服历史的遗传性而陶冶成共和国民之资格，或者如孙中山所言"一旦根本约法，以为宪法，民权立宪政体，有磐石之安，无飘摇之虑"④了吗？这样的论断无疑是证据不足、难以说服人的。不可否认，这些革命者充满爱国热情，心怀国家和人民，其文论也慷慨陈词，极富感染力，然而，若从学理上去分析，他们的理论漏洞是非常明显的，立论缺乏有力的根基，常常是感情超过了理性。胡汉民甚至认为，只要有秩序地进行革命，不直接触犯列强在华利益，帝国主义就不会反对和干涉，还会赞成中国的革命；他同时保证，革命后建立的新政府必定会承认此前列强与清政府签

---

① 蛰伸（朱执信）：《论满洲虽欲立宪而不能》，载张枏、王忍之编《辛亥革命前十年间时论选集》第2卷上册，生活·读书·新知三联书店1977年版，第119页。

② 汉民（胡汉民）：《"民报"之六大主义》，载张枏、王忍之编《辛亥革命前十年间时论选集》第2卷上册，生活·读书·新知三联书店1977年版，第380页。

③ 精卫（汪精卫）：《民族的国民》，载张枏、王忍之编《辛亥革命前十年间时论选集》第2卷上册，生活·读书·新知三联书店1977年版，第111页。

④ 孙中山：《与汪精卫的谈话》，载《孙中山全集》第1卷，中华书局1981年版，第291页。

订的条约，"于各国之债权，亦断许其无损失也"①。这恐怕已经不仅仅是感情超过理性的问题了，为了反清革命而致此，确乎有些本末倒置了。当然，在革命派中，也有较为理性者，如陈天华。他于1905年12月8日在日本投海身亡，在投海前日，他写了遗书述及自杀理由并表达遗愿："我不自亡，人孰能亡我者？惟留学而皆放纵卑劣，则中国真亡矣。……恐同胞之不见听而或忘之，故以身投东海，为诸君之纪念。诸君而念及鄙人也，则毋忘鄙人今日所言。"② 陈天华以自我牺牲的方式，劝诫留日中国学生要"坚忍奉公，力学爱国"，勿"误解自由"，勿"以爱国自饰，而先牺牲一切私德"；同时，他特别叮嘱，一切以国家为念，而不必在手段上严划壁垒，只要可以达救国之目的，无须要求他人之行事与己相合。他又强调："凡作一事，须远瞩百年，不可徒任一时感触，而不顾一切。一哄之政策，此后再不宜于中国矣。如有问题发生，须计全局，勿轻于发难。"③ 只可惜，当革命的激情荡漾在心中时，没有人能听进逝者的遗言；而陈天华之死，也一直被视作"殉国"的典范案例流传至今，很少有人去聆听和思索他以生命为代价留下的最后忠告。

关于梁启超与革命派的论战，学界大多认为革命派占了上风，李剑农先生也从四个方面分析了革命派占优势的原因：一是从文字上说，梁启超的笔端固然"常带感情"，革命派的汪精卫也不落后；二是就青年的心理上说，青年多是喜欢极端新的，喜欢突破现状，反对保守的，《民报》议论在当时恰与此种心理相合；三是从双方议论的思想上说，《民报》固守三民主义，前后能一贯；《新民丛报》则因时代而改观，读者会认为这是反复无常、前后矛盾，不知其真价值在哪端，因此减少了信仰；四是从双方指陈的事象说，梁启超所描写的革命共和的恶果，未尝不与后来的事实有几分相符，但这些还未发生的事实是当时人所不

① 汉民（胡汉民）：《"民报"之六大主义》，载张枬、王忍之编《辛亥革命前十年间时论选集》第2卷上册，生活·读书·新知三联书店1977年版，第383页。

② 陈天华：《绝命书》，载张枬、王忍之编《辛亥革命前十年间时论选集》第2卷上册，生活·读书·新知三联书店1977年版，第154页。

③ 同上书，第157页。

能看见的，而《民报》所描写的清政府的坏现象，都是看得见的事实。① 李先生的评析比较客观允当。在笔者看来，两派论战所出现的面貌，可以说是一种"沉默的螺旋"现象。② 当革命派以《民报》为载体不断向梁启超"进攻"时，由于当时形势朝着有利于革命派的方向发展，社会上革命之声不绝于耳，所以对于梁启超的应战，有人或观望，或中立，还有不少人出于善意规劝梁启超不必再参与论争，这些人中很多都不是主张革命论者，但是出于明哲保身的考虑，他们选择了沉默。梁启超在《杂答某报》一文前有一段"著者识"，当时他的诸多同人都劝告他休战，其实他们表现出的正是上述心态。而革命派一边，大多数是 20 岁出头的年轻人，血气方刚，受爱国热情的激励，鼓吹革命不遗余力；对未来的可能性也没有太多考虑，因而无所畏惧，甚至不惜进行人身攻击，如汪精卫骂康有为是"人妖""有脑病"，骂梁启超一派是"贱种"等。当革命风潮涌动，社会舆论尤其是留日学生大多倾向于革命之论时，革命派便越战越勇，终于形成压倒之势。"沉默的螺旋"现象之形成，固然有时势的原因，而立宪派自身也难辞其咎，他们在气势上的虚弱、梁启超思想主张的前后反复，以及一些肯定革命派的言论所起的反宣传的作用等，都是不能排除的因素。

　　在两党论战的后期，曾有一位署名"与之"的作者，在《新民丛报》第 92 号刊登一文，对两派之特点和这场论争进行了总结式的分析和冷静的反省。他说："激烈派对于社会一切之事务，主去弊生新，用猛烈之手段，以达其急进之目的；温和派对于社会一切之事物，主因势

---

① 李剑农：《中国近百年政治史（1840—1926 年）》，复旦大学出版社 2002 年版，第 220—222 页。

② "沉默的螺旋"是政治学和大众传播学的理论，由德国女传播学家伊丽莎白·诺埃勒—诺依曼（E. Noelle-Neumann）在 20 世纪 70 年代提出。它描述了这样一种现象：人们在表达自己想法和观点的时候，如果看到自己赞同的观点，并且受到广泛欢迎，就会积极参与进来，这类观点越发大胆地发表和扩散；而发觉某一观点无人或很少有人理会（有时会有群起而攻之的遭遇），即使自己赞同它，也会保持沉默。意见一方的沉默造成另一方意见的增势，如此循环往复，便形成一方的声音越来越强大，另一方越来越沉默下去的螺旋发展过程。这一理论是基于这样一个假设：大多数个人会力图避免由于单独持有某些态度和信念而产生的孤立。

利导，用稳当之手段，以达其渐进之目的。此二派者，貌似相反，而实相成。使一国之中，无激烈派而仅有温和派，则事物之进步必流于缓慢；又使一国之中，无温和派而仅有激烈派，则事物之秩序必即于紊乱，故曰相成也。"[1] 他以日本的自由党和改进党为例来说明在国家面临危难时政党团结之重要。他说，日本的自由党和改进党，一主急进而一主渐进，然终能互相提携，与藩阀政府相血战，由于两党不破坏国家之根本的组织，同以建设完全的立宪政体为主义，故有今日立宪之强日本。倘使两党绝对的不能相容，行动互相妨碍，定要你死我活，那么日本之国家，即使不亡于幕府执政之日，也必亡于外敌侵入之时。他语重心长地告诫道："顾吾之所重以为虑者，当此道德灭绝人欲横流之日，其出而任天下事也，不发于责任心而发于好名心，其在一国之中则以本党为主体，其在一党之中则以自己为主体，充其所至，仍不外于个人主义，个人主义发达之至极，而国家亦随以亡。"[2] 其言中有批评，充满忧虑也满含期待，发人深省。

　　客观地说，革命、立宪两派并非绝对的壁垒森严、水火不容。诚然，双方政见存在着分歧：一是对清政权的态度不同：革命派以推翻清政权为职志，强调汉族本位；立宪派认为满汉本一家，应团结起来一致对外。二是建国途径不同：革命派坚决主张种族革命，以暴力方式夺取政权，认为推翻了清政权则政治革命的目标也随之实现；立宪派认为建立民主国家要反专制，但反专制未必要排满，只主张政治革命而反对种族革命。三是对于政体形式的追求不同，革命派主张建立民主共和政体，立宪派则主张实行君主立宪。但是，尽管对民族主义内涵的理解有差异，双方在根本问题上其实是一致的，如都主张政治革命，改变专制政体，建立民主政治，虽有君政和民政之别，但都以实行宪政为改革目标；更重要的是，他们都以挽救民族危亡、建立独立的现代主权国家和实现国强民富为终极关切。在根本目标上一致，却终因不相容而走向分

---

① 　与之：《论中国现在之党派及将来之政党》，载张枬、王忍之编《辛亥革命前十年间时论选集》第 2 卷下册，生活·读书·新知三联书店 1977 年版，第 608—609 页。

② 　同上书，第 620 页。

途，这样的结果不能说完全由哪一方所导致，无论是立宪派还是革命派，都是幻想者：一个将希望全部寄托于清政府，一个幻想着帝国主义列强袖手旁观、通过革命就能轻而易举地改变中国的一切。依笔者之浅见，如果双方真正能着眼于民主建国的大目标，不固执于己见，相互包容和妥协，携手合作，或许不至于出现革命后的混乱局面。当然，历史没有假设，但从中吸取教训则是后人理应有的责任。

在过去很长一段时期内，国人由于受革命思维方式的影响，对革命派和立宪派持一褒一抑的态度，甚至至今在一些学术论著中仍有如此倾向，这是应当引起注意的。孙中山曾说，"试看我们革命以前，所有反对革命很厉害的言论，都是反对民族主义的"①。反对革命即为反对民族主义，显然不合事实，也不合逻辑，因为革命与民族主义之间并无必然的联系，现代民族主义的内涵并非以是否赞成革命来界定，更多的是对于主权国家的认同。无论是坚持保皇的康有为，还是因支持维新变法而被迫辞职还乡的黄遵宪，抑或是初激进后温和的梁启超，都是革命的反对者，但也都是企盼中国走向现代化的爱国者。实际上，恰如李泽厚先生所说的："虚君共和也好，民主立宪也好，民主共和也好，这都是外形式，实质基本一致，都是要求从君主专制和封建官僚统治体系走向适应现代经济基础的民主分权制。因此，也可以说改良派（康、梁、严）与革命派的手段虽有不同，在目标上倒是相近似的。"② 张朋园对近代革命派和立宪派的思想和活动有十分深入的研究，他不无感慨地说道："回想我年轻的时候，曾经一度向往激进主义，但我接触清末民初温和型知识分子之后，不知不觉地转向同情他们的渐进主义。证之近二十余年中国的发展，似觉温和型知识分子具有远见而且甚为理性，不免叹息百余年来人人急欲超越前进，却走了崎岖迂回的道路。中国必须强盛盖无疑问，亦惟有现代化可以达成此一目的，而现代化必须在秩序及安定中获致，似为铁律。"③ 张

---

① 孙中山：《三民主义》，载《孙中山全集》第 9 卷，中华书局 1986 年版，第 210 页。

② 李泽厚：《中国近代思想史论》，人民出版社 1979 年版，第 325—326 页。

③ 张朋园：《知识分子与近代中国的现代化》"自序"，百花洲文艺出版社 2002 年版。

先生所言颇值得我们深思。

另一种情况是，在中华人民共和国成立后的一段时期，许多人把民族主义视作负面的主张并对之展开批判和攻击，认为民族主义是残存在社会主义社会中的资产阶级和其他剥削阶级的思想毒瘤，危害着社会主义民族关系的发展和民族团结的加强。他们之所以反对民族主义，是因为他们将民族主义主要理解为大汉族主义或地方民族主义，1952—1956年，还曾两次在全国范围内进行反对大汉族主义和地方民族主义的教育。大汉族主义和地方民族主义当然都是要反对的，但将它们作为民族主义的主要内容显然是一种误解。现代意义的民族主义，其内涵要丰富得多。

耿云志先生曾提出过"健全的民族主义"概念，他认为，凡有利于实现建立独立、统一、民主、富强的现代民族国家这一目标的民族主义思想和行动，就是健全的民族主义，应予以完全肯定；否则就不是健全的民族主义，不应无条件地予以肯定。这种健全的民族主义也是理性的民族主义。[①] 中国是一个多民族的统一国家，民族关系和民族问题处理得是否得当，将直接影响国家的统一、稳定和发展，因此，坚持"健全的民族主义"或"理性的民族主义"意义十分重大。从梁启超等立宪派和孙中山等革命派的民族主义思想以及近代中国的社会现实，或许我们可以获得一点启发。

---

① 耿云志：《中国近代思想史上的民族主义》，载《史学月刊》2006 年第 6 期。

第七章

梁启超与社会主义在中国的早期传播

在 20 世纪上半叶的中国思想史和政治史上，最引人注目的图景之一，便是社会主义思潮的传入、论争和选择。历经半个世纪的斗争和发展，中国最终确立了社会主义制度，以马克思主义为理论武器和指导思想，取得了重大的历史成果。关于马克思主义何时传入中国，毛泽东有个著名的论断："中国人找到马克思主义，是经过俄国人介绍的。在十月革命以前，中国人不但不知道列宁、斯大林，也不知道马克思、恩格斯。"[①] 这一论断在过去许多年里已成了国人的共识，并且由于这一认识，许多教材都把发表了《布尔什维主义的胜利》和《我的马克思主义观》等文章的李大钊视为中国传播马克思主义的先驱。实际上，若从思想史和学术史的角度来看，中国人介绍马克思及其学说，并非在1917年俄国革命以后，而是在俄国革命以前。马克思和社会主义学说被明确提及并被介绍给中国人，有两个人功不可没，一个是曾在中国生活了四十多年的英国传教士李提摩太，另一个就是梁启超，他们是马克思主义和社会主义传入中国的真正先行者。[②]

---

① 毛泽东：《论人民民主专政》，载《毛泽东选集》第 4 卷，人民出版社 1991 年版，第 1470—1471 页。

② 陈铨亚在 1987 年 9 月 16 日的《光明日报》上发表《马克思主义何时传入中国》一文，提出了马克思主义是 1898 年传入中国的观点。陈氏认为，因受广学会的著名人士李提摩太委托，胡贻谷翻译了英国人克卡朴（Kikup）所著的《社会主义史》，名为《泰西民法志》，于 1898 年夏由上海广学会出版，书中介绍了马克思和恩格斯的生平和思想。但唐宝林先生考证后认为，陈氏此说不符合实际。参见唐宝林主编《马克思主义在中国 100 年》，安徽人民出版社 1997 年版。

第一节　社会主义学说传入中国的先驱

一　李提摩太对马克思及其学说的介绍

李提摩太（Timothy Richard，1845—1919）是英国浸礼会传教士，浸礼会是基督新教主要宗派之一。他于 1870 年 2 月抵达中国，曾在山东、山西传教和赈灾，是山西大学的创办人之一，他与许多中国政要和学者都有交往，如李鸿章、张之洞、左宗棠、翁同龢、张荫桓、曾纪泽、康有为、梁启超、孙中山等，也与晚清的最高统治者有过接触。他翻译外籍，编辑报刊，传播西方思想，对中国的维新变法运动产生了重要影响，被当时的维新派人士奉为精神领袖。

1899 年 2 月，在中国的新年期间，苏格兰来华传教士韦廉臣（Alexander Williamson，1829—1890）所创立的上海广学会的机关报《万国公报》（又称《时代评论》）月刊开始发行，这实是 1883 年停刊后的复刊，其对象主要是中国的高级官员和学者，主编是该报的创办人之一、美国传教士林乐知（Young John Allen，1836—1907），李提摩太也曾参与过该报的编纂工作，该报的华文主笔是李提摩太的中文助手蔡尔康（1851—1921）。从 1868 年的《教会新报》到 1874 年改名为《万国公报》再到 1883 年停刊，这份报纸已发行了 16 年，在当时已颇有影响；1899 年复刊后，其影响进一步扩大，据李提摩太说，1894 年时，《万国公报》的发行量已比以前翻了一番。① 康有为在"公车上书"后与陈炽等人创办的维新派报纸也以《万国公报》命名，很显然是想借该报的名声来宣传变法维新思想，这也从侧面反映了《万国公报》影响之大。1907 年 7 月，《万国公报》停刊，它是近代来华传教士创办的发行时间最长、范围最广、影响最大的中文报纸。

1899 年 2 月至 4 月间，李提摩太和蔡尔康合译的《大同学》的部分

① ［英］李提摩太：《亲历晚清四十五年：李提摩太在华回忆录》，李宪堂、侯林莉译，天津人民出版社 2005 年版，第 210 页。

章节连载于《万国公报》的第 121—124 期，受到关注，在当年 5 月该书十章全部被译完并出版。该书原著是英国社会学家颉德（Benjamin Kidd，1858—1916）出版于 1894 年的《社会进化》（Social Evolution）一书，当时在欧美十分畅销。李提摩太选择此书来翻译，大概是因为斯宾塞的社会进化论正风靡世界，而颉德对社会进化论进行了改造，在书中特别强调了宗教在人类社会进化中的关键作用，这很契合作为传教士的李提摩太的心意；至于用《礼记》中的"大同"来命书名，则可能是借用中国传统话语，以使中国人更好地接受和理解其中关于未来理想社会的理论观点。一位有影响的传教士，在一份名声显著的报纸上翻译的文章，而且是关于当时最热的理论思潮，其引起的关注度也是可想而知的。

《大同学》多次提到马克思和恩格斯的名字。其第一章"今世景象"刊登于《万国公报》的第 121 期，文中这样介绍马克思："其以百工领袖著名者，英人马克思也。马克思之言曰，'纠股办事之人，其权笼罩五洲，突过于君相之范围一国。吾侪若不早为之所，任其蔓延日广，诚恐遍地球之财币，必将尽入其手。然万一到此时势，当即系富家权尽之时。何也？穷黎既至其时，实已计无复之，不得不出其自有之权，用以安民而救世。'"① 这是"马克思"的名字第一次出现在中文报刊上，不过此处马克思被误认为是英国人。文中引用了马克思的言论，"纠股办事之人"指资产阶级，"穷黎"指无产阶级，这段话是马克思在《共产党宣言》中表达的思想，即资产阶级创造了巨大的生产力，但是随着大工业的发展，在它占据全社会的财富之时，也是其消亡之日，因为它不仅锻造了置自身于死地的武器，还产生了将要运用这种武器的人——无产阶级。

第一章中用到了"安民之法""安民之学""安民善学""安民新学"等词，是相对于"生长变化之学"等格致学而言的。颉德讲社会进化，其重心在"民"，他说："民为邦本，古有明训，乃不能糊口者，

---

① ［英］颉德著、［英］李提摩太译、蔡尔康撰文：《大同学》（节录），引自高军等主编《五四运动前马克思主义在中国的介绍与传播》，湖南人民出版社 1986 年版，第 24 页。

偏屡见于民之中。"① 他批评达尔文、斯宾塞、亚当·斯密和密尔等人，或讲生长变化之理，或讲物理、积财之法，而独对于安民之学不能深究，且达尔文和斯宾塞蔑视教会的重要作用，所以他要倡一种新的社会进化论，以救民困，其言曰："夫天下大同之治，本不易致，然民吾同胞，苟任其穷而无告，己饥己溺之谓何也? 乃格致之学，盛行者一二百年，而安民之学，竟共置于脑后。事之可叹，孰甚于斯! 所愿后之研求格致学者，由动物学而推诸安民学，则不徒处士免虚声之诮，更可使苍生跻福禄之林矣。"② "大同之治""民吾同胞""己饥己溺""安民学"等语词的运用，充分体现出了儒家话语系统与社会进化论等近代西方思想的对接。

在第三章"相争相进之理"（刊于 1899 年 4 月的《万国公报》第123 期）中，马克思再次被提及，并更改为德国人，不过又将马克思的名字改成了"马客偲"："今世之争，恐将有更甚于古者，此非凭空揣测之词也。试稽近代学派，有讲求安民新学之一家，如德国之马客偲，主于资本者也；美国之爵而治（即亨利·乔治），主于救贫者也；美洲又有柏辣弥（即贝拉米），主于均富者也。"③ 这里，马克思被列为近代西方"讲求安民新学之一家"（即社会主义学说）中的一派。

在第八章"今世养民策"中，马克思之名被重新译为"马克思"，并且提到了恩格斯，"德国讲求养民学者，有名人焉，一曰马克思，一曰恩格思"④。书中简单介绍了恩格斯的思想："恩格思有言，贫民联合以制富人，是人之能自别禽兽而不任人簸弄也。且从今以后，使富家不得不以人类待之也；民之贫者，富家不得再制其死命也。"⑤ 颉德对恩格斯的理论持赞赏态度，认为若以当下之情形论，恩格斯之言实属不刊之论。

综上所述，李提摩太所译《大同学》不仅提到马克思和恩格斯，而且对他们的言论学说也简略述及，他确是马克思及其学说在中国的最早

---

① ［英］颉德著、［英］李提摩太译、蔡尔康撰文：《大同学》（节录），引自高军等主编《五四运动前马克思主义在中国的介绍与传播》，湖南人民出版社 1986 年版，第 22 页。

② 同上书，第 27 页。

③ 同上书，第 29—30 页。

④ 同上书，第 33 页。

⑤ 同上书，第 34 页。

介绍者。近代史专家胡绳主编的《中国共产党的七十年》也指出："在辛亥革命以前，中国思想界中已经有人谈论社会主义。有一些讲社会主义的人讲的只是无政府主义的空谈，他们自己也不认为这些空谈和现实生活有多少关联。有一些人则认为社会主义学说只是在资本主义发达的国家才有现实意义，他们以为中国在发展资本主义的过程中可以采用某些'社会主义'措施，以'预防'将来再发生社会主义革命。那时，也有人把马克思主义作为社会主义的一个学派介绍到中国来。从1899年英国传教士在《万国公报》中第一次提到马克思和马克思的学说以来，资产阶级的维新派如梁启超和革命派如朱执信等都曾对马克思及其学说作过某些介绍。但在十月革命以前，马克思主义在中国并没有得到正确的阐释，也没有为人们重视。那时，中国社会接受马克思主义的条件还不成熟，这种学说没有在中国产生多大影响。十月革命第一次把社会主义从书本上的学说变成活生生的现实。这次革命由于发生在情况和中国相同（封建压迫严重）或近似（经济文化落后）的俄国，对中国人民具有特殊的吸引力。"[1] 书中明确指出"1899年英国传教士在《万国公报》中第一次提到马克思和马克思的学说"，这可以说是官方党史对李提摩太是马克思主义传入中国的先驱这一论断的认可。虽然书中认为在19世纪末20世纪初期中国接受马克思主义的条件还不成熟，马克思主义也没有在中国产生多大影响；虽然李提摩太本人介绍马克思及其社会主义学说也许只是无心插柳，但这都无碍于他在中国的马克思主义传播史上的地位，就是我们今天所通用的"马克思"这一名字，也依然是沿用他所用的译名。

更值得注意的一点是，李提摩太翻译颉德的著作，本意在介绍其突出宗教意义的社会进化论，而后来梁启超对社会主义的最初介绍，其重点也本在进化学说，也就是说，马克思主义、社会主义的传入，与社会进化论的传播，有着千丝万缕的联系。有学者甚至认为，马克思主义哲学在中国的第一个理论形态，就是社会进化论，"当马克思主义被当作某种社会主义学说介绍到中国时，涉及了它的哲学依据，这个依据就是社会进化论；唯

---

[1]　胡绳主编：《中国共产党的七十年》，中共党史出版社1991年版，第9页。

物史观不是马克思主义哲学在中国的第一个理论形态，这第一个理论形态是社会进化论"①。如果这一论断成立的话，那么对于马克思主义哲学中国化最先做出贡献的，无疑是李提摩太和梁启超等人。

二　梁启超对社会主义的介绍和解读

李提摩太是将马克思及其学说介绍给中国的第一人，梁启超则是中国人中最早介绍社会主义的思想家。在社会主义传入中国的过程中，梁启超的贡献是不可抹杀的，如果没有他这个当时中国思想界的"执牛耳"人物对社会主义理论的持续介绍，没有他与革命派和后来青年马克思主义者的论争，中国人对社会主义的了解以及在众多社会主义流派中选择马克思主义可能会有所推迟。过去由于时代环境的影响，学界对梁启超这方面的贡献比较忽略，甚至有的完全否定，这是不客观的。

梁启超曾为李提摩太的助手，在1895年9月至1896年2月李提摩太居住在北京期间，梁启超作为秘书协助其工作。李提摩太对梁启超本人很赞赏，对其主笔的《时务报》评价也很高，他说："报纸一开始就取得了极大成功，在从南到北的整个帝国激起了维新思潮的涟漪。……它的内容很纯粹，博得了每一位学者的推崇；它的风格很朴实，每一位读者都能明白。"② 梁启超是否读过《大同学》，尚不得而知，因为他当时已逃往日本，但日本社会主义思潮影响了梁启超，是可以确定的。当时日本对社会主义的研究已蔚然成风，有"社会主义研究会"（1898年村井知至、片山潜、幸德秋水③等人创办，

---

① 单继刚：《社会进化论：马克思主义哲学在中国的第一个理论形态》，《哲学研究》2008年第8期。

② ［英］李提摩太：《亲历晚清四十五年：李提摩太在华回忆录》，李宪堂、侯林莉译，天津人民出版社2005年版，第242页。

③ 幸德秋水（1871—1911）是日本社会主义运动的先驱者之一，也是马克思主义在日本最早的传播者之一。他在阅读了《共产党宣言》、马克思的《资本论》第1卷、恩格斯的《社会主义从空想到科学发展》等著作的基础上，撰写了《社会主义神髓》这部著作。该书尽管存在着一些不足甚至错误，但作者力图用马克思主义的理论来解释社会主义的各种问题。1906年3月，他与堺利彦把《共产党宣言》全文首次译成日文发表，后来又翻译出版了马克思和恩格斯的一系列经典著作，对马克思主义在日本的传播起了重要作用。

1900 年改组为"社会主义协会")、平民社（1903 年）等专门的团体；还出版了不少介绍和宣传社会主义的论著，如村井知至的《社会主义》（1899 年出版，1902 年 4 月罗大维译本在上海广智书局出版）、福井准造的《近世社会主义》（1899 年出版，1903 年 2 月赵必振译本在上海广智书局出版）、幸德秋水的《广长舌》（1902 年）和《社会主义神髓》（1903 年）等著作。此外，中国留日学生 1900 年主办的《译书汇编》杂志在 1901 年第 2 期译载了有贺长雄所著的《近世政治史》，其中有专门介绍社会主义的章节；马君武所写的《社会主义与进化论比较》（1903 年 2 月）一文，就刊登在《译书汇编》上。可见，社会主义思潮在 19 世纪末 20 世纪初的日本已经产生了较为广泛的影响，这势必会引起求知欲旺盛且对新思潮敏感的梁启超的关注，梁的文章中数次提及社会主义和马克思的学说即可为据。

　　梁启超对社会主义的介绍，有片段式的，也有专门的论述。我们先不论梁启超对社会主义学说了解的广度和深度，仅从时间来考察，他是近代中国人中最早的介绍者。从 1901 年在《南海康先生传》初次提到"社会主义"至 20 世纪 20 年代参与关于社会主义问题的论战，[①] 他先后在《干涉与放任》《进化论革命者颉德之学说》（1902）、《二十世纪之巨灵托辣斯》（1903）、《新大陆游记》《中国之社会主义》（1904）、《开明专制轮》《杂答某报》《驳孙文演说中关于社会革命论者》《中国不亡论》《驳某报之土地国有论》（1905—1906）、《社会主义论序》（1907）等诸论著中都论及社会主义，其中，1905—1907 年主要是与革命派论辩。在 1918 年底游历欧洲之后，他在《欧游心影录》《清代学术概论》和《先秦政治思想史》等学术著作中都再次表达了对社会主义的看法，并参与了与李达等人关于社会主义问题的论战。由此可见，

_____

　　① 1995 年第 2 期的《广东党史》上曾刊载一文《梁启超在中国首用"社会主义"一词》（作者不详），认为"1899 年 10 月 25 日，梁氏在《论强权》一文中写道：'深叹社会主义之万不可以已也。'"此实有误。该句出自 1904 年的《新大陆游记节录》（载《饮冰室合集·专集》之 22，第 39 页），全句为："财产分配之不均，至于此极。吾观于纽约之贫民窟，而深叹社会主义之万不可已也。"他 1899 年去美国时只到达夏威夷岛，未到美国本土。见后文注释。

在 20 世纪初的 20 多年里，梁启超对社会主义的关注是持续性的，他是中国早期社会主义传播过程的最有发言权的见证者。

1901 年，梁启超在《南海康先生传》一文中提到了"社会主义"，并对社会主义的思想来源作了简要的介绍。他这样评论康有为的哲学思想："先生之哲学，社会主义派哲学也。泰西社会主义，源于希腊之柏拉图，有共产之论。及 18 世纪，桑士蒙、康德之徒大倡之，其组织渐完备，隐然为政治上一潜势力。先生未尝读诸士之书，而其理想与之暗合者甚多。"① 梁启超将康有为之哲学归为社会主义派哲学，其依据是康有为哲学之本在大同学说、其理想社会是大同社会，也就是说，梁启超最初对社会主义的理解，是将它等同于大同学说和大同社会。康有为所追求的大同社会，是既没有国界也没有家族、人人独立自由的社会，由此，梁启超得出，"以国家、家族尽融纳于社会而已，故曰社会主义派哲学也。故其一切条理，皆在于社会改良"②。可见，梁启超当时对于社会主义更多的是字面上的了解，以"社会"来解"社会主义"，同时也以他十分熟悉的大同学说来比附社会主义，这是中国传统文化与西方学说相接榫的一个表现。不过，康有为关于社会改良的设想中所包含的教育平等、职业普及、劳动时间减少、建立公共医疗卫生养老等社会保障制度、土地归公、男女同权等，自今天看来，与社会主义的原则和制度，确实有不少相吻合之处，从这点来看，梁启超将康有为的哲学归为"社会主义派哲学"，倒有几分道理。

梁启超再次提到社会主义是 1902 年的《干涉与放任》一文，这是其杂感集《饮冰室自由书》中的一篇。由于他认为西方经济的发展与政治的发展一样，受到干涉与放任两主义交相胜负的影响，因此他认定，社会主义的兴起，是经济领域自由竞争发展至极致的必然结果。"自由竞争之趋势，乃至兼并盛行，富者益富，贫者益贫，于是近世所谓社会主义者出而代之。社会主义者，其外形若纯主放任，其内质则实主干涉者也，将合人群使如一机器然，有总机以纽结而旋掔之，而于不平等中

---

① 梁启超：《南海康先生传》，载《饮冰室合集·文集》之 6，第 73 页。
② 同上书，第 77 页。

求平等。社会主义，其必将磅礴于二十世纪也明矣。"① 在此文中，梁启超关于社会主义主要表达了四个观点：一是社会主义是经济领域的问题；二是社会主义的精神和价值原则是追求平等；三是社会主义的出现是为了改变自由竞争导致的贫富悬殊的社会状况，其内核和主导力量是国家干涉主义，社会主义将磅礴于20世纪，所以20世纪也将是干涉主义全胜的时代；四是干涉主义与放任主义的是非优劣，并不能孤立的去评判，而应联系具体的情势，随其时其地之不同而异其用。若与其时其地相适应者则为优，反之则为劣。对当时的中国来说，"其当操干涉主义者十之七，当操放任主义者十之三"②。但是，这十之七和十之三，具体是指什么样的政策，梁启超并没有进一步解释；而他预言将磅礴于20世纪的社会主义，是否适用于中国，也没有明确示之。

在同年《新民丛报》第18号的《进化论革命者颉德之学说》一文中，梁启超首次提到马克思及其学说，这也是中国人在自己的文章中对马克思及其学说的最早介绍。他将颉德的著作《社会进化》译为《人群进化论》，并介绍了该书的主要思想内容。马克思及其言论，是他在梳理进化论思想的发展并批评斯宾塞的理论时提出的。梁启超推崇进化论，也充分肯定斯宾塞的贡献，但他也意识到了斯氏理论上的缺陷，即斯氏将生物进化原理引申到人类社会后，并未能说明人类如何进化、进化的最后归宿在何处的问题，而这个问题在梁启超看来是"世界第一大问题"。他引用马克思的话正是为了印证斯氏之理论缺陷确实存在，其文道："故麦喀士（日耳曼人，社会主义之泰斗也）嘲之曰：'近世学者以科学破宗教，谓人类乃由下等动物变化而来，然其变化之律，以人类为极点乎？抑人类之上，更有他日进化之一阶级乎？彼等无以应也。'"③ 他将马克思的名字译为"麦喀士"，这与李提摩太所译不同。他同时也借赫胥黎之言来指出斯宾塞学说中存在的矛盾之处："斯宾塞之徒既倡个人主义，又倡社会主义（即人群主义），然此两者势固不可

① 梁启超：《自由书·干涉与放任》，载《饮冰室合集·专集》之2，第87页。
② 同上。
③ 梁启超：《进化论革命者颉德之学说》，载《饮冰室合集·文集》之12，第79页。

以并存，甲立则乙破，乙立则甲破，故斯氏持论虽辩，用心虽苦，而其说卒相消而无所余。"① 不过，梁启超虽认为马克思和赫胥黎对斯宾塞的批评较为切当，但他也指出二人并没有解决斯氏理论中存在的问题，他将解难的功劳归于颉德，也因此称颉德为"进化论革命巨子"。对于马克思的学说，梁启超在此文中再没有其他的直接评论，只是在文章最后引用了颉德对于马克思学说的看法："今之德国，有最占势力之二大思想：一曰麦喀士之社会主义，二曰尼志埃（尼采——引者注）之个人主义。麦喀士谓今日社会之弊，在多数之弱者为少数之强者所压服，尼志埃谓今日社会之弊，在少数之优者为多数之劣者所钳制。二者虽皆持之有故，言之成理，要之其目的皆在现在，而未尝有所谓未来者存也。"② 对于颉德的这些议论，梁启超没有予以评价，不过既然他对颉德"进化的运动，不可不牺牲个人以利社会（即人群），不可不牺牲现在以利将来"③ 这一观点倾向于赞同，那么颉德对于马克思主义的看法，他也应是间接认可。

　　1903 年，梁启超对社会主义有了更深刻的认识，同时也表达了社会主义不适合于中国的看法。是年正月，他应美洲保皇会之邀赴美游历考察，这是他第二次去美洲，但却是第一次登上美国大陆，④ 这个"全地球创行共和政体之第一先进国"，对梁启超有着巨大的吸引力，他经过近 9 个月的考察，记下"美国政治上、历史上、社会上种种事实，时或加以论断"，其目的在"以其所知者贡于祖国，……于吾幼稚之社会，或亦不无小补"⑤。社会主义便是他考察内容的一部分。在美期间，社会主义党员共拜谒他 4 次，其来意大致相同，即希望中国从社会主义着手

① 梁启超：《进化论革命者颉德之学说》，载《饮冰室合集·文集》之 12，第 79 页。

② 同上书，第 86 页。

③ 同上书，第 79 页。

④ 1899 年 12 月，梁启超从日本去夏威夷，因檀香山鼠疫流行，他在岛上停留了半年，后因中国国内发生义和团运动，友人催促他回国，他匆匆东归，取道日本返上海，由于听闻汉口自立军起义失败，他只好折向南，经过香港、南洋、澳洲，又到了日本，所以他未能到美国本土。

⑤ 梁启超：《新大陆游记》"凡例"，载《饮冰室合集·专集》之 22。

来进行改革；纽约《社会主义丛报》的总编哈利逊也来拜访，其意图是想与维新派相联络，在中国发展社会主义党派，并且以中国内地或海外的华文报纸为其机关报。梁启超对纽约社会主义者的热诚苦心和传道精神很是敬佩，以墨子所谓"强聒不舍"来形容他们，他这样描述道："吾所见社会主义党员，……其于麦克士（德国人，社会主义之泰斗）之著书，崇拜之，信奉之，如耶稣教人之崇信新旧约然。其汲汲谋所以播殖其主义，亦与彼传教者相类，盖社会主义者一种之迷信也。天下惟迷信力最强，社会主义之蔓延于全世界也亦易。"① 尽管对那些社会主义党员充满敬佩之情，他却保留了自己的看法，对于哈利逊和其他社会主义者的建议一律婉拒，其理由是进步有等级，不能一蹴而就，社会主义不适合当时中国之国情，尤其是"极端社会主义"，不仅中国不可行，就是欧美也不可行，否则流弊无穷。不过，对于"思想日趋于健全"之"国家社会主义"的前景，他却十分看好，认为中国可采用者甚多，且比欧美更易于行之，原因在于："盖国家社会主义以极专制之组织，行极平等之精神，于中国历史上性质颇有奇异之契合也。以土地尽归于国家，其说虽万不可行，若夫各种大事业，如铁路、矿务、各种制造之类，其大部分归于国有，若中国有人，则办此真较易于欧美。"② 可见，梁启超对于社会主义不是一概而论，他区分了不同的社会主义，对于不同的社会主义政策也持不同的态度，如对于铁路、矿产等"大事业"，他主张实行国有政策，因为这既可以防止垄断的出现，又可以在一定程度上解决劳动问题，但他不太赞成土地完全国有。

美国资本主义经济的发达，让梁启超惊羡，也激起他研究的兴趣，尤其是对于美国"生计界新飞跃之一魔王"——托辣斯（Trust，现译为托拉斯），他进行了深入的分析，阐述了托拉斯产生的原因、意义、利弊及其与帝国主义的关系等，进一步深化了他在《干涉与放任》中所持的观点，即社会主义是干涉主义，其发生是自由竞争之极蔽的结果。他指出，由于过度的自由竞争，造成生产过剩的经济危机和日益加剧的贫

---

① 梁启超：《新大陆游记》，载《饮冰室合集·专集》之 22，第 42 页。

② 同上。

富分化，资产阶级和无产阶级的矛盾也越来越激烈，于是产生了严重的社会问题，由此出现社会主义思潮。"于斯时也，乃举天下厌倦自由，而复讴歌干涉，故于学理上而产生出所谓社会主义者，于事实上而产出所谓托辣斯者。社会主义者，自由竞争反动之结果；托辣斯者，自由竞争反动之过渡也。"① 显然，梁启超看到了资本主义社会里资产阶级与无产阶级之间的深刻矛盾，认识到社会主义的出现是这种矛盾的必然结果。恩格斯在《社会主义从空想到科学的发展》一书中也分析了社会主义产生的原因，其思路与梁启超几乎是一致的，此足见梁启超认识之正确和先进。此外，虽然梁启超认为社会主义与托辣斯都是主干涉，但他清楚地指出二者有根本的不同："夫近世社会主义之盛行也，凡以为多数劳力者之权利也；而托辣斯者，则资本家权利之保障也。"② 与此相联系，他也看到了社会主义与帝国主义的本质区别："夫帝国主义也，社会主义也，一则为政府当道之所凭借，一则为劳动贫民之所执持，其性质本绝相反也。"③ 上述看法，无疑都是十分正确的，这是其思想上的一大进步。不过，梁启超对于托辣斯和帝国主义的分析，都是在进化论的思维框架下进行的，他说："社会进行之线路，谁能画之？谁能测之？岂有他哉！亦缘夫时之适不适而已。"④ 又说："夫政治界之必趋于帝国主义，与生计界之必趋于托辣斯，皆物竞天择自然之运，不得不尔。"⑤在社会进化论的理论支撑下，无论是垄断的出现，还是帝国主义的产生，都具有了合理性，这也使一些发达资本主义国家在经济上的对外掠夺和军事上的扩张都有了正当的依据，这恐怕是梁启超的智者之失吧。美国之行，使梁启超对社会主义党派和国际社会主义运动的发展现状都有了进一步的了解，他承认"社会主义为今日全世界一最大问题"，但他反对进行暴力革命，只希望通过运用国家权力来进行社会的改造，同时，他也坚定地认为中国当时的国情不适宜行社会主义，这是他拒绝在

---

① 梁启超：《二十世纪之巨灵托辣斯》，载《饮冰室合集·文集》之14，第36页。
② 同上书，第54页。
③ 同上书，第34页 。
④ 同上。
⑤ 同上书，第38页。

维新派中发展社会主义者的缘由。

1904 年，梁启超作《中国之社会主义》一文，从中国古代经济制度中寻找与社会主义的相契之处。他将社会主义之要义概括为三点：一是土地归公，二是资本归公，三是专以劳力为百物价值之源泉。在土地问题上，他引用了马克思的观点，"麦喀士曰：现今之经济社会，实少数人掠夺多数人之土地而组成之也"①。在梁启超看来，这样的理论并不是马克思等人首先提出来的，在中国实古已有之，如王莽所下令中的"豪民侵陵，分田劫假"之义，苏洵的"田主日累其半以至于富强，耕者日食其半以至于穷饿而无告"等言论，都与国际工人协会的宣言书口吻相类，都说明了土地私有是导致贫富分化的重要原因。近世社会主义者提出土地归公，与中国古代的井田制实际是同一立脚点，即为了反对土地私有及其所导致的贫富分化。虽然梁启超的比附并不准确，但这对于中国人理解社会主义是有帮助的。只是，他虽已认识到马克思一派社会主义的一个基本主张是土地公有制，但他并不赞成在今日中国实行这一制度，在他 1905 年后"与彼党争舆论之动力"时，土地国有论便是他极力批驳的对象之一。

第二节　梁启超关于社会主义的两次论辩

一　梁启超与孙中山社会主义观之异同

在《民报》创办以前，梁启超对于社会主义的介绍和解读没有任何"战斗"的色彩，他只是表达个人对社会主义的理解并将它作为一种"新知"介绍给国人。但《民报》的宣战和激烈言论，使他不愿保持沉默，奋起而应战，于是在两派关于实行政治革命还是种族革命的思想交锋之外，又有了关于社会主义问题的争辩，使这场引人注目的思想与政治事件的主题呈现出多元化的特点。梁启超和革命派关于社会主义的观点和态度及其原因，都在这场论争中得到了十分具体的展现，其客观上

---

① 梁启超：《自由书·中国之社会主义》，载《饮冰室合集·专集》之 2，第 101 页。

的意义是使人们对社会主义有了更为清晰的认识，成为社会主义思潮形成的一股重要推动力。

《民报》宣传的核心主题，是孙中山提出的三民主义，孙中山将林肯的 The government of the people, by the people, for the people 译为 "民有""民治""民享"，并对应他提出的 "民族""民权""民生" 三主义。他讲的民生主义，就是当时在欧美和日本流行的社会主义，他明确说："民生主义即时下底社会主义。""社会主义底学说输入中国未久，兄弟将'社会主义'原文译为'民生主义'较为允当。然国人往往误解民生主义真谛。"① 冯自由也说："民生主义（Socialism），日人译名社会主义。20世纪开幕以来，生产的兴盛，物质的发达，百年锐于千载，而斯主义遂因以吐露锋芒，光焰万丈。推察其原因，则以物质进步，地租腾涌，而工值日贱使然。"② 当时的《民报》除了刊登宣传反满革命的文章外，为配合民生主义的宣传，也介绍欧美社会主义思潮和无政府主义思潮，并刊登相关译作，在社会主义的早期传播中起到了较大的作用。至民国成立后，孙中山又在一些演讲中表述了对社会主义的理解。可见以孙中山为代表的革命党人与梁启超一样，都为社会主义在中国的传播做出了一定的贡献。胡汉民、汪精卫、冯自由和朱执信等人在《民报》上刊登了相关文章与梁启超进行辩论，但综观其观点，基本上都是在维护和阐发孙中山的民生主义主旨，故本部分仅将梁启超和孙中山二人的社会主义观进行比较。

在社会主义问题上，梁启超和孙中山并非完全势不两立，至少在两个方面，二人是一致的：一是在社会主义产生的根源和必然性上，他们的看法相同，都认识到了欧美社会由于贫富不均导致的严重弊病，相信社会革命的发生在欧美国家是势之必然，也都希望解决贫富不均问题以实现社会平等，他们都追求平等价值和分配正义。

---

① 孙中山：《在中国国民党本部特设驻粤办事处的演说》，载《孙中山全集》第5卷，中华书局1985年版，第476页。

② 自由（冯自由）：《民生主义与中国政治革命之前途》，载张枬、王忍之编《辛亥革命前十年间时论选集》第2卷上册，生活·读书·新知三联书店1977年版，第418页。

　　梁启超 1903 年游历美国大陆，耳闻目睹了由于垄断造成的财富过度集中、贫富分化等社会现象，他不由感叹最繁盛的纽约也是天下最黑暗的都市，"朱门酒肉臭，路有冻死骨"是对这个城市真实的写照。他引社会主义家所统计的数据说，美国全国的总财产，有十分之七掌握在二十万富人之手，而将近八千万的贫民只有总财富的十分之三。而此种状况，不独美国，在各文明国都十分普遍，尤其是大城市更甚。面对资本主义世界"财产分配不均，至于此极"的严重不平等社会现实，他得出结论："吾观于纽约之贫民窟，而深叹社会主义之万不可以已也。"[①]"社会主义为今日全世界一最大问题。"[②] 所以，对于在欧美国家会发生社会革命，梁启超是毫不怀疑的。

　　孙中山曾居美国，也曾避难英国和游历世界各地，对于资本主义社会的尖锐矛盾和日益严重的社会问题更是感触良深。他指出，民生主义之产生，是世界经济迅猛发展的必然结果，也是不可阻挡的潮流，而其根源在于"贫富不均"。他说："世界开化，人智益蒸，物质发舒，百年锐于千载，经济问题继政治问题之后，则民生主义跃跃然动。20 世纪不得不为民生主义之擅场时代。"[③] 与梁启超一样，他也从统计学的角度说明欧美国家社会主义的发生不可避免。"文明越发达，社会问题越着紧。……统计上，英国财富多于前代不止数千倍，人民的贫穷甚于前代也不止数千倍，并且富者极少，贫者极多。这是人力不能与资本相抗的缘故。……社会党所以倡民生主义，就是因贫富不均，想要设法挽救；……凡有识见的人，皆知道社会革命，欧美是决不能免的。"[④] 这样的表述，与梁启超极其相似。

　　二是他们都认识到了社会主义流派的多样性和复杂性，并且都倾向于国家社会主义。"社会主义"并不是一个有着单一内涵的概念，除了

---

① 梁启超：《新大陆游记节录》，载《饮冰室合集·专集》之 22，第 39 页。

② 同上书，第 42 页。

③ 孙中山：《〈民报〉发刊词》，载《孙中山全集》第 1 卷，中华书局 1981 年版，第 288 页。

④ 孙中山：《在东京〈民报〉创刊周年庆祝大会的演说》，载《孙中山全集》第 1 卷，中华书局 1981 年版，第 326—327 页。

马克思的科学社会主义外，还有各种形形色色的社会主义。马克思和恩格斯在《共产党宣言》中批判的社会主义流派就有数种，如反动的社会主义（包括封建的社会主义、小资产阶级的社会主义和德国的"真正的社会主义"）、保守的或资产阶级的社会主义和批判的空想的社会主义和共产主义。在这方面，孙中山和梁启超无疑具有共性。胡适说："孙中山先生曾引一句外国成语：'社会主义有五十七种，不知哪一种是真的'。"[1] 孙中山承认，社会主义是一种很"繁博的科学"，其流派众多，"有主张废资本家归诸国有的，有主张均分于贫民的，有主张归诸公有的，议论纷纷"[2]。梁启超同样指出，社会主义"条理复杂，含义奥衍，非稍通经济原理者，莫能深知其意。又其立论基础，在于事实，而此事实为欧美各国之现象，我国不甚经见，国人索解愈难"[3]。所以对于"社会主义"，并不能笼统地说它是什么或不是什么、好或者不好，应当在仔细辨析的基础上进行评价。

　　梁启超区分了不同的社会主义，并且对于不同的社会主义政策持不同的态度。他并非如当时有些人所说的反对社会主义，他反对的是反对暴力流血的"极端社会主义""社会革命主义"，对于"社会改良主义"和"思想日趋于健全"的"国家社会主义"，他是认可的，甚至认为中国将来可采用者甚多（这在前文中已述及）。他说欧美救治社会弊病之方，大致可分为两派："一曰社会改良主义派，即承认现在之社会组织而加以矫正者也，华克拿、须摩拉、布棱达那等所倡者与俾士麦所赞成者属焉；二曰社会革命主义派，即不承认现在之社会组织而欲破坏之以再谋建设者也，麦喀、比比儿辈所倡率者属焉。两者易于混同，而性质实大相反。"[4] 两派的最根本区别在于"承认现在之经济社会组织与

---

　　① 胡适：《自由主义》，载欧阳哲生编《胡适文集》第 12 册，北京大学出版社 2013 年版，第 733 页。

　　② 孙中山：《在东京〈民报〉创刊周年庆祝大会的演说》，载《孙中山全集》第 1 卷，中华书局 1981 年版，第 327 页。

　　③ 梁启超：《〈社会主义论〉序》，载《饮冰室合集·文集》之 20，第 1—2 页。

　　④ 梁启超：《杂答某报》，载夏晓虹辑《〈饮冰室合集〉集外文》上册，北京大学出版社 2005 年版，第 436 页。

否"，而对于这两派，他明确表示："社会主义学说，其属于改良主义者，吾固绝对表同情；其关于革命主义者，则吾亦未始不赞美之而谓其必不可行，即行亦在千数百年之后。"① 当时日本铁道国有案获得通过，在梁启超看来，就是属于社会改良主义，也是国家社会主义实现的一个案例。

孙中山将社会主义分为四个主要派别：共产社会主义、集产社会主义、国家社会主义和无政府社会主义。但他又认为四派可归为两派，即集产社会主义和共产社会主义，"盖以国家社会主义本属于集产社会主义之中，而无政府社会主义又属于共产社会主义者也。夫所谓集产者云者，凡生利各事业，若土地、铁路、邮政、电气、矿产、森林皆为国有。共产云者，即人在社会之中，各尽所能，各取所需。……两相比较，共产主义本为社会主义之上乘。然今日一般国民道德之程度未能达于极端，尽其所能以求所需者尚居少数，任取所需而未尝稍尽所能者，随在皆是。于是尽所能者，其所尽未必充分之能，而取所需者，其所取恐又为过量之需矣。狡猾诚实之不同，其勤惰苦乐亦因之而不同，其与真正之社会主义反相抵触。……故我人处今日之社会，即应改良今日社会之组织，以尽我人之本分。则主张集产社会主义，实为今日唯一之要图"②。他说，我国与各国社会状态不同，因而我国主张社会主义之人，当"斟酌国家社会之情形，而鼓吹一种和平完善之学理，以供政府之采择"③。从孙中山所论，不难发现，除了"土地国有"这一点外，他其余所主张与梁启超基本相同，他们从中国当时的情势出发，都倾向于实行国家社会主义。他们的这一倾向，或许也受到了当时德国、日本等国政策的启发和影响，冯自由说："日人幸德秋水、片山潜之辈，乃奋然提倡日本社会党。幼稚之日本政府虽禁压不遗余力，而其对内政策，则反采用国家民生主义焉。烟草也、铁路也、火柴也、糖酒也，日政府皆

---

① 梁启超：《杂答某报》，载夏晓虹辑《〈饮冰室合集〉集外文》上册，北京大学出版社2005年版，第437页。

② 孙中山：《在上海中国社会党的演说》，载《孙中山全集》第2卷，中华书局1982年版，第508—509页

③ 同上书，第509页。

逐渐收为国有或专卖。"① 日本政府的明禁暗行，使梁启超和革命派都相信，国家社会主义是一种非常理想的、也最适合于中国的社会主义形式。

那么，梁启超和孙中山意见相左主要在哪些方面呢？或者说，他们在社会主义问题上，因何发生激烈争论？经过梳理和比较，可知二人在以下几方面有较大分歧：

首先，对于社会问题产生的根本原因，二人看法相异。孙中山认为欧美不能解决社会问题的根本原因是没有解决土地问题，文明进步致使地价日涨，土地涨价又使富者日富、贫者日贫。他以香港和上海为例，认为由于文明发达、交通便利，两地的地价远远高于内地，长此以往，贫富加剧，社会问题就会凸显出来，所以要"筹个解决的法子"，防止步欧美之后尘。梁启超则认为，欧美不能解决社会问题是因为没有解决资本问题。他承认孙所说的"文明进步，地价日涨"，但认为地价日涨是由于资本膨胀使然，地价上涨是其结果而非原因。上海、香港地价比内地高数百倍，正是外国资本的结果。他批评说："孙文亦知中国没有资本家出现，故地价没有加增；然则地价之加增，由资本家之出现，其理甚明。使资本家永不出现，则地价其永不加增矣。而曰革命之后却不能照前同样，吾不知彼革命之后所以致地价之涨者，其道何由？"② 他认为，资本家只要拥有资本，即便是无一寸土地或者所有地永不涨价，也不妨碍其日富一日。所以要解决社会问题，不能只从土地上着手，"能以资本土地一切归诸国有，则可以圆满解决此问题而无遗憾，近世欧美学者所持社会主义是也；若使未能，但使一国之资本，在多数人之手，而不为少数人所垄断，则此问题亦可以解决部分，吾所希望之中国将来社会是也。若如孙文说，则并一分而不能解决也"③。在梁启超看来，仅解决土地问题而不解决资本问题，是不可能实现"救自由竞争之弊"这

①　自由（冯自由）：《民生主义与中国政治革命之前途》，载张枬、王忍之编《辛亥革命前十年间时论选集》第 2 卷上册，生活·读书·新知三联书店 1977 年版，第 419 页。

②　梁启超：《杂答某报》，载夏晓虹辑《〈饮冰室合集〉集外文》上册，北京大学出版社2005 年版，第 426 页。

③　同上书，第 425—426 页。

一社会主义之目的的。

其次，孙中山主张土地国有的单税制及"核定地价、涨价归公"的平均地权政策，梁启超对此主张则予以否定。孙中山因将土地问题视为社会问题产生的原因，故认为解决社会问题便是从土地着手，其"最简便易行之法"便是"定地价的法"，此即土地国有的单税论。其具体方法是："比方地主有地价值一千元，可定价为一千，或多至二千；就算那地将来因交通发达价涨至一万，地主应得二千，已属有益无损；赢利八千，当归国家。"而其结果是"少数富人把持垄断的弊窦自然永绝"。[①] 孙中山的这一主张源自19世纪末美国著名经济学家亨利·乔治（Henry George）的学说，亨利·乔治于1879年出版了《进步与贫困》一书，对19世纪后期美国由于地价飞涨而导致的贫富分化进行了批判，认为土地私人占有是不平等的主要根源，因而主张实行土地国有制，地税归公，废除其他一切税收，使社会财富趋于平均，其思想曾在欧美盛行一时，"单一税"论对欧美国家建立完善的房地产税制度产生了重要影响。孙中山十分赞同亨利·乔治的"单税社会主义"论，认为其学说深合于社会主义之主张，是"救世之福音"，"土地公有，实为精确不磨之论"，可求"生产分配之平均"，从而"谋社会永远之幸福"。[②] 孙中山正是受亨利·乔治的思想影响提出了土地国有、平均地权的民生主义主张。他之所以觉得定地价的方法在中国易于实行，是因为认为中国内地文明还没有进步，地价还未增长，不像欧美各国地价已经涨到极点，就算要定地价也没有标准，难以实行。他对此法充满信心，认为对于国计民生都大有益处，从国家层面看，文明越进步，国家就越富，一切财政问题都能解决；从国民层面看，"苛捐尽数蠲除"，物价也越来越便宜，人民也渐渐富足。革命的目的，是"不但要做国民的国家，而且要做社会的国家"，他相信这"社会的国家"通过"定地价"便可以实

---

① 孙中山：《在东京〈民报〉创刊周年庆祝大会的演说》，载《孙中山全集》第1卷，中华书局1981年版，第329页。

② 孙中山：《在上海中国社会党的演说》，载《孙中山全集》第2卷，中华书局1982年版，第514页。

现，"中国行了社会革命之后，私人永远不用纳税，但收地租一项，已成地球上最富的国。这社会的国家，决非他国所能及的"①。

梁启超批驳了孙中山"解决土地问题即能解决社会问题"之说，他从经济学的角度对于孙中山所设想的"核定地价、涨价归公"的土地政策提出了质疑。他问道：政府核定地价后是当时即收购土地还是过一段时间后收购？如果是定地价时随即买收之，则土地不能再买卖，既然不能再交换，就无价格可言，那么又如何会有最初定价一千或二千、将来涨至一万赢利八千以归国家之说？如果政府在核定地价后过一段时间再收购，又何必预先定地价？若这段时间内土地因交换而涨价，乙用四千购买甲所拥有的定价二千的土地，而政府从乙手里购回时仍给原定的二千，那谁愿意成为吃亏的乙呢？对于孙中山所主张的单税论，即"苛捐尽数蠲除""私人永远不用纳税，但收地租一项"，梁启超首先承认其有研究的价值，"吾固尝言以土地国有行单税制，为财政上一有研究价值之问题，政府垄断生产之一要素，自兹可无患贫"②。但他接着指出，土地国有的单税论之有研究价值，仅是从政府角度考虑的，至于对于国民的影响则未必是有利的。而就单一税本身来说，其是否具有操作性，是颇值得怀疑的，比如租率的问题，即租率是按照收购时的价值而定还是按交通发达的程度随时有消长？若按前者，一旦土地质量等诸情况发生改变，而所定地价不变，则对于国计民生皆无利益；若按后者，那么面临的问题是如何确定消长之标准，解决此问题无非两途：一是国家自估地价，二是用竞争的方法招租，价高者得。若国家自定地价，民众能服与否，成一问题；若用招租之法，则必会生各种弊端，首先便是豪强兼并现象会出现，有资本者租地，有大资本者多租地、租好地，由是"富者愈富贫者愈贫之趋势，何尝因土地国有而能免也"。因此，梁启超得出："要之无论用何法，谓国家缘此得莫大之岁入，可以为财政开一

---

① 孙中山：《在东京〈民报〉创刊周年庆祝大会的演说》，载《孙中山全集》第 1 卷，中华书局 1981 年版，第 329 页。

② 梁启超：《杂答某报》，载夏晓虹辑《〈饮冰室合集〉集外文》上册，北京大学出版社 2005 年版，第 431 页。

新纪元，则诚有之；若绳以社会主义所谓均少数利益于多数之本旨，则风马牛不相及也。"① 为了反驳土地国有论，梁启超先后作专文《驳某报之土地国有论》和《再驳某报之土地国有论》，洋洋洒洒数万言，列举了土地国有论不能成立的 39 条理由，大有不驳倒不罢休之势。他坚持认为，土地国有"为将来世界最高尚美妙之主义"，但在当日之中国，决不可行。

最后，孙中山主张政治革命和社会革命同时进行，梁启超则坚决反对实行社会革命。社会革命问题，一方面与土地问题密切相关，既指土地国有化本身，也包括将土地收归国有的途径。如梁启超说："敢有言以社会革命（即土地国有制），与他种革命同时并行者，其人即皇帝之逆子，中国之罪人也。"② 他又说："若乃欲以野蛮之力杀四万万人之半，夺其田而有之，则靡特人道不应有此豺性，即社会主义之先辈亦不闻有此学说。"③ 这里社会革命主要是指用暴力方式夺取地主的田地而收归国家。当然，关于暴力夺田的激进之论，孙中山本人并不承认，在面对胡汉民的质问时，他说梁启超"向壁虚造"诬陷他，大概这是他与梁初交好时的私下之议，并未公开表达过。但无论怎样，若以他所说的核定地价的方式将地主的田地收为国有，终究还是不免有"掠夺"之嫌，而这是梁启超不赞成的。社会革命的另一方面，关涉对待资本家的态度问题。在这两个方面，梁启超与孙中山的观点皆有分歧。

在《民报》创刊号中，孙中山谈到民生主义时，十分乐观地认为，"民生主义，欧美所虑积重难返者，中国独受病未深，而去之易。……吾国治民生主义者，发达最先，睹其祸害于未萌，诚可举政治革命、社会革命，毕其功于一役"④。意思是有欧美为前车之鉴，中国可以及早发现社会问题，且可将社会革命与政治革命同时并举，以取一石二鸟之效。这是孙中山在最初提出民生主义时的"一次革命"设想，这一设想

---

① 梁启超：《杂答某报》，载夏晓虹辑《〈饮冰室合集〉集外文》上册，北京大学出版社 2005 年版，第 429 页。

② 梁启超：《开明专制论》，载《饮冰室合集·文集》之 17，第 74 页。

③ 同上书，第 73 页。

④ 孙中山：《〈民报〉发刊词》，载《孙中山全集》第 1 卷，中华书局 1981 年版，第 289 页。

应该不是深思熟虑的结果，因为他在一年后的演讲中即对此说有所调整，明显不再如一年前激进，他说，民生主义作为一种科学，需要深入的研究才行，而且社会问题的隐患在将来；他指出中国与欧美形势的不同，社会问题在欧美已是积重难返，但在中国还在幼稚时期，所以他建议"我们实行民族革命、政治革命的时候，须同时想法子改良社会经济组织，防止后来的社会革命，这真是最大的责任"①。也就是说，当时的中国还不具备行社会革命的条件，但要有所准备，讲民生主义是要为防患于未然。这一看法与梁启超的不谋而合，梁启超也指出："社会主义，虽不敢谓为世界唯一之大问题，要之为世界数大问题中之一而占极重要之位置者也。此问题之发生，与国富之膨胀为正比例，我国今当产业萎靡时代，尚未有容此问题发生之余地。虽然，为国民者，不能以今日国家之现象自安明也。但使我国家既进步而得驰骋于世界竞争之林，则夫今日世界各国之大问题，自无一不相随以移植于我国，又势所必至也。"②梁启超之意，虽然社会主义在中国还未发生，但"研求世界之大问题及其大势之所趋向，而思所以应之"，同时使国人对世界有更多的认知，明白社会主义为何物以不致生迷惑，这是他们作为"世界人类一分子"和"国家一分子"应有的责任。应该说，在"中国尚不具备社会主义产生的条件"这一点上，孙中山和梁启超有一定的一致性，只是，孙中山在发刊词中提出"一次革命"论，实已成为革命派的纲领，梁启超对之进行反驳，而其他革命者为了维护孙中山的主张，对梁启超进行围攻，强调社会革命之必行和可行，如朱执信认为："贫富已悬隔固不可不革命，贫富将悬隔则亦不可不革命。既有此放任竞争、绝对承认私有财产制之制度，必生贫富悬隔之结果，二者之相视为自然必至之关系，然则以有此制度故，当为社会革命无疑。"③其意为，即使中国还未至贫富悬殊之地步，但私有制终究会导致此结果，为防患于未然，也

----

① 孙中山：《在东京〈民报〉创刊周年庆祝大会的演说》，载《孙中山全集》第1卷，中华书局1981年版，第326页。

② 梁启超：《〈社会主义论〉序》，载《饮冰室合集·文集》之20，第1页。

③ 蛰伸（朱执信）：《论社会革命当与政治革命并行》，载张枬、王忍之编《辛亥革命前十年间时论选集》第2卷上册，生活·读书·新知三联书店1977年版，第441页。

当进行社会革命。而孙中山本身也有自相矛盾的言论，如他在同一次演讲中说："总之，我们革命的目的，是为众生谋幸福，因不愿少数满洲人专利，故要民族革命；不愿君主一人专利，故要政治革命；不愿少数富人专利，故要社会革命。这三样有一样做不到，也不是我们的本意。达了这三样目的之后，我们中国当成为至完美的国家。"① 此"三帆并张"的观点亦招致梁启超的强烈反对。双方各持己见，互不相让，造成剑拔弩张、截然对峙之局，使孙、梁二人原本具有的或多或少的一致性被掩盖和忽略。

梁启超指出，社会主义要解决的是社会问题，其目的在"以分配趋均为期，凡以使全国中各社会阶级（不问贫富）皆调和秩序以发达而已"，具体而言，对于大资本家要保护小资本家，对于资本家要保护劳动者，如此才能各阶级调和，因此"社会问题，不当专以现在贫者一阶级之利益为标准。盖社会者，全社会人之社会，固非富者阶级所得专，亦非贫者阶级所得专也。但在欧美，其富者阶级之受特别保护既已久，故言社会问题者，不得不益注重于贫者一面耳"②。他说，革命派之津津乐道社会革命，是完全站在贫者的角度立论的，其宗旨无非是要均少数人之富于多数人，而其途径就是土地国有，压抑资本家使不起，可是土地国有并不能带来均贫富的结果，反而只能使富者愈富、贫者益贫，因此无法达到社会主义的目的。他说，孙中山"四不像的民生主义"不过是"撷拾布鲁东、仙士门（圣西门）、麦喀士等架空理想之唾余，欲夺富人所有以均诸贫民，……夫以欧美贫富极悬绝之社会，故此主义常足以煽下流，若其终不可以现于实际，即现矣，而非千数百年以内所能致"③。他甚至指斥革命派倡社会革命，是"利用此以博一般下等社会之同情，冀赌徒光棍大盗小偷乞丐流氓狱囚之悉为我用，惧黄巾赤眉之

---

① 孙中山：《在东京〈民报〉创刊周年庆祝大会的演说》，载《孙中山全集》第1卷，中华书局1981年版，第329页。

② 梁启超：《再驳某报之土地国有论》，载夏晓虹辑《〈饮冰室合集〉集外文》上册，北京大学出版社2005年版，第449页。

③ 梁启超：《开明专制论》，载《饮冰室合集·文集》之17，第56页。

不滋蔓，复从而煽之而已。其立心之险恶，其操术之卑劣，真不可思议也"①。梁启超认为解决社会问题要顾及社会各阶级的利益无疑是有道理的，但他因意见不合而攻击革命派主张社会革命乃用心险恶，确非公允之论。那么他为何反对社会革命呢？从其议论可看出他主要有两点担忧：一是担心社会革命会使政治革命的目的无法实现。政治革命的目的是要实现立宪政体，不论是将来实行君主立宪还是民主立宪，都要实行议院制，就地方议会而言，要通过普通选举或者制限选举的方式来选出议会议员，而社会革命后，那些"无资产之下等社会"将成为社会的主要力量，则议会议员"必皆为家无儋石、目不识丁者而已"，其结果是议会不成议会、政府不成政府。二是担心社会革命发生后将导致社会无序、阻碍社会进步。梁启超赞成社会改良主义，是因为他认为"社会之进步，恒在平和时代"，战乱有时或许会助长进步，但不必然助长进步，即使助长进步，其效也须良久才见。"凡人必先于生命之安全得确实保证，然后乃能营心目于他事；次则劳力所入，足以保暖其躯而卵翼其孥，然后乃克进而谋优美之生活；次则本群之人，其生命财产之现象，能与我得同样之安适，然后秩序生而相与骈进。"② 也就是说，只有在和平的时代，人民的生命、财产安全和生活才能都有保障，从而才有稳定的秩序和社会的进步。只要是暴力的方式、流血的方式都是他所忌惮的。

对于资本家，孙中山以均贫富为出发点，因而对于资本家自然主张采取遏制的态度，如胡汉民在其按照孙中山之意所写的《〈民报〉之六大主义》一文中，述其第三大主义"土地国有"之缘由时，这样写道："盖劳动者每困于资本家，而资本家之所以能困劳动者者，又以劳动者不能有土地故。且土地价值因时代而异，社会文明则其进率益大，此进率者，非地主毫末之功，而独坐收其利，是又不啻驱社会之人而悉为之仆也。至论其流弊，……可使全国困穷，而资本富厚悉归于地主。"③ 因

---

① 梁启超：《杂答某报》，载夏晓虹辑《〈饮冰室合集〉集外文》上册，北京大学出版社2005年版，第438页。

② 梁启超：《开明专制论》，载《饮冰室合集·文集》之17，第58页。

③ 汉民（胡汉民）：《〈民报〉之六大主义》，载张枬、王忍之编《辛亥革命前十年间时论选集》第2卷上册，生活·读书·新知三联书店1977年版，第377—378页。

此，要使"地主强权将绝迹于支那大陆"，实现民生主义之目的，对于资本家必须采压制的政策。梁启超的看法则恰好相反，他认为当前形势下不但不应裁抑资本家，而且还应采取政策保护和鼓励资本家。其理由是："今日乃经济上国际竞争你死我活一大关头。我若无大资本家起，则他国之资本家将相率蚕食我市场，而使我无以自存。"[①] 纵使可以遏抑国内资本家发展，然能阻止国外资本家不来吗？在我国生产力不发达的情况下，各国商品倾销到我国，我国没有自制造以抵制，其结果就是各国资本侵占中国的市场、瓜分巨额利益；若中国有一日改进了生产方式，得以与各国资本家相抗衡，那么结果就是各国联合起来对付中国。所以无论从哪种情况看，我国都应该发展资本主义，扶持资本家，而不是相反。他以坚定的语气说："吾之经济政策，以奖励保护资本家并力外竞为主，而其余皆为辅。苟持论反于吾之政策者，吾必认为国贼，竭吾力所及以申讨伐，虽殉之以身，亦所不辞！"[②] 显然，梁启超更多关注到中国在当时严峻的国际竞争形势下的处境，强调扶内以御外，这一视角与革命派有很大不同。

梁启超和以孙中山为核心的革命派在是否当行社会革命、是否实行土地国有等问题上的争论，虽是两派政见不合的表现，但客观上的作用亦不容忽视，通过他们的分析和辩论，社会主义的几个重要问题得到了比较详细具体地阐释，也促使更多的人去关注和研究社会主义思潮，为后来社会主义在中国的广泛传播奠定了基础。就孙、梁二人的主张来看，若以一词概括，孙中山可谓"理想主义者"，梁启超则是"现实主义者"。孙中山有坚定的信念和一往无前的勇气，欲挽狂澜于既倒，彻底改变中国的面貌，但是他没有太多考虑中国的实情和革命的后果，他把中国的前途比作修铁路和造机器，认为只要用最新最便利之机车，数年间便能见成效，"有谓中国今日无一不在幼稚时代，殊难望其速效。此甚不然。各国发明机器者，皆积数十百年始能成一物，仿而造之者，

---

① 梁启超：《杂答某报》，载夏晓虹辑《〈饮冰室合集〉集外文》上册，北京大学出版社2005年版，第426页

② 同上书，第427页。

岁月之功已足。中国之情况，亦犹是耳"①。然而国家是一个十分庞大复杂的共同体，终非如铁路、机器那般仅凭仿造他人便可，在这一点上，孙中山的确想得过于简单，太理想化，梁启超也曾批评他"以机器汽车喻国家，可笑"②。孙中山的理论困境在于：他想把中国建设成为一个资产阶级的民主共和国，途径就是政治上反对满清、实现民权，经济上实行土地国有和平均地权的社会主义，可是，要实现社会主义，只能行以无产阶级为主体的社会主义革命，推翻资产阶级及其统治，从而建立无产阶级专政和社会主义制度，所以孙中山的最终目的与社会主义革命的目的也是背道而驰的，这决定了其所主张的社会革命结不出想要的果实。至于梁启超，他的主要问题在于，他对所有的革命都心存忌惮，将全部的理想都寄托在腐败而无能的清政府的改良，致使其各种主张都一一化为泡影。由此点来看，说他是个"理想主义者"，似亦无不可。不过，从中国历史发展的事实来看，他的不少预言，如关于革命后可能产生的后果等，都变成了现实；他主张发展资本主义的观点，虽然当时招致不少指责，后来学人也常予以批评，但他对于当时中国国情和严峻的国际竞争形势的分析，不乏合理之处；他关于"仅土地国有不能解决贫富不均问题"的论断，也得到了证实，中国目前的基尼系数已远高于国际警戒线，便是明证；他对中国发展路向的设想，实际上也是比较符合当时中国的实际的，不能轻易予以否定。当然，在社会主义问题上，他思想中隐含的冲突也显而易见，如他认为"治今日之中国，其当操干涉主义者十之七，当操放任主义者十之三"③，而社会主义的内质在他看来就是干涉主义，那么从逻辑上是可推出中国能实行社会主义的，可从事实上他又反对在中国行社会主义，这导致他对社会主义运动始终持矛盾的态度，使他在20世纪20年代社会主义论争中遭到了青年马克思主义者的诸多批评。

---

① 孙中山：《在东京留学生欢迎会上的演说》，载《孙中山全集》第1卷，中华书局1981年版，第283页。

② 梁启超：《答某报第四号对于本报之驳论》，载《饮冰室合集·文集》之18，第99页。

③ 梁启超：《自由书·干涉与放任》，载《饮冰室合集·专集》之2，第87页。

二　梁启超与 20 世纪 20 年代的社会主义论战

20 世纪 20 年代的社会主义论战发生在一个非常特殊的历史背景下：从世界范围来看，"一战"结束，资本主义的弊端已暴露无遗，引起普遍的反思；俄国无产阶级革命已取得成功，列宁领导的第三国际（即共产国际，由第二国际中的革命派发展而来）在 1919 年 3 月成立。从国内来看，五四运动已发生，新文化运动处于后期，北京、上海等地介绍马克思主义和社会主义学说的刊物不断涌现，马克思主义开始在中国广泛传播，陈独秀、李大钊、李汉俊、李达等人成为早期的马克思主义者；在共产国际委派的维经斯基（Vitinsky，中文名叫吴廷康）①的指导下，上海共产主义小组于 1920 年 8 月成立，共产党的筹建工作正在进行中。关于社会主义的讨论正是在这样的背景下展开，从历史事实来看，这场政治意义浓厚的思想论战对中国早期社会主义运动的走向及中国近现代历史的进程产生了极其深刻的影响。

引发社会主义论战的导火线是张东荪的一则短评。1920 年 10 月，应梁启超等人之邀，英国哲学家罗素（1872 — 1970）来华讲学，张东荪在陪同罗素访问中国内地后写了一则短评，刊于 1920 年 11 月 5 日的《时事新报》上，文中有如下一段话："我此次旅行了几个地方，虽未深入腹地，却觉得救中国只有一条路，一言以蔽之，就是增加富力。而增加富力就是开发实业。因为中国的唯一病症就是贫乏，中国真穷到极点了。罗素先生观察各地情形以后，他也说中国除了开发实业以外无以自立。我觉得这句话非常中肯又非常沉痛。舒新城君尝对我说：'中国现在没有谈论什么主义的资格，没有采取什么主义的余地，因为中国处处都不够。'我也觉得这句话更是非常中肯又非常沉痛。"②正是这段话引来了众多批评，两天后，李达（署名江春）发表《张东荪现原形》，

---

①　五四运动发生后，第三国际东方局接到从海参崴发去的电报，说中国发生了几百万人的罢工、罢课、罢市的大运动，而维经斯基以前在美国做过工人，东方局认为他比较了解东方情况，所以派他来到中国来调查和联络。参见李达《党的一大前后》，载《李达文集》第 4 卷，人民出版社 1988 年版，第 1 页。

②　张东荪：《由内地旅行而得之又一教训》，载克柔编《张东荪学术文化随笔》，中国青年出版社 2000 年版，第 98 页。

陈望道发表《评东荪君底“又一教训”》，邵力子发表《再评东荪君底“又一教训”》，对张东荪进行围攻，用张东荪自己的话说，“一个小小的短评引起了无边的风浪”①。后来有人要求他做一个比较正式的说明，于是他又写了《现在与将来》一文刊发于1920年12月15日的《改造》杂志②第3卷第4号上，不料引得更多人都加入了讨论。1921年2月号的《改造》杂志特辟“社会主义研究”专栏，除刊登了梁启超的《复张东荪书论社会主义运动》和张东荪的《一个申说》外，还有蓝公武、蒋百里、彭一湖、蓝公彦等人的文章，对论战起了推波助澜的作用。

张东荪认为中国的现状是有“四病”：“无知病”“贫乏病”“兵匪病”和“外力病”，他对于社会主义的看法，便与此认识有关。

第一，他认为中国的无产阶级尚未形成和自觉，还不具备实行社会主义运动的条件，若行“伪劳农革命”，只会造成祸害。他说：“凡是一种主义的运动，都是以党的奋斗为先锋，以阶级自觉为后盾。……党是代表那阶级的，若他背后没有阶级，必不成立。中国现在离劳动阶级的完成与自觉尚早，所以纵有人热心运动，然只能缩短程途，而断不能一跃而跻。”③ 由于劳动阶级尚未形成，故真的劳农制度不可能组织成；但中国人习惯速见成效，而俄国又不可能真正帮助我们，再加上其他原因，故伪的劳农革命可能会发生。所谓“伪”，一是指破坏，二是指假借名义。破坏的，则不是建设的；假借的，则不是真正的。无论是破坏还是假借名义，最后的结果都是导致社会混乱，“假定伪劳农革命发生，不过在已过的许多内乱上再添一个内乱罢了”④。

---

① 张东荪：《一个申说》，载克柔编《张东荪学术文化随笔》，中国青年出版社2000年版，第117页。

② 1919年9月创办于上海，是梁启超领导的研究系的政论刊物，原名《解放与改造》，1920年9月第3卷更名为《改造》，1922年9月停刊。第1卷出8期，第2卷出16期，第3卷出12期，第4卷出10期，共46期。前两卷由张东荪和俞颂华主编，后两卷由梁启超和蒋百里主编。

③ 张东荪：《现在与将来》，载克柔编《张东荪学术文化随笔》，中国青年出版社2000年版，第104页。

④ 同上书，第107页。

第二，他主张依靠绅商阶级，开发实业。他认为，分配不均固然是现状贫乏的一个原因，但根本原因是生产的缺少，所以开发实业是救"贫乏病"的唯一要求。开发实业，除了资本的企业外，只有协社的企业。实业的目的是增加富力，虽然不同实业有分配程度的不同，但不能说只有资本家得利而贫民丝毫没有好处，所以协社和资本主义可以并行。至于绅商阶级，其发生也是不可阻止的，其初起的好处在于可吸收那些贫穷无告者为劳动阶级，既可增加些富力，又可稍微提高其知识程度，而最大的好处是取代军阀而免去内乱。也即是说，这实际上可以在一定程度上救上述四种病。

第三，他建议按照一定的次第和方法从事文化教育和协社等基础事业。一是教人以基本知识，打破旧思想、旧习惯，陶养人格，救"无知病"。二是对社会主义进行切实的研究。他不赞成在还没有弄清理论的情况下就去大力宣传，他说："平心而论，我们虽倾向于社会主义，然已确定的不过是个倾向罢了，对于社会主义的详细内容，究乏深切的研究。这是何等大事，岂可漫无研究而就随便主张呢？与其看了几本书就深信不疑，不如看了几本书就动了怀疑之念。……我们不患不能干宣传事业，而患所宣传的是半生不熟的。凡是半生不熟的，必定易于被人利用。"[①] 三是实行协社。在他看来，协社不是主张的问题，而是实际需要的问题，因为救济贫乏之病已是燃眉之急。

张东荪的主张是对罗素演讲的回应，而梁启超的《复张东荪书论社会主义运动》一文是对张东荪的回应，因为张将《现在与将来》的稿本寄给了梁启超，梁不能不予以回复并表明自己的立场。虽然他十分谦虚地表示不能有详尽的解答、不敢自谓有真知灼见，但信中实际上集中表达了他对于社会主义的见解。梁启超自20世纪初的美洲之行后，已看清了资本主义社会无可避免的矛盾和社会主义发生的必然，但他认为中国的国情还不适宜实行社会主义；1918—1920年的欧洲考察使他目睹了资本主义制度给人类造成的灾难和痛苦，此时，他对社会主义的态

---

①　张东荪：《现在与将来》，载克柔编《张东荪学术文化随笔》，中国青年出版社2000年版，第114页。

度又是如何呢？与十多年前的主张是否有所不同？

　　张东荪对梁启超回信的评论是"任公先生给我的书所论和我所见完全相同"，因而他读了后有"说不出地快活"①。但从内容来看，梁启超本人是被社会主义问题深深困扰的，两年来"始终在彷徨苦闷之中"，而其苦闷，"非对于主义本身之何去何从尚有所疑问也，正以确信此主义必须进行，而在进行途中必经过一种事实——其事实之性质，一面为本主义之敌，一面又为本主义之友。吾辈应付此种事实之态度，友视耶？敌视耶？两方面皆有极大之利害与之相缘，而权衡利害，避重就轻，则理论乃至纷纠而不易求其真是，吾每积思此事，脑为之炎。今勉强截断众流，稍定祈向，然终未敢自信也"②。这个让梁启超彷徨苦闷的必发生的"事实"是什么呢？就是资本主义和资产阶级。对于社会主义而言，资本主义一面是敌，一面是友，那么对于资本主义该采取何种态度？这让梁启超颇觉难以选择。虽"未敢自信"，梁启超还是明确表达了他的两个中心意思：

　　一是社会主义不能实现于今日之中国，其总原因在于无劳动阶级。

　　梁启超指出，中国与欧美社会情况不同，欧美目前最迫切的问题是改善劳动者的地位，而中国目前最迫切的问题是如何使多数人民变为劳动者，也就是说，中国的无产阶级还未出现，而只有成为无产阶级，才能谈改善地位和境遇，"劳动阶级不存在之国家，欲社会主义之实现，其道无由"③。中国多数人不能取得劳动者地位的原因，除了政治混乱之外，更重要的是受外国资本的剥削和压迫，这是欧美工业革命和经济扩张的结果，如果不能抵抗外国资本，就算中国的资产阶级永远不发生，就算国内的资产均之又均，而终免不了"虽无大鱼，而群鱼之必涸死"的结局。梁启超特别强调，劳动阶级不是游民阶级，而是有职业、有组织之人，只有劳动阶级才能成为社会运动的主体，因为"劳动阶级之运

---

　　①　张东荪：《一个申说》，载克柔编《张东荪学术文化随笔》，中国青年出版社 2000 年版，第 117 页。

　　②　梁启超：《复张东荪书论社会主义运动》，载《饮冰室合集·文集》之 36，第 1 页。

　　③　同上书，第 6 页。

动可以改造社会，游民阶级之运动只有毁灭社会"①。

二是在今日之中国言社会主义运动，当严守一公例，即当在奖励生产的前提下，为分配平均之运动，否则运动毫无意义。

第二点与第一点并不矛盾，而是逻辑上的递进关系：正因为"劳动阶级成立，然后社会运动得有主体，而新社会可以出现"，所以进行社会主义运动的第一步，就是促进无产阶级的形成，其必要手段便是奖励生产事业。如果不奖励生产，就治不了张东荪所说的"贫乏病"，也就谈不上何种主义；而奖励生产事业的结果，必然是资产阶级的发生和无产阶级的成立，因为二者是相伴而生的，有了无产阶级，社会主义运动才有发生的可能。他承认资产阶级所随带之罪恶，必定相缘而生，会有"可厌可憎之畸形发展"，如劳资对立和资本家掠夺剩余价值等，但"从他方面观察，又极可欢迎"，因为只有资本家才能在一定程度上抵抗外国资本的侵略，也只有资产阶级的出现才能有无产阶级的产生。所以对于讲社会主义的人来说，最切要的问题是"对于资本家当持何种态度"，而这正是梁启超"积年交战于胸中而不能自决"的问题。梁启超在辨析后认为，对于资本家采取抗阻或旁观的态度都不合适，只能采取矫正和疏泄的态度。所谓矫正的态度，"质言之，则采取劳资协调主义，使两阶级之距离不至太甚也"②；至于矫正的手段，可采用政府的立法、社会的监督等；所谓疏泄的态度，是使非资本主义的生产，与资本主义的生产同时并进，非资本主义的生产包括"国家公营、地方公营之事业"和"各种协社"。对于资本家以外的人即多数民众，一是要进行文化教育，提高其智识程度；二是助长其组织力，如成立工会等团体，以保障他们的基本权益。

基于上述分析，梁启超提出了今后应采取的方针："一　对于资本家采矫正态度，先在劳资协调的状况之下，徐图健实的发展；二　极力提倡协社，使全国生产之中枢，渐移归公众之手；三　谋劳动团体之产

---

① 梁启超：《复张东荪书论社会主义运动》，载《饮冰室合集·文集》之36，第7页。
② 同上书，第9页。

生发育强立，以为对全世界资本阶级最后决胜之准备。"① 以上即是梁启超的核心思想。可见，在认为中国还不能实现社会主义这一点上，他依然坚持着十多年前的观点；但不同的是，他已开始向社会主义靠拢，并为中国实行社会主义运动进行谋划，只不过他设计的步骤仍是渐进而非骤进，保持着他一贯的稳健作风。

　　实际上，梁启超在游历欧洲的过程中，对于社会主义就有过思考，《复张东荪书论社会主义运动》一文既是回应张东荪，也是对他本人在欧游中所写《社会主义商榷》之观点的进一步引申发挥。他在该文中就指出，尽管社会主义是"现代最有价值的学说"，国内提倡新思潮的人开始研究它也是很好的现象，但是提倡这一主义，精神和方法不可混为一谈："精神是绝对要采用的，这种精神不是外来，原是我所固有。孔子讲的'均无贫，和无寡'，孟子讲的'恒产恒心'，就是这主义最精要的论据。……至于实行方法，那就各国各时代种种不同。欧美学者，同在这面大旗底下已经有无数派别。应该采用哪一种，采用的程度如何，总要顺应本国现时社会的情况。"② 他将中国的情形和欧洲进行了比较，指出中国并不能直接套用社会主义理论来指导解决中国的问题。他说，欧洲有社会主义，是由工业革命孕育出来，因为工业组织发达得偏畸，越发达越生毒害，社会主义家就想种种方法来矫正，其理论都是对症下药。但在没有工业的中国，想要把那些理论悉数搬来应用，且不说有无流弊，最痛苦的是搔不着痒处。再从世界形势来看，战后各国拼命地扩充输出，国际间产品竞争比以前更加激烈，中国若不图抵制，将无以自存，而抵制外国的资本和商品输出，只能依靠本国的资本家，所以当国内工业正起步之时，切不可破坏摧残，若煽动工人去和办工厂的作对，等于是自杀。由此，他主张一面用全力奖励生产，同时顾及分配；而就生产方面而言，最重要的是"发挥资本和劳动的互助精神"③。从奖励生产和顾及平均分配以及发挥资本和劳动的互助精神等观点来看，

① 梁启超：《复张东荪书论社会主义运动》，载《饮冰室合集·文集》之36，第12页。
② 梁启超：《欧游心影录节录》，载《饮冰室合集·专集》之23，第32页。
③ 同上书，第34页。

《复张东荪书论社会主义运动》与此文是一致的，而对于资本家应该持何种态度、如何发挥劳动的互助精神，则论述得更详细具体。

在梁启超、张东荪等人相继表达对社会主义的态度时，论战的另一方也已形成一定的势力，李大钊负责的北京"马克思学说研究会"和陈独秀负责的上海"马克思主义研究会"等团体，聚集了陈独秀、李大钊、李达、蔡和森、陈望道等一批青年马克思主义者。虽然当时他们的马克思主义理论素养并不算高，但由于要筹建共产党，所以一面要积极宣传马克思主义，一面要对其他非马克思主义流派进行驳斥，于是，同在"社会主义"旗号下且有一定影响力的张东荪、梁启超一派，便成为其主要论敌。他们以《国民日报》《新青年》《共产党》等刊物为阵地，发表了不少批驳性的或者宣传马克思主义的文章，其中比较重要的有李达的《社会革命底商榷》和《讨论社会主义并质梁任公》、陈独秀的《社会主义批评》、李大钊的《中国的社会主义与世界的资本主义》，等等。

李达将矛头独指向《改造》杂志阵营中的梁启超，自然是因为梁的文章最具影响力，也最具驳辩之价值。他说："梁任公是多方面的人才，又是一个谈思想的思想家，所作的文字很能代表一部分人的意见，很能博得一部分人的同情。就是《复张东荪书论社会主义运动》的一篇文字，虽然明明主张资本主义反对社会主义，而立论似多近理，评议又复周到，凡是对于社会主义无甚研究的人，看来这篇文字，就不免被其感动，望洋兴叹，裹足不前。我为忠实主义起见，认定梁任公这篇文字是最有力的论敌。"[①] 他认为梁的文章不但具有代表性，而且颇具迷惑性，因此必须对其进行透视，以窥察梁及其代表的智识阶级中的一部分人的心理状态。

李达将梁文的"旨趣"概括为五个方面：一是误解社会主义；二是提倡资本主义，反对社会主义；三是高唱爱国主义，排斥外国资本家；四是提倡温情主义，主张社会政策；五是误会社会主义运动。这当然不

---

① 李达：《讨论社会主义并质梁任公》，载《李达文集》第 1 卷，人民出版社 1980 年版，第 57—58 页。

能叫概括"旨趣"，实际上就已是批评，归纳而言，李达对梁启超的批驳实际上在三点：

第一，他认为梁启超误解了社会主义的本质和社会主义运动。他的理解是："社会主义在根本改造经济组织谋社会中最大多数的最大幸福，实行将一切生产机关归为公有，共同生产共同消费。社会主义运动，就是用种种的手段方法实现社会主义的社会。"① 社会主义的生产组织，由于一切生产机关都归社会公有，共同劳动制造生产物，平均消费，因此，"商品生产可以全废，生产物不至于压迫生产者。人与人的生存竞争完全消灭。生产消费完全可以保持均平。一人利用他人、压迫他人的事实绝对不会发生，也没有经济恐慌、人民失业的危险"②。至于社会主义运动，手段有急进缓进的不同，中国应采取的方法是：一方面组织工会，宣传社会主义，学习管理生产机关，一旦有相当的组织和训练，即采取直接行动实行社会革命，建设劳动者的国家；另一方面团结各国劳动阶级，行国际的行动，以期扫荡全世界资产阶级。在他看来，中国已经是产业革命的时代，中国和欧美的不同，只有产业发达的先后不同和发达的程度不同，而社会主义运动的根本原则却并无不同；中国的无产阶级也已存在，只是由于国际和国内的原因，农工业小生产机关差不多完全破坏，导致大多数无产阶级成为了失业者。中国今日讲社会主义运动，在设法造出公有的生产机关，避免欧美资本主义生产制度的弊端，而不是专在争生产品的分配，由此，他反对梁启超所提出的公例即"在奖励生产的范围内，为分配平均的运动"，认为这不过是"贫人丐富人恩惠以谋生的运动，只可说是乞丐的社会主义运动"。③

第二，他批评梁启超提倡资本主义、反对社会主义是根本错误的。与梁启超认为应先发展资本主义作为过渡不同，李达认为资本主义并不是拯救中国失业贫民的方策，其理由是，劳动者失业是由于实行大机器

---

① 李达：《讨论社会主义并质梁任公》，载《李达文集》第 1 卷，人民出版社 1980 年版，第 61—62 页。

② 同上书，第 64 页。

③ 同上书，第 63 页。

生产造成的，如果在中国奖励资本主义生产，并不能将产业革命的流弊根本除去，不过是将外国资本家变成了中国资本家而已，将来失业者可能会更多；而且外国资本的掠夺并不是想抵制便能达到，最后反而使得中国的劳动者深受双重的压迫。梁启超认为社会主义在今日中国不可能实现，李达则对此予以否定。他批评道："世间不懂社会主义的人，把社会主义看作洪水猛兽一般，……他们以为一旦实行社会主义，就破坏生产机关，或者将生产机关分散，生产事业就要停止，人民就得不着生活资料了。"① 在他看来，欧美、日本的社会改造运动已向着社会主义进行，中国要想追踪它们，势不得不当开始准备实行社会主义，而且他相信，中国已具有实行社会主义的时机。

第三，他反对梁启超的"温情主义"。他说："梁任公既然主张资本主义，其当然的顺序，要归结于施行社会政策的。这种滑稽的办法，我们实在不敢苟同。"② 他认为梁启超所提出的对于资本家和其他广大民众的方针和办法，都是"温情主义"的社会政策而不是社会主义。"社会主义"与"社会政策"的区别，本是梁启超在《欧游心影录》中提出的，他批评《凡尔赛条约》中的《国际劳工规约》只是社会政策的扩充，而非实行社会主义，因为二者并不相同。"社会主义，是要将现在经济组织不公平之点，根本改造。改造方法，虽然种种不同，或主共产，或主集产，或主生产事业全部由能生产的人管理，或主参加一部分，或用极端急进手段，或用平和渐进手段。要之对于现在的经济组织，认为不合人道，要重新组织一番，这就是社会主义。"而"社会政策，是在现在的经济组织之下，将那不公平之处，力图救济。救济方法，或是从租税上求负担平均，或是保护劳工，不叫资本家虐待。虽然许多良法美意，却与根本改造问题无涉，这就是社会政策"③。也就是说，社会主义与社会政策的主要区别在于，前者是要将现有经济组织不

---

① 李达：《讨论社会主义并质梁任公》，载《李达文集》第 1 卷，人民出版社 1980 年版，第 64 页。

② 同上书，第 68 页。

③ 梁启超：《欧游心影录节录》，载《饮冰室合集·专集》之 23，第 151—152 页。

公平之处进行根本改造，而后者只是进行救济和改良。在李达看来，社会主义运动就是要把自由竞争和私有财产完全废除，而讲社会政策的人，只是想稍微缓和社会问题，并不想从根本上解决问题，自由竞争和私有财产依然存在，无产阶级仍将呻吟于资本家的掠夺支配之下，得不到丝毫的幸福。因此，社会主义运动最有效的手段，不是采取"温情"的社会政策，而是"直接行动"，即"最普遍最猛烈最有效力的一种非妥协的阶级争斗手段"①。

李达文中驳论之最大亮点，是他用梁启超的理论来反驳梁自身，即利用梁启超关于社会主义和社会政策的区分来指责梁启超的主张是社会政策而非社会主义；当然，他说梁启超等人主观上不想从根本上解决问题，不免有失允当。文中另一较有力反驳之处，是他质疑梁启超所说的对资本家应采取矫正态度这一观点。梁启超认为，对于资本家应持矫正的态度，即实行劳资协调，具体而言，"惟当设法使彼辈有深切著明之觉悟，知剩余利益，断不容全部掠夺，掠夺太过，必生反动，殊非彼辈之福"②。对此说法，李达深不以为然，他质问道："梁先生以为靠这一句空话，资本家便能奉行、劳动者便能安乐么？资本家若果能有著明深切之觉悟，他们一定能觉悟到他们的最后命运——就是他们终于不能存在而必须让给社会主义的世界。若是没有觉悟，他们一定唯利是图。……况且谁可以矫正资本家？"③ 李达的质疑是有道理的，资本家的本质就是追求利益的最大化，让他们自行觉悟而生仁爱之心，不掠夺剩余价值太过，这确非易事，不是说说就能"矫正"得了的。

不过，在李达的批评中，也有不合理之处。首先是他认为梁启超反对社会主义，这一点显然有失公允。梁启超在多篇文章中都表达了对社会主义的一个根本看法，即社会主义的发生是世界潮流，是必然的趋势，研究社会主义也十分有必要，但是在今日之中国不可能实现社会主

---

① 李达：《讨论社会主义并质梁任公》，载《李达文集》第 1 卷，人民出版社 1980 年版，第 72 页。

② 梁启超：《复张东荪书论社会主义运动》，载《饮冰室合集·文集》之 36，第 9 页。

③ 李达：《讨论社会主义并质梁任公》，载《李达文集》第 1 卷，人民出版社 1980 年版，第 69 页。

义。无论是 20 世纪初，还是 20 世纪 20 年代，他始终坚持这一点。今日之中国不可能实现社会主义，并不意味着他反对社会主义，如果他反对社会主义，就不会"脑为之炎"，也不必煞费苦心地提出那些为社会主义运动作准备的种种方针和措施。他不仅不反对社会主义，而且还认为社会主义是我国政治思想的一大特色和传统并以此自豪。他说："欧洲所谓社会主义者，其倡导在近百余年间耳，我国则孔、墨、孟、荀、商韩以至许行、白圭之徒，其所论列，殆无一不带有社会主义色彩。"①汉唐以来政治，以裁抑豪强兼并来实现相对的公平，从而有了当时世界诸国罕能比及的经济发展水平，这与古已有之的社会主义学说在中国深入人心有密切的关系。从其语气来看，他不仅没有对社会主义反感和排斥，反而深为有此思想传统而颇自得。他之所以认为中国目前不能实现社会主义，是觉得中国的国情不允许，时机还未成熟，制度终究不同于思想，若贸然实行，只会带来无穷流弊，但在将来，社会主义一定是会实现的。

其次，他站在马克思主义的立场批评梁启超之发展资本主义的主张，但实际上梁的这一主张与马克思主义的理论并不相悖，反而是相契合的。恩格斯在《流亡者文献》中曾说："现代社会主义力图实现的变革，简言之就是无产阶级战胜资产阶级，以及通过消灭一切阶级差别来建立新的社会组织。为此，不但需要有能实现这个变革的无产阶级，而且还需要有使社会生产力发展到能够彻底消灭阶级差别的资产阶级。……只有在社会生产力发展到一定程度，发展到甚至对我们现代条件来说也是很高的程度，才有可能把生产提高到这样的水平，以致使得阶级差别的消除成为真正的进步，使得这种消除可以持续下去，并且不致在社会的生产方式中引起停滞或甚至倒退。但是生产力只有在资产阶级手中才达到了这样的发展程度。可见，就是从这一方面说来，资产阶级正如无产阶级本身一样，也是社会主义革命的一个必要的先决条件。因此，谁竟然断言在一个虽然没有无产阶级然而也没有资产阶级的国家里更容易进行这种革命，那就只不过证明，他还需要学一学关于社会主

---

① 梁启超：《先秦政治思想史》，载《饮冰室合集·专集》之 50，第 5 页。

义的初步知识。"① 如果李达看到这段话，不知会作何感想？是否还会批评梁启超发展资本主义生产的主张呢？

最后，他说梁启超"高唱爱国主义，排斥外国资本家"，这一点让人不太容易理解。如果说梁启超"排斥外国资本家"不错，那么就不应指责他"高唱爱国主义"；如果说梁不该"排斥外国资本家"，岂不是与李达自己的主张相矛盾？

较之于对张东荪的嘲讽和批评，李达对梁启超的"质问"已经算很客气，但梁启超并未对此文有任何回应，后来也基本没有再就此问题发表专门的文论，或许他本意就不在"争"，而只是表达他想表达的，更何况这些观点他早已反复陈述过，他的沉默似乎告诉人们他对自己主张的坚持。实际上，梁启超在文章中从没有提到过"基尔特社会主义"，比较他20年间关于社会主义的看法和态度，并没有太大改变，也就是说，他并不是受到罗素的影响而信奉所谓的基尔特社会主义。他和张东荪等人被定性为基尔特社会主义者，主要是因为张东荪在《一个申说》里有这样的表述："我始终固守我的阶段说。我的阶段说是什么？简言之，资本主义必倒而社会主义必兴——特此所谓社会主义，其内容或经多少变化亦未可知，要总不是现在有缺点的社会主义（现在各种社会主义都有缺点，不过，在我看来，基尔特社会主义比较上最圆满罢了）。……不过基尔特社会主义是英国的产物，虽其根本原理可以普遍应用，然而不能不有多少变化。……总之，不但基尔特社会主义如此，其他一切社会主义都是正在研究修正中。"② 张东荪认为基尔特社会主义是目前最为圆满的，这不能必然推导出他信奉的就是基尔特社会主义，然而，他又说了"其根本原理可以普遍应用"这样有些态度模糊的话，所以尽管他强调无论什么样的社会主义都不能直接搬到中国，但还是被贴上了"基尔特社会主义"的标签。而梁启超，正因为他从来没有说过他所持的是何种社会主义，所以一方面容易被归为某一类，如"基尔特社会主义者"，另一方面又常遭到非议，如陈独

① 《马克思恩格斯选集》第3卷，人民出版社1995年版，第272—273页。
② 张东荪：《一个申说》，载克柔编《张东荪学术文化随笔》，中国青年出版社2000年版，第118页。

秀在《社会主义批评》中就批评"胸无定见、无信仰的人"不配谈什么主义，似也影射梁启超。

　　20 世纪 20 年代的社会主义论战，如果从讨论的深度来说，比如关于社会革命与政治革命的关系问题、土地所有制的问题等，未必能超过 20 世纪初梁启超与孙中山为代表的革命派之间关于社会主义的辩论。其最主要的价值，是使得作为社会主义之一派的马克思主义凸显了出来，从而吸引了更多的人去关注和研究它，最终使得马克思主义在中国的大地上生长开花。至于梁启超，虽然他在当时马克思主义传播的大潮中被视为反面教材，在中华人民共和国成立后的某段时期也常常被研究者所批判，然而在今天看来，他从中国国情出发所提出的那些主张确有不少合理之处，这决定了他是一个"被当时所摒弃但必为其后的历史所复生"① 的历史角色。

① 蒋广学、何卫东：《梁启超评传》上，南京大学出版社 2011 年版，第 253 页。

结　语

19 世纪英国历史学家和政治思想家阿克顿勋爵说："每当一个时代并存着思想的巨大发展和人们境况的普遍变化所必然造成的苦难，那些善于思辨或长于想象的人们，便会设计一个理想的社会，从中寻求一个救世良方或至少是一点精神安慰，以反抗他们实际上无力涤荡的邪恶。"[①] 对于中国来说，19 世纪末的晚清就是一个充满了苦难和遭遇重大思想变迁的特殊时期，历史的巨大变故对中国人尤其是知识分子心灵的冲击是前所未有的，他们不甘于国家沉沦的命运，试图寻找一种迅捷有效的方式来改变中国的现实境遇。作为中国先进知识分子群体中的一员，梁启超也一直在寻找救国救民的良方，他始终站在时代的前沿，关注着世界和中国发展的动态，正因为如此，当时出现的一些重要思潮和运动，如自由主义、民族主义、立宪主义、社会主义、新文化运动等，都与他有着千丝万缕的联系；与此相应，在中国传统政治思想向近代转型的过程中，他成为了一个极其重要的推动者。他所选择的救国方药，不是像康有为一样设计一个充满乌托邦色彩的大同社会，也不是如孙中山一样确立一个美国式民主共和国的目标，而是"因仍现在之基础，而徐图建设理想的政体于其上"[②] 的立宪民主国家。

"因仍现在之基础，而徐图建设理想的政体于其上"，用梁启超自己的话说，这是他 30 岁以后持论之一贯的精神。考察其 30 岁以后的论著

① ［英］阿克顿：《自由与权力——阿克顿勋爵论说文集》，侯健、范亚峰译，商务印书馆 2001 年版，第 109 页。

② 丁文江、赵丰田编：《梁启超年谱长编》，上海人民出版社 2009 年版，第 467 页。

和活动，他的一些重要政治主张确实是基于这一精神和原则而提出的，如力主宪政、启发民智以培育新民、反对暴力革命和反对立即实行社会主义等，基本上是前后一致的。

然而，不论是梁启超同时代人还是后世学者，却常以"善变"来讥嘲梁启超，甚至加以批驳。不可否认，若从梁启超一生的行谊来看，他的思想主张确有几次变化，如他在1903年前主张革命推翻清廷，此后则坚决反对暴力革命，而以政治革命为救国唯一之途径；起初他一直主张君主立宪，1906年后又提出了"开明专制""虚君共和"的说法；20世纪初年他对中国传统文化有较多批评，1918年后则更多地维护传统文化。对这些变化，梁启超大多都做出过解释，本书在相关章节中也有分析。对此，笔者想说明两点：

第一，在中国近代思想界，梁启超的"变"并非特例，有不少人的思想都曾发生过变化甚至是巨变，呈现出阶段性不同。如被誉为"中国自由主义之父"的严复，在19世纪末曾大力宣传西方的自由民主思想，但在1909年给胡礼垣的复信中，他却以对自由平等的态度而将自己分为"今吾"与"故吾"。他说，世界万国虽以平等自由为正鹄，而路径却各不相同，因为"天演程度各有高低"，若没有完善的制度保障，则"向之所谓平等自由者，适成其蔑礼无忌惮之风，而汰淘之祸乃益烈"①，所以他后来对于自由民主理论持十分慎重的态度。这样思想前后有明显变化轨迹的思想家在当时是屡见不鲜的。其实，近代思想家们的变化，除了与个人的性格有一定关系，更多的是由于客观现实所致。中国近代是一个风云变幻的历史时期，民族救亡的时代课题又是如此急迫，思想家们所能做的，就是将西方的各种社会政治理论尽可能的输入到中国，不加分析，不加选择，当他们发现一种理论不适合中国或者不能满足现实的需要时，就会用另一种理论加以主张，而事实常常是，这些理论本身就是相冲突的，如本书第二章所述的两种不同的自由主义理论在梁启超的思想体系中并行不悖，而且他既主张民权自由，又认为强权是合理的，这无疑是矛盾的。关于这一现象，赵汀阳先生有一个观

---

① 严复：《与胡礼垣书》，载王栻编《严复集》第3册，中华书局1986年，第594页。

点，他说，生活本身充满矛盾，因此，表达生活的思想有些互相矛盾，反而是如实反映了生活。包括梁启超在内的近代思想家，其思想体系中存在着矛盾，也正是中国近代社会充满矛盾这一事实的反映，所以，当我们探讨和评价他们的思想理论时，必须考虑到当时的现实语境，对他们有"同情的理解"，否则，就会像欧美学者一样，在西方中心论的诠释模式中对他们进行批评并做出否定性的评价。

第二，就一种思想或观点而言，关键不在于变不变，而在于为何而变、变又为何。如果变是因为意识到自己过去的观点错误或者不合理，变又何妨？如果变是为了广大的民众和国家有更好的未来，又有何不可？就梁启超而言，他反对暴力革命，是因为他认为贫弱的中国经不起太多折腾，基础薄弱，革命之后建设不易，且国民素质未及格，革命可能陷国家社会于纷乱，故只能以改良的方式求得进步；他在欧游后维护传统文化，是因为他一方面看到了西方追求物质文明造成的巨大灾难而有所反省，另一方面他看到新文化运动全面否定传统的非理性倾向而试图有所纠正。在今天看来，这样的看法除了在当时不合潮流，其实并无不妥。张朋园先生在 20 世纪 60 年代写《梁启超与清季革命》时，对于梁启超在 1903 年后放弃革命而转向温和改良，是非常失望的，然而 30 多年后，他反过来觉得梁启超的转变是理性的，他说，证之近百年革命的结果，梁启超的确是一位先知。梁启超的"变"，不是为了个人私利和前途，而是出于对国民和国家的终极关怀，他总是力图以一种他认为更适宜的理论为指导，去改变中国的现实状况，也就是说，他的"变"，是出于实现国家独立富强和国民幸福自由这一根本宗旨，这是其"变"中的"不变"。对此，应该是无人能否认的。

梁启超是一位为国家的独立富强奋斗终生的政治活动家和启蒙思想家，但是，他并没有受到十分公正的对待。如果说，在 1949 年后的 30 年间将他视为否定的历史人物是由于政治环境影响的结果，那么今天当这种状况已改变时，我们应该秉着客观理性的态度去研究和评判梁启超的思想，而要做到客观理性，前提是我们要正视百年来的中国历史，并且要重读梁启超。

40 年来，人们常常讲"实践是检验真理的唯一标准"，但是，似乎并没有人对"实践"作过界定，或者说，用来检验一种理论是不是真理的"实践"，究竟是什么实践、何时的实践，无人能予以说明。从梁启超来看，他在 20 世纪初反满革命的风潮中逆潮流而动，"专言政治革命"，但很快辛亥革命成为事实，"实践"证明他是错误的。可是，辛亥革命后中国数十年的现实状况，证明了他关于革命后将陷国家于纷乱的预言是正确的。那么，我们该以哪个作为标准来评判他呢？同样，他从 20 世纪初至 20 年代，一直认为中国不能立即实行社会主义，而要逐步地开展社会主义运动，更不能一跃到共产主义阶段，因为条件尚未成熟；并且他坚持认为，不解决资本问题、仅将土地国有化不可能解决贫富不均问题。他的看法先后遭到了革命派和早期马克思主义者的攻击，后来我国也建立了社会主义制度，"实践"再次证明了他的错误。但是今天，我们一再强调中国仍处于社会主义初级阶段，且我国目前的基尼系数已远超过国际警戒线，又证明了梁启超在百年前的判断不谬。那么，我们在评价他的主张时，又应以哪一阶段的"实践"为标准呢？笔者认为，对这个问题进行深入思考，实有必要，因为这不仅关涉到对梁启超的评价，也关系到对历史上众多人物的评价。

　　如果我们认真深入地研读梁启超的论著，不难发现，他在提出某种主张时十分强调中国的国情，他不是一个马克思主义者，但是在强调国情、具体问题具体分析这一点上，他却比许多同时代人甚至比一些早期马克思主义者做得更好。梁启超曾说："天下无论何种制度，皆不能有绝对之美，惟当以所施之国适与不适为衡，离国情以泛论立法政策，总无当也。"① 一种制度再好，如果不适合于中国，那也不是好的制度。这当然是能够成立的，我们今天反复强调"中国特色"也是基于这一认识。梁启超主张君主立宪，主张对国民进行启蒙以为实行民主制作准备，力主团结国内各民族一致对外的"大民族主义"而反对狭隘的大汉族主义，主张在发展生产的前提下注重分配的均衡，逐步地进行社会主义运动……这些都是在其"国情论"的基础上提出的。从中国历史发展的事实来看，他的不少预言，后来都变成了现实，这正是因为他对中国

---

① 梁启超：《中国国会制度私议》，《饮冰室合集·文集》之 24，第 75 页。

发展路向的诸多设想，都是从当时中国的实际出发而提出的。

　　当然，笔者以上所论，并不是要将梁启超美化，梁启超思想中的矛盾和不足同样是不可忽视的，笔者只是希望，在近代以来中国人走过了不少坎坷之路后，应该多研究和思考像梁启超这样的曾被忽视甚至否定的思想家的理论和主张。蒋广学先生说，梁启超"一生均'不合时宜'，但他身后的历史表明：拒绝这位改良主义思想家的教导，正是 20 世纪中国社会大起大落曲折发展的重要原因之一"①。他指出，"正确评价梁启超是正确开辟未来的需要"②。这话颇值得我们深思，也因为如此，我们有必要重读梁启超。

---

① 蒋广学、何卫东：《梁启超评传》"内容简介"，南京大学出版社 2011 年版。

② 应学犁（蒋广学）：《梁启超在二十年代初社会主义问题争论中的角色》，《南京大学学报》（哲学人文社科版）1995 年第 2 期。

附录一

梁启超的文化观及与现代新儒学之关系

作为清代学术主流的考据学，经历了乾嘉全盛期后，已由诠释经典而陷入"精华既竭，后起者无复树立之余地"的窘状，至19世纪中期后西学如潮水般涌入，以儒释道为核心的中国民族文化即伴随着民族国家危亡而面临巨大的挑战和前所未有的信仰危机，由此引发了文化思想的"中西古今"之争。以传统中国的巨大社会变革为背景，出于挽救衰运的目的，知识精英们尝试着会通中西，以推动中国传统文化尤其是儒学的现代转化。

在我国，儒学与传统政治思想和制度有很近的亲缘关系。尽管先秦时代的政治思想，学派繁苗，就算不以百家论，至少亦有儒、墨、道、法四家为主干，且各家影响皆可谓深巨，然自汉代独尊儒术后，中国的政治思想与制度，或者可以说整个中国文化，便是以儒学为主体，正如梁启超所说："诚然儒家以外，还有其他各家，儒家哲学，不算中国文化全体，但是若把儒家抽去，中国文化，恐怕没有多少东西了。中国民族之所以存在，因为中国文化存在；而中国文化，离不了儒家。"① 正由于儒学的地位，并且儒学自身已面临"儒门淡薄，收拾不住"的危局，故传统政治思想的转型格局中，儒学的转型必为其题中应有之义。现代新儒家和现代新儒学的出现，便是儒学在近代转型的一个结果。

一 梁启超与现代新儒家

儒学的近代转型与梁启超有何关联？或者说梁启超与现代新儒家有

---

① 梁启超：《儒家哲学》，载《饮冰室合集·专集》之103，第7页。

何关系？这确实是需要回答的一个问题。因为过去人们论及现代新儒家，很少有人会想到梁启超，尽管他曾经以近乎"卫道士"的口吻替儒家说话。本书试图从三个方面来回答这个问题。

一是从现代新儒家的定义来看。著名学者方克立先生指出，现代新儒家的一些研究者们超越新儒家学者之间的师承、门户之见，对"现代新儒家"给予了更广义的理解，他们"把在现代条件下重新肯定儒家的价值系统，力图恢复儒家传统的本体和主导地位，并以此为基础来吸纳、融合、会通西学、以谋求中国文化和中国社会的现实出路的那些学者都看作是现代的新儒家"①。按此理解，梁启超自当不能被排除在现代新儒家之外。就从上文所引用梁启超的话来看，他对儒家主体地位的认可是显而易见的，而他在《欧游心影录》等著作中提出的中西文化"结婚"、重建中国文化的主张，同样体现出他对儒学价值的肯定态度。

二是从梁启超的思想观点来看。就理论取向而言，现代新儒家的许多重要观点，均由梁启超肇其端绪。例如，他主张区分精神文明与物质文明，区分"为学"与"为道"、科学与哲学，强调精神对物质的超越性，高扬价值理性，致力于返本开新、儒学救世，提倡中西文化互相取长补短……这一切，无不构成现代新儒家的观念先导，是判断是否归属现代新儒家的重要标志。总之，现代新儒家是 20 年代初传统主义者对新文化运动激烈反传统的保守性回应，以此为确定的参照，梁启超理应被看作是现代新儒家的前驱人物，他于 1920 年发表的《欧游心影录》是现代新儒学思潮的发端。只有这样的认识，才能正确把握梁氏思想转变的性质及其晚年在思想文化界之地位，亦才能正确揭示现代新儒学思潮的逻辑起点与进程。

三是从儒学近代转型的路径来看。陈少明教授指出，中国近代有两条线共同导向现代新儒家：一条线是从谭嗣同、章太炎到熊十力，着重于处理中国文化中儒与佛的关系，焦点是儒家的心性与佛学的唯实的关系；另一条线是从康、梁到梁漱溟、张君劢，主要是政治的、社会的、

---

① 方克立：《现代新儒学辑要丛书·总序》，中国广播电视出版社 1992—1996 年版，第3 页。

心理的内容较多，不乏深刻的见解，但缺乏更思辨、更严密的理论体系。他得出结论："梁启超的人生观与现代新儒家大体是一致的"；"现代新儒家，实质上正是以梁的落脚点为起点的"。① 现代新儒学"以梁启超的落脚点为起点"，这肯定了梁启超思想的奠基性意义，梁启超实为现代新儒家的先驱。李翔海教授也认为儒家思想的现代转型表现出两条基本的路径；一是凸显儒家思想的超越性意义，另一个是强调儒家思想切入并导引当代社会人生的现实性功能。前者在强调儒家思想的宗教性上得到了集中体现，这又可区分为在外在形式上力图将儒学改造成为某种制度化的宗教和注重从内在精神上阐发儒家义理的宗教性特质两个方面；后者在现代新儒家力图涵摄科学理性精神以"内圣开出新外王"的理论努力中表现得最为鲜明。这是儒家立足于自身的思想传统面对现代中国之时代问题的挑激而做出的回应。②

依上述两位学者的观点，梁启超很显然属于儒家思想现代转型中的一个环节。在 20 世纪初的中国思想界，梁启超站在思想的最前沿，宣传西方的社会政治学说，使很多人误以为他只是要使中国走向西化，但若耐心地翻阅他的著作，就会发现，他在中西文化问题上从未走向某个极端，"会通中西"可以说是他一以贯之的主张。他与新文化运动的主将陈独秀、胡适等人的一个重要区别，就在对传统的态度上。可以说，梁启超一生中主要是以传统文化为根基，而对西方的价值观念进行自觉地吸收。即便是在戊戌变法失败后流亡日本的若干年里，在他思想最为新锐的时期，他对自身德性提升的方式和标准，依然是儒家的克己、诚意、主敬、慎独、戒欺等，这也是他对友人乃至国民的修身期待。在他看来，儒家的生命智慧具有超越的意义和终极的价值。而这种认识，正是他在任何时期都未曾有将传统彻底摒弃的倾向、能理性看待中国文化和西方文化的前提。

为了说明笔者的观点，这里要提到一位新儒家代表人物——梁漱溟。在五四新文化运动批孔批儒的浪潮中，梁漱溟公开维护和提倡儒家

---

① 陈少明：《儒学的现代转折》，辽宁大学出版社 1992 年版，第 31 页。

② 李翔海：《论儒学现代转型的两条基本路向》，《齐鲁学刊》2007 年第 6 期。

学说，特别是孔子的人生哲学和伦理道德学说，重新肯定儒学的生命和智慧，被视为现代新儒学的开山人物，其1921年出版的《东西文化及其哲学》被视为现代新儒学的奠基之作。梁漱溟是提倡东方化、以中国文化为本位的，但他对于西方文化并不完全拒斥，承认西方的科学、民主的重要价值。他坦诚表示："我对这两样东西完全承认，所以我的提倡东方化与旧头脑的拒绝西方化不同。所谓两样东西是什么呢？一个便是科学的方法，一个便是人的个性申展，社会性发达。前一个是西方学术上特别的精神，后一个是西方社会上特别的精神。"① 他在中西文化的比较中，对中国文化的不合理成分都予以了批评，如关于科学的缺乏，他说中国无论大事小事，没有专讲它的科学；虽然书史上有许多关于某项事情的道理，但也多是为着应用而发，而不谈应用的纯粹知识，简直没有，"凡是中国的学问大半是术非学，或说学术不分"②。又如在政治方面，由于中国"治人者"与"治于人者"划然为两阶级，与西方大不相同，"于是这严尊卑与尚平等遂为中西间之两异的精神"，"照中国所走那条路，其结果是大家不平等，同时在个人也不得自由"。③ 在梁漱溟的眼里，"赛恩斯"与"德谟克拉西"的精神是西方文化的两大异彩，而在中国传统里都是十分缺乏的。

　　之所以提到梁漱溟及其对西方科学民主的态度，是要说明，崇仰西方的某些近代价值观念，并不意味着就不维护自身传统文化；相反，真要维护传统，就必须以变革求保存，而推动中国传统文化的现代转化，恰恰是要以自觉吸收西方的一些价值观念为其内容，否则，就无从谈"转化"或"转型"了，而会沦为真正的"保守""顽固"。如果能秉持这一认识，我们就不会由于梁启超曾对儒学（如"仁"的思想）有所批评、对西方"自由""民主"等价值大力宣扬而忽视他在儒学转型这个链条上的意义了。此外，梁漱溟站在儒学立场所进行的文化自我批评，未尝没有受到梁启超的影响，如他在《中国文化要义》中总结中国

① 梁漱溟：《东西文化及其哲学》，商务印书馆2010年版，第32页。
② 同上书，第40页。
③ 同上书，第47—48页。

民族品性具有十个特点，其中第一个便是"自私自利"，即"身家念重、不讲公德、一盘散沙、不能合作、缺乏组织能力，对国家及公共团体缺乏责任感，徇私废公及贪私等"①。可以说句句能看到当年梁启超的国民性批判言论的影子，而梁漱溟自己也毫不讳言这一观念源自梁启超，他将公共观念、纪律习惯、组织能力和法治精神总括为"公德"，指出："公德，就是人类为营团体生活所必需的那些品德。这恰为中国人所缺乏，往昔不大觉得，自与西洋人遭遇，乃深切感觉到。距今四十五年前梁任公先生倡'新民说'，以为改造社会，挽救中国之本。他第一即揭'公德'为论题，已予指出。"② 梁漱溟所受梁启超思想影响当然不止于此，此处不必一一列举。从梁漱溟对于中西文化的态度和观点，我们说现代新儒家以梁启超的落脚点为起点，不算是对梁启超的过誉之论。下文从两个方面对梁启超的文化观作具体论述。

二　梁启超对西方文化之态度

1958 年，唐君毅、牟宗三、徐复观和张君劢联名发表《为中国文化敬告世界人士宣言》，这是现代新儒学的纲领性文件，基本上代表和反映了现代新儒家的立场和观点，《宣言》中既指出了西方文化应学习东方文化之人生智慧，也承认中国文化历史中缺乏西方近代民主制度之建立与科学技术，并承认中国思想过于重视道德实践是中国人缺乏科学精神的症结之所在；而建立科学知识系统和民主政治制度，正是中国文化之道德精神自身发展的内在需求和理当开出之事。这表明，现代新儒家学者虽然认为儒学的生命活力在于开掘出它的一脉相承的道统的现代意义，但他们并不否认西方文化中的优异之处，并且还要予以吸纳融合，牟宗三先生就曾明确指出，儒家的当代使命是"开新外王"，即建立新的民主政治社会形态。既然承认中国文化中缺乏科学精神和西方近代民主制度，而又必须发展科技和建立现代民主政治，那么对于西方文化秉持客观理性的态度，吸收其科学精神、自由民主精神，从而实现中

---

① 梁漱溟：《中国文化要义》，学林出版社 1987 年版，第 22 页。

② 同上书，第 64 页。

西文化的有机融合，就是现代新儒家学者的当然责任，而这也正是儒学乃至中国文化在当下发展的方向。

上述现代新儒家学者对于中西方文化的基本立场和认识，可以追溯到梁启超和梁漱溟，而梁启超还要稍早一点。关于梁漱溟对西方科学和民主的态度，上文已论及，此处不再赘述。那么，梁启超对于西方文化又是何种态度呢？我们不妨从他对于"文化"概念的解读来说起。

"文化"是一个十分抽象的名词，在最广泛的意义上，它包括社会政治、经济、艺术、哲学、宗教和民俗等各个方面，是一个包罗万象的大系统。人类学家克罗伯（A.L.Kroeber）和克拉孔（Clyde Kluckhohn）曾检讨过160多个关于"文化"的界说，最后他们把文化看作成套的行为系统，而文化的核心则由一套传统观念，尤其是价值系统所构成。① 由此看来，价值系统是文化的核心内容。

梁启超对"文化"的定义具有浓厚的佛教意味。他说，"文化者，人类心能所开积出来之有价值的共业也"。② "共业"一词本是佛教术语，所谓"业"，是指人的一切身心活动在宇宙间所留下的不可磨灭的"魂影"，好比茶壶泡了茶后，虽然茶壶洗净了，"茶精"却永远留在了壶内，这不灭的茶精便是"业"。所谓"共业"，就是留在个人所属的社会乃至全宇宙中并发挥着作用的那部分业力，"共业"中有价值的部分就称为"文化"。在梁启超看来，有无价值乃是判断共业是否属于文化的主要标准，这与克罗伯归纳的文化的核心内容是一致的。那么，怎样才是有价值呢？"必须人类自由意志选择且创造出来的东西才算有价值"。③ 人类有两种"心能"，一是创造，二是模仿，不管是创造还是有意识的模仿，都是经过自由意志的选择才发生的，本着自由意志，人类开拓出自己想要的价值，这些价值经过历史的累积，最终形成了文化系统。

"自由意志"是梁启超"文化"定义中的核心概念之一。文化之有

---

① 转引自余英时《中国思想传统的现代诠释》，江苏人民出版社 2004 年版，第 2 页。
② 梁启超：《什么是文化》，载《饮冰室合集·文集》之 39，第 98 页。
③ 同上书，第 99 页。

价值及能开积出来，都与自由意志的选择和创造有关。因此，文化是与人类自由意志相关的范畴，是自由意志的产物，它是人类与其他动物之间的一个分水岭，也是人之所以为人的一个最重要的依据。梁启超将文化与人的自由意志紧密地联系在一起，强调人是有思想的人，是自由意志的主体，是能够意识到自己的主体性的主体，这种对人之主体性的高扬，凸显出梁启超高度的自我主体意识。就中国文化而言，它是几千年来中国人经过自由意志的选择并开拓出来的有价值的系统，是中国长存于世界民族之林而不绝的最重要的精神支撑，它具有异于其他民族文化的独特性，更具有存在的合理性。近代西方一些国家虽然日渐强大，但这绝不意味着西方文化可以作为衡量其他文化的普遍准则，更不能成为中国文化的替代物。承认一国文化的独特性和民族性，是梁启超文化主体意识和自觉精神的认识论前提，也是其中西文化观的心理基础和思想前提。

有强烈的文化主体意识，并不意味着对外来文化的绝对拒斥，恰恰相反，这种心理和认识正是文化多元论的一种体现，因为它承认任何一种文化都是自由意志选择的结果，也就承认了每一种文化存在的合理价值。梁启超对西方文化的认识比较客观和理性，也是由于他有一种文化多元论的思想意识和对于不同文化的包容心。

鸦片战争后的中国社会危机使许多中国人产生了文化的落伍感，长期支配着人们心理的华夏中心观念受到了严峻的挑战。人们开始认识到现在所面临的敌人再不是骑在马背上能很快被汉民族同化的蛮夷，而是有着强大的经济军事力量并对中国虎视眈眈的西方列强。从此以后，中国的先进知识分子开始了寻求民族自强之途的艰辛历程。近代率先提出学习西方的是魏源，他的著名口号是"师夷长技以制夷"，尽管他仍把西方人称为"夷狄"，但其学习西方先进的科学技术以抵御侵略的方针却开启了中国近代文化发展的路向，洋务运动就是这种思想观念的具体落实。但是，当时的爱国知识分子和洋务派大多认为，西方的先进主要在"器"和"技艺"上，而这一直是他们所轻视的，因为他们内心所坚守的是几千年来中国人所信奉的"形而上者谓之道，形而下者谓之器""德成而上艺成而下"之类的信条，认为即便中国的"艺""器"

不如人，但我们有的是更高深更宝贵的道德学问，而这些学问才是齐家治国平天下的根本。

19 世纪 70 年代后，以王韬、郑观应等人为代表的早期改良派对西方的认识向前跨了一步，他们既认识到西方科学技术的先进，也开始意识到西方发达国家政治制度的优越，因此，他们指出中国要改变落后面貌就必须学习西方的科技和政制，这些主张成为后来康有为、梁启超等维新派的思想来源之一。但是，由于他们面临的是"以敌为师"的尴尬处境，因此在心理和思想观念上表现出十分复杂的特点，如当时比较普遍的"西学中源"说，即"西学源自中学"，就是这种复杂心态在文化领域里的突出体现，而且也是他们接受西学的一个思想前提。他们认为近代西方的自由、平等、民主和博爱等观念，都可以在中国的古代典籍中找到其源头，我们学习它不过是要"以中国本有之学，还之于中国"（郑观应语）。其实，"西学中源"说早在明清之际西学初次传入中国时，在部分中国知识分子心中就已经产生了，这似乎是中国爱国知识分子在最初面对外来文化时的一种本能反应。当然，由于所处社会的现实状况不同，这两个时期的知识分子所具有的心理基础是大不相同的。"如果说在明清之际，提出这种说法在很大程度上还包含着对中国文化的一种自信和自尊，那么，在早期改良派那里，这种文化自尊的心理已经大大打了折扣，更多的是为了消除中国人接受西学的阻力。"[1] 这当然是一种可能的原因；但更深层的原因，恐怕还是"华夏中心主义"的潜意识在起着作用，他们在心理上仍企图维持根深蒂固的文化优越感，维护中华民族的尊严。无奈的是，不论他们怎样坚持认为西学源自中国，仍然让人感觉底气不足，因为这种以西学援附中学的心态本身愈加凸显了现实的危机和心理的失衡。

梁启超不赞成"西学中源"理论，而是认为应当承认西学中的有些内容确实为中学所没有，这一点与他强调文化的民族性和独立性有内在的一致性。当然，早期的梁启超也不能完全避免这种思想倾向，他在

---

[1]　胡伟希：《观念的选择：20 世纪中国哲学与思想透析》，云南人民出版社 2002 年版，第 93 页。

1896 年所著的《古议院考》就是典型的例子。他认为中国古代"虽无议院之名而有其实也",只是因为议院对"民贼"不利,后来便被败坏而致消亡了。这些议论,明显具有附会的嫌疑,梁启超也曾因此受到严复的辩难。后来他自己解释说,"《古议院考》,乃数年前读史时偶有札记,游戏之作,……实则启超生平最恶人引中国古事以证西政,谓彼之所长,皆我所有,此实吾国虚矫之结习。初不欲蹈之,然在报中为中等人说法,又往往自不免,……益自知其说之讹谬也"。① 梁启超不仅承认了自己在议院问题上援西政附中学的谬误,而且表明了他对这种附会习气的反感态度,他在后来的各个时期都对学界的这种做法进行了批评。他在 1902 年写的《保教非所以尊孔论》一文中,就毫不客气地指出:"吾最恶乎舞文贱儒,动以西学缘附中学者,以其名为开新,实则保守,煽思想界之奴性而滋益之也。"② 他认为这种附会的做法,实际是现代人的思想束缚于古人的表现,其结果是导致学界奴性的加重而阻碍思想的自由发展。十多年后,他仍批评"国中那些老辈,故步自封,说什么西学都是中国所固有,诚然可笑"。③ 由此可见,梁启超对"西学中源"说和学界的比附风气是一贯地持批评态度。虽然他对西方文化有所批评,但他始终承认西学的独特性,承认它是与中学不同源的异质文化,同时也是值得中国学习和借鉴的文化。

有不少学人撷拾《欧游心影录节录》中梁启超批评欧洲科学至上主义的言论以为依据,认为梁氏在晚年对科学和西方物质文明是完全否定的。事实是否如此?我们可以《欧游心影录节录》和 1922 年的《科学精神与东西文化》为例来看他对科学的看法,并由此来考察他对西方文化的态度。

"一战"后欧洲的衰败景象使梁启超深受触动,他开始反思人类被自己创造的环境所支配的异化现象,也以新的眼光重新审视西方文明。最后,他认为欧洲人之所以失去了安心立命的所在,最大的原因就在于

---

① 梁启超:《与严又陵先生书》,载《饮冰室合集·文集》之 1,第 108 页。

② 梁启超:《保教非所以尊孔论》,载《饮冰室合集·文集》之 9,第 56 页。

③ 梁启超:《欧游心影录节录》,载《饮冰室合集·专集》之 23,第 37 页。

他们过信"科学万能"。科学的发达，不仅使产业组织根本变化，而且也使人们的内部生活急遽改变，尤其是生物进化论使人们失去了对神灵的敬畏和信仰，失去了精神的依托，同时，旧的唯心论哲学也根本动摇，失掉了传统的权威，而与科学相关的实证哲学象进化论一样开始占据人们的心灵。这种"纯物质的纯机械的人生观"所导致的恶果是：既然人类精神也不过是一种物质，受着"必然法则"的支配，那么定然会否认人类具有自由意志，既然没有自由意志，也就没有了道德的责任，社会也就失去了维系人心的纽带，这就是道德的危机。其现实的表现，就是人们物质欲望的极度膨胀和战争的发生。由此，梁启超指出，"欧洲人做了一场科学万能的大梦，到如今却叫起科学破产来"，他对当时欧洲科学至上主义的批评，揭示了近代以来欧洲人在价值选择和人生信仰上普遍存在的问题，同时也是对当时许多中国人过于崇信科学的一种警示。但这些批评并不代表梁启超承认科学已破产、否认科学的价值，因为他同时就已申明："我绝不承认科学破产，不过也不承认科学万能罢了"①，并且希望人们不要因此而菲薄科学。梁启超的申明并非为自己辩护，因为他对科学的认可态度在随后的多篇文章中都有体现。

在《科学精神与东西文化》一文中，梁启超首先就批评指出，至今中国不能享受到科学之利，是因为他们对于科学的态度不正确，特别是认为科学"艺成而下"的观念极大地阻碍了科学的发展。大多数人只知道科学研究所产结果的价值，而对于科学本身的价值却并不了解，也不重视。对此，他警告说，中国人对于科学的态度倘若常此不变，中国人在世界上便永远没有学问的独立，中国人不久必要成为现代被淘汰的国民。此外，他认为中国自秦汉以后科学精神逐渐丧失，致使中国学术滞塞，阻碍社会发展。若要除去病根以图存，必须靠科学精神这一剂良药，他希望"中国文化添入这有力的新成分再放异彩"②。这些议论足以证明梁启超对科学的认同态度。

梁启超对科学的态度，在很大程度上代表着他对西方文化的态度。

① 梁启超：《欧游心影录节录》，载《饮冰室合集·专集》之23，第12页。
② 梁启超：《科学精神与东西文化》，载《饮冰室合集·文集》之39，第9页。

因为在中西文化问题上，梁启超有一种中西二分、物质精神对立的思想倾向，即认为西方重物质文明，而中国重精神文明。物质文明通常是和科学联系在一起的，因而他在批评"科学万能"信仰的时候，实际上也是在批判人们对物质的过分崇拜而导致精神家园的迷失。但他在本质上是不反对科学的，恰恰相反，他对科学的重要性有着正确的认知，对科学精神更是极其重视，也就是说，他对西方文化的特质和合理性，是持认同态度的。正是在此前提下，他表达了对欧洲未来的信心，认为欧洲现代文明是群众的文明，是靠全社会自觉创造出来的。这种文明，由于"建设在大多数人心理上，好像盖房子从地脚修起，打了个很结实的桩儿，任凭暴风疾雨，是不会动摇的"①。可见，梁启超对近代西方文化的精神和命运有着很清醒的认识，其评价也是比较客观的。

至于梁启超对于西方文化中的自由、民主精神的认识和态度，在本书前几章已有详细论述，此处也不再重复。他的思维架构，显然已经超出了洋务派和早期改良派，不再停留在"中体西用"的范围之内；但他又不同于五四新文化运动时期要"打倒孔家店"的激进知识分子，而是强调孔子学说、儒学和中国传统文化的价值，寻求中西文化"化合"之道，推动儒学和传统文化的创造性转化，这一思路与现代新儒家学者无疑极为契合。

三 "淬厉"和"采补"：文化的"化合"与重建

梁启超说过："凡一国之能立于世界，必有其国民独具之特质。上自道德法律，下至风俗习惯、文学美术，皆有一种独立的精神，祖父传之，子孙继之，然后群乃结，国乃成。斯实民族主义之根柢、源泉也。"②他正是在此认识前提下评价西方文化的，亦在此理论基础上看待中国传统文化的。他固然不赞成在华夏中心主义潜意识影响下的援西学附中学的做法，但也反对文化上的欧洲中心主义观念，而认为中西文化是来源不同、各有长短的异质文化，是各自民族精神的重要体现，彼此都

---

① 梁启超：《欧游心影录节录》，载《饮冰室合集·专集》之23，第16页。
② 梁启超：《新民说·释新民之义》，载《饮冰室合集·专集》之4，第6页。

不能忽略对方的存在。

　　对于梁启超中西文化观的评价，美国学者列文森的观点代表了一种认识。他认为，梁启超作为他那个时代觉醒的中国人中的一员，在他的内心存在着历史和价值的剧烈冲突，"由于看到其他国度的价值，在理智上疏远了本国的文化传统；由于受历史制约，在感情上仍然与本国传统相联系"①。列文森称这种心理状态为"爱国主义的精神分裂症"，具体而言，"对外国的崇拜滋长了对本民族的怀疑情绪，梁启超逐渐成为一个西方化者，并抛弃了中国的正统思想。但由于几十年来西方不断地侵略中国，梁启超在感情上并未与西方融为一体"②。诚然，在一种看起来很先进的异质文化入侵时，有自觉意识的中国人内心都会产生震荡和冲突，梁启超作为文化精英的一分子自然更是不能例外，但若说梁启超只是在感情上与本国传统相联系，这种观点是值得商榷的，因为梁启超在其一生的任何一个时期，无论是感情上还是理智上，都不曾离弃过中国传统，他对孔子的敬仰、对儒学的推崇都可以提供有力的证据支持。

　　梁启超自小饱受儒学的熏陶，对孔子始终充满敬仰之情。他说，孔子是哲学家、经世家、教育家而不是宗教家，孔子教义是关于世界国家之事及伦理道德之原，无迷信，无礼拜，不禁怀疑，不仇外，这与一般的宗教是不同的；文明愈往前进，则研究孔子教义愈是有必要。他尊重孔子，但反对一家独尊，而主张思想自由，而且他更进一步，对孔子进行新的定位："孔子之所以为孔子，正以其思想之自由也。"③ 或者说，孔教的精神就是自由的精神，"盖孔教之精神，非专制的而自由的也。……使孔子而生于今日，吾知其教义之必更有所损益也"④。后世自命为孔子之徒者，其实是反其精神而用之，囿于孔子之说而不敢超越藩篱，是思想奴性太强所致，是专制制度的结果，并非孔子自身的问题。他对孔子做出上述评价时，正是 1902 年他思想最革命的时期，也是他

---

　　① ［美］列文森：《梁启超与中国近代思想》，刘伟等译，四川人民出版社 1986 年版，第 4 页。

　　② 同上书，第 49 页。

　　③ 梁启超：《保教非所以尊孔论》，载《饮冰室合集·文集》之 9，第 55 页。

　　④ 同上书，第 58 页。

大力宣扬西方近代价值观且为此与老师康有为思想决裂的阶段，既然此时他依然保持着对孔子的尊敬和赞颂，我们有何理由说他已经疏远甚至抛弃了中国的文化传统？

　　梁启超十分重视儒学，认为儒家在中国文化中的地位是不可替代的。他在晚年致力于研究儒家哲学的一个出发点，就在于力图对五四新文化运动中激进派的一些关于儒学的观点有所矫正。他说："近来有许多新奇偏激的议论，在社会上渐渐有了势力，所以一般人对于儒家哲学，异常怀疑，青年脑中，充满了一种反常的思想，如所谓'打倒孔家店'，'线装书应当抛在茅坑里三千年'等等。此种议论，原来可比得一种剧烈性的药品。……那些奇论，我也承认他们有相当的功用。但要知道，药到底是药，不能拿来当饭吃。若因为这种议论新奇可喜，便根本把儒家道术的价值抹煞，那便不是求真求善的态度了。"① 作为一位深受儒家思想影响的学者，梁启超对于完全否定儒学价值的做法，自然是不能接受的，更何况他一向不赞成极端的方式。他认为，"中国民族之所以存在，因为中国文化存在，而中国文化离不了儒家。如果要专打孔家店，要把线装书抛在茅坑里三千年，除非认过去现在的中国人完全没有受过文化的洗礼"②。这句话是能够击中要害的。当然没有人愿意承认自己没有受过文化的洗礼，那么抛弃儒家也就是没有道理的。儒家哲学虽不算中国文化全体，但中国文化正是以儒家道术为中心，才能流传到现在，所以"研究儒家哲学，就是研究中国文化"。他不仅认为儒学没有完全凝滞腐坏，而且认为，在儒家道术中，内圣之学（即"修己"的功夫）的全部和外王之学（即"安人"的功夫）的一小部分都是超越时代性的，具有永恒的价值；儒家哲学不是拥护专制的学问，也不是奴役人民的学问；儒家与科学，不但两不相背，而且异常接近，因为儒家以人为本位，以自己环境作为出发点，比较近于科学精神，至少可以说不违反科学精神，所以在今日研究儒家道术，是有益且必要的。梁启超的一些观点不一定能完全使人信服，但他的辩论对于纠正一种极端的

---

① 梁启超：《儒家哲学》，载《饮冰室合集·专集》之103，第6页。

② 同上书，第7页。

思维倾向，显然是有一定作用的，它多少能引起人们对于儒学的理性审视，"五四"后现代新儒家的兴起不能说与梁启超等人的努力完全没有关系。虽然在流亡日本后的最初几年，梁启超对中国传统文化也有微词，特别是对于传统道德伦理中重私德而不重公德的缺陷进行了严厉地批判，但总的来说，他对于传统文化之整体从未完全否定过，对于儒学也一直保持着尊重的态度，这是必须承认的。

梁启超反对文化上的民族虚无主义，他自己也从来没有如勒文森所说的抛弃了中国的正统思想，即使是在日本感受着西方文化的强烈气息时，他也没有丧失其文化上的主体意识。他在这一时期的代表作《新民说》中，就十分明确地表述了对于中西文化的态度。他说："新之义有二：一曰淬厉其所本有而新之，二曰采补其所本无而新之。"①又说，"吾所谓新民者，必非如心醉西风者流，蔑弃吾数千年之道德、学术、风俗，以求伍于他人，亦非如默守故纸者流，谓仅抱此数千年之道德、学术、风俗，遂足以立于大地也。"②"淬厉"的是中国的优秀文化和道德传统，"采补"的当然来自西方文化，目的都是一个——"新之"，使中国国民新，使中国文化新。它所描述的是融合了中西文化中优秀元素后的一种状态，但其立场显然仍是中国文化。台湾学者黄克武认为，梁启超的思想仍深受中国传统影响，与传统有许多连续性的方面，他对文化修改的看法与"中体西用"以及五四反传统思想都不相同，是一种"继往开来"的精神。③这种看法是比较符合实际的。

如前所述，在梁启超看来，以包含许多超越时代性具有永恒价值的儒家道术为中心，是中国文化最显著的特征，也是中华民族得以长存于世界民族之林而不灭的最主要原因。这是梁启超对中国文化特质最深切的体认，也是他能够自始至终站在中国文化的立场上去学习西方的最坚强有力的思想后盾。

---

①　梁启超：《新民说·释新民之义》，载《饮冰室合集·专集》之4，第5页。

②　同上书，第7页。

③　黄克武：《一个被放弃的选择——梁启超调适思想之研究》，台北"中研院"近代史研究所1994年版，第34页。

　　对儒学意义和中国文化优点的体认，还只是梁启超实现文化理想的第一步，他要进一步思考的，是如何在新的历史条件下，将传统儒学接入现代性的轨道，从而推动儒学乃至整个中国传统文化的现代转向。

　　在目睹"一战"后欧洲的衰败景象后，梁启超一方面对几十年来作为中国学习对象的西方文化进行反省，另一方面开始思考文化的重建问题。这实际上也是近现代中国一个重大的时代课题，在这一点上，梁启超较早表现出了其文化自觉精神。他说，当下的中国有一个绝大的责任，就是"拿西洋的文明来扩充我的文明，又拿我的文明去补助西洋的文明，叫他化合起来成一种新文明"①。因为一种文明必有其特质，将它与其他文化的特质化合，会产生出第三种更好的特质来。此时的梁启超，对中国文化充满自信，但这并不完全是感情上的原因。他是理智和冷静的，认识到要发挥我们的文化，非借西方的文化做途径不可，一是因为西方的研究方法很精密，二是他们思想解放已经很久，思潮内容丰富，种种方面可供参考。他希望将中西文化来个"心物调和"，创造一个新文化系统，并将这个新系统向外扩充，叫人类全体都得着他好处。应该说，这种文化重建理论是一种理想化的构思，在实际操作上具有相当的难度，拿别人的文化来补助自己的文化，自然是可行的，但要将这种所谓的"新文化系统"向外扩充，能否行得通，则是一个很大的疑问。但由此可以肯定一点，梁启超在后期的文化观与其在《新民说》中的基调十分相似，可以说，其中西文明"化合"论，实际上是他早前"淬厉本有"和"采补本无"观点的继续和深化。也就是说，在对待中西文化的态度上，他的主张其实有着一贯性。

　　梁启超的文化重建主张，反映了他强烈的现代意识和对传统文化的改造意识，这种"改造"，是指用现代理念对中国古典文化思想做出新的诠释，形成一种新文化。现代新儒家的代表人物张君劢曾这样评价梁启超："作为近代中国伟大的自由主义者梁启超劝国人研究西方科学、哲学及政治制度，并尽可能客观地观察儒家传统。他希望中国人能够思想开放，接受各种学说及具体实现的思想观念。因此，大家都承认他是

_____

① 梁启超：《欧游心影录节录》，载《饮冰室合集·专集》之23，第35页。

奠定西方思想传入中国及以现代生活眼光重估中国传统价值之基础的先驱者。如果我们说，没有梁启超，中国人就不会那样早的接受改变，也绝非是夸大之词。"① 他对梁启超在中国近现代思想史上作用和地位给予了高度的评价。然而事实上，梁启超既没有被视为现代新儒家，也没有得到五四激进主义知识分子的认同，这种尴尬境地，不仅仅是因为他没有构筑新儒学理论体系，更可能与他在中西文化问题上表现出来的所谓"中庸""调和"态度有关。诚然，"调和"论听起来既不像"全盘西化"论那么革命和彻底，也不像文化保守主义者那么忠实地维护传统，但实际上它更具有现实性，因为在世界联系日益紧密、各种文化相互融通的新时期，"全盘西化"和"文化保守主义"都不具有可能性。梁漱溟曾带有批评意味地说："中国讲维新讲西学几十年乃至于革命共和，其实都是些不中不西的人，说许多不中不西的话，作许多不中不西的事。"② "不中不西"，换个角度也可以说是"即中即西"。纯粹"中"的人，不可能讲维新讲西学；纯粹"西"的人，要么是洋人，但洋人不可能来引领中国的维新事业，要么是全盘反传统主义者，也不可能真正实现文化的改造和转型。反倒是那"不中不西""即中即西"的一班人，最有可能促使中国文化走出一片新天地，而梁启超，就是其中的一员。

若不承认文化的独立性，就不可能提出异源异质文化的"化合"问题，因为不同文化的互补和调和，必以双方性质不同而又居于对等地位为前提。若一方完全处于受动地位而被迫接受另一方的文化渗透，结果必然是被对方同化，这与互补融合的性质是截然不同的。在梁启超看来，西方文化偏重于物质，中国文化偏重于精神。这种二元分置方法虽然流于简单化，而且不免武断，但却暗含着一种意味，即虽然在内涵上中国文化与西方文化重心有所不同，但二者在地位上却是平等的，并无新旧优劣之别。梁启超对近代西方文化的理性认知以及对中国传统文化价值的认同，体现出他鲜明的文化多元主义立场。他的文化观是其自由

---

① 张君劢：《新儒家思想史》，中国人民大学出版社 2006 年版，第 533 页。
② 梁漱溟：《东西文化及其哲学》，商务印书馆 2010 年版，第 33 页。

民主思想在文化方面的体现，这种文化观念不仅有助于我们正确地对待传统，发扬传统文化中的优秀价值，而且也有助于我们更理智地学习西方，从而使中国文化不断地得以提升。

当我们综观梁启超对于儒学、中国文化以及西方科学、自由、民主精神等的认知和态度，就没有理由不承认他对于后来新儒家学者的启发性意义以及在儒学现代转化过程中所作的重要贡献。可以说，现代新儒学，确实是以梁启超的落脚点为起点的，说他是现代新儒家的先驱、为儒学和中国传统文化的近代转型起了铺垫和推动作用，绝非溢美之言。

附录二

《民报》创刊时间考

1905 年 8 月，孙中山领导的资产阶级革命政党"中国同盟会"在东京成立，《民报》（其前身是 1905 年 6 月由宋教仁、黄兴等在东京创办的月刊《二十世纪之支那》，该刊仅发行两期即被日本政府查禁）作为同盟会的机关报亦在数月后出版，至 1910 年 2 月终刊。《民报》以阐发孙中山在"发刊词"中提出的三民主义为宗旨，自创刊号起，它便以战斗者的姿态向以梁启超为代表的立宪派宣战，特别是与梁启超在横滨创办的《新民丛报》展开论战。在当时出版的革命刊物中，《民报》最具有代表性，是资产阶级民主革命派在海外的主要舆论阵地，因而是了解辛亥革命前孙中山和其他民主革命派思想主张的重要文献资料，同时对于了解当时立宪派的思想观念亦不无助益。

关于《民报》的创刊时间，据 1957 年科学出版社影印的《民报》合订本介绍，最初存在两种说法。该合订本有如下说明："《民报》是中国同盟会的机关报。创刊于一九〇五年十月（据《民报》第一号再版本所记为十月二十日印刷，据邹鲁《中国国民党史稿》所记为十一月二十六日），在日本东京印刷。"《中国国民党史稿》的作者邹鲁曾留学日本，是同盟会会员，将《民报》创刊时间明确定为 1905 年 11 月 26 日；而《民报》第 1 号再版本所记时间为"十月二十日印刷"，没有明确说明是何时出版发行。后者为何不具体写明初版发行时间而用"十月二十日印刷"这一模糊的说法，我们从《民报》第 1 号和第 2 号的标记时间中或可找到原因。

《民报》第 1 号（即创刊号）首页上标有三个日期：

日本明治卅八年十一月廿五日第三种邮便物认可
日本明治三十八年十一月廿六日初版发行
日本明治三十八年十二月八日再版发行

《民报》第 2 号首页上则标注有四个日期：

日本明治卅八年十一月廿五日第三种邮便物认可
日本明治三十八年十一月廿六日初版发行
日本明治三十九年四月十日再版发行
日本明治三十九年五月八日三版发行

本该有一定时间差的第 1 号与第 2 号刊都注明是"日本明治三十八年十一月廿六日初版发行"，这自然导致时人无法确定《民报》初版发行的时间，这也就是《民报》第 1 号再版本所记时间为"十月二十日印刷"而没有明确说明出版发行时间的原因所在。后来的一些出版社和学人也因此把《民报》第 1 号再版本所记的"十月二十日印刷"这一时间直接作为《民报》的创刊号时间，如生活·读书·新知三联书店1977 年出版的《辛亥革命前十年间时论选集》将《民报》第 1 号上的文章全部注明为"十月出版"，而将《民报》第 2 号上的文章标注为"十一月出版"。中华书局 1981 年出版的《孙中山全集》第一卷中，在《〈民报〉发刊词》一文的标题下所标注的时间也为 1905 年 10 月 20日，且脚注说明"创刊号脱期出版，此处所标时间为该号的印刷日期"。由于这些出版社的权威性，一些学者据此将《民报》创刊时间定为1905 年 10 月（有的认为这是农历日期），而认为第 2 号出版发行时间为 1905 年 11 月 26 日。

前文已述，《民报》的主要论敌是《新民丛报》，双方常常是一来一往进行笔战，笔者在研究《新民丛报》的过程中发现，如果《民报》的创刊时间定为 1905 年 10 月、《民报》第 2 号的发行时间定为 1905 年11 月 26 日，就会出现两方论战文章在时间、内容和逻辑上"对不上号"的问题。经过考证和分析，笔者认为，将《民报》创刊时间认定为 1905 年 10 月不符合实际，主要依据如下：

首先，《民报》所标注日期用的是日本纪年法，而当时日本用的是公历（或阳历），所以《民报》上的发行日期即是该年的公历日期。日本在明治维新后，自 1873 年始，官方将传统的农历改为公历，所以当时留日学生创办的报纸，用日本明治天皇年号纪年的，皆为公历。如梁启超 1902 年初在日本创办的《新民丛报》，就一直兼采中国皇帝年号纪年法和日本天皇年号纪年法，其第 1 号首页有"光绪二十八年元月一日；明治三十五年二月八日"。光绪二十八年和明治 35 年是 1902 年，元月一日即是农历正月初一，而公历是 2 月 8 日。此可见当时日本纪年用的是阳历日期。《民报》用日本明治纪年而不用中国皇帝年号纪年，这与其反满的思想主旨有关。因此，《民报》第 1 号上所注"日本明治三十八年十一月廿六日初版发行"就是阳历 1905 年 11 月 26 日。

其次，如前文所示，《民报》每一期的首页，除了标注初版、再版时间，还有一个日期，即"日本明治卅八年十一月廿五日第三种邮便物认可"，意思为此刊发行得到了日本相关部门的批准，具有合法性。这与《民报》第 1 号上所注的"1905 年十一月廿六日初版发行"在时间上是吻合的。这也从另一个角度证明了无论是从情理上还是逻辑上，《民报》第 1 号都不可能是 10 月创刊。

再次，从《民报》第 2 号上两篇与陈天华有关的文章可知，第 2 号初版发行时间不可能是 1905 年 11 月 26 日。陈天华（即陈星台）于 1905 年 12 月 8 日即光绪三十一年十一月十二日在日本投海身亡，他在投海前一日写下了《绝命书》。《民报》第 2 号上刊登了一篇无署名的文章《祭陈星台先生文》，开头即述"黄帝纪元四千六百零三年十一月十二日国士陈君星台自沉于日本大森之海湾越八日"；还刊登了《陈星台先生绝命书》，在《绝命书》一文后面，附有陈天华的友人"劒斋"（即宋教仁）所写的跋，文中有"此吾友陈君星台绝命书，劒斋每一思君，辄一环颂之"之语，落款为"乙巳十一月晦劒斋谨泣跋"。宋教仁落款日期用的是中国传统的天干地支纪年法，可知此跋写于 1905 年农历十一月二十九日，因为"晦"是指农历每月的最后一天、朔日（即农历每月初一）的前一天，1905 年十一月的最后一天是农历二十九，阳历是 12 月 25 日。由此推知，《民报》第 2 号当是 1905 年十一月二十九日（阳历 12 月 25 日）之后发行，无论是阴历还是阳历，都不可能是 1905 年 11 月 26 日初版发行。

关于《民报》第 2 号的初版时间，梁启超的文章可作为旁证。梁氏从 1906 年 1 月的《新民丛报》第 73 号起连载《开明专制论》一文，第 73 号的发行时间为 1906 年 1 月 25 日（农历为是年的正月初一。《新民丛报》"每月二回朔望日发行"，即农历每月初一、十五刊行）。在《开明专制论》正文前面有一段"著者识"，说明了撰写此文之缘由，其开篇即言："本篇因陈烈士天华遗书有'欲救中国必用开明专制'之语，故倡发其理由，抑亦鄙人近年来所怀抱之意见也。"表明梁启超此时已读过了刊行于《民报》第 2 号的陈天华的遗书。结合前文可知，《民报》第 2 号的初版发行时间应在 1905 年 12 月 25 日至 1906 年 1 月 25 日之间。

最后，一个刊物初创，创办者都有较强的心理期待，也会十分重视，在第 1 号便将出版时间写错的可能性不大；而且如果《民报》是十月初版发行，按常理，不会写成还没到来的时间即"十一月"，不然读者一定会感觉奇怪并有反馈。至于创刊号"脱期出版"之说，这种可能性更小，一般来说创刊号就脱期的情况极少见，况且刊物上明确标注有出版时间，这表明根本就不存在"脱期出版"的问题。

综上所述，《民报》的创刊时间应为 1905 年 11 月 26 日，而第 2 号的发行时间则在 1905 年 12 月 25 日至 1906 年 1 月 25 日之间。

参考文献

一　梁启超的著作

林志钧编:《饮冰室合集》,中华书局 1989 年版。

汤志钧、汤仁泽编:《梁启超全集》,中国人民大学出版社 2018
年版。

夏晓虹辑:《〈饮冰室合集〉集外文》,北京大学出版社 2005 年版。

张品兴编:《梁启超全集》,北京出版社 1999 年版。

二　研究梁启超的著作及论文

(一)　著作

[美] Philip. C. Huang, *Liang Ch'i-ch'ao and Modern Chinese Liberal-
ism*, University of Washington Press, 1972.

[美] 列文森:《梁启超与中国近代思想》,刘伟等译,四川人民出
版社 1986 年版。

[美] 张灏:《梁启超与中国思想的过渡 (1890—1907)》,崔志海、
葛夫平译,江苏人民出版社 1997 年版。

[日] 狭间直树编:《梁启超・明治日本・西方:日本京都大学人文
科学研究所共同研究报告》,社会科学文献出版社 2001 年版。

陈鹏明:《梁启超学术思想评传》,北京图书馆出版社 1999 年版。

陈其泰:《梁启超评传》,广西教育出版社 1996 年版。

丁文江、赵丰田编:《梁启超年谱长编》,上海人民出版社 2009
年版。

董德福:《梁启超和胡适:两代知识分子学思历程的比较研究》,吉

林人民出版社 2004 年版。

　　董方奎：《旷世奇才梁启超》，武汉出版社 1997 年版。

　　董方奎：《梁启超与立宪政治》，华中师范大学出版社 2013 年版。

　　段江波：《危机·革命·重建：梁启超论"过渡时代"的中国道德》，广西师范大学出版社 2008 年版。

　　耿云志、崔志海：《梁启超》，广东人民出版社 1994 年版。

　　郭刚：《中国早期马克思主义的传播——梁启超与西学东渐》，人民出版社 2010 年版。

　　黄克武：《一个被放弃的选择——梁启超调适思想之研究》，台北"中研院"近代史研究所 1994 年版。

　　蒋广学：《梁启超和中国古代学术的终结》，江苏教育出版社 2001 年版。

　　蒋广学、何卫东：《梁启超评传》，南京大学出版社 2011 年版。

　　焦润明：《梁启超法律思想综论》，中华书局 2006 年版。

　　焦润明：《梁启超启蒙思想研究》，辽宁大学出版社 2006 年版。

　　解玺璋：《君主立宪之殇：梁启超与他的"自改革"》，山西人民出版社 2014 年版。

　　李国俊编：《梁启超著作系年》，复旦大学出版社 1986 年版。

　　李茂民：《在激进与保守之间：梁启超五四时期的新文化思想》，社会科学文献出版社 2006 年版。

　　李喜所：《梁启超与近代中国社会文化》，天津古籍出版社 2005 年版。

　　李喜所、元青：《梁启超传》，人民出版社 1993 年版。

　　梁台根：《中国近现代思想史上的道德主义与智识主义：以梁启超思想型塑为线索》，台湾学生书局 2007 年版。

　　吕滨：《新民伦理与新国家——梁启超伦理思想研究》，江西教育出版社 2000 年版。

　　孟祥才：《梁启超传》，北京出版社 1980 年版。

　　潘强恩、吴申元、童丽：《被历史"遗忘的角落"：梁启超的新民学说与经济思想》，新华出版社 1999 年版。

沈大德、吴廷嘉：《梁启超评传》，百花洲文艺出版社 1996 年版。

宋仁：《梁启超教育思想研究》，辽宁教育出版社 1993 年版。

宋仁：《梁启超政治法律思想研究》，学苑出版社 1990 年版。

王金崇：《东西文化之辨：梁启超的哲学思考》，中国社会科学出版社 2018 年版。

吴其昌：《梁启超传》，百花文艺出版社 2004 年版。

吴天任：《梁启超年谱》，广东人民出版社 2018 年版。

夏晓虹：《梁启超：在政治与学术之间》，东方出版社 2014 年版。

夏晓虹编：《追忆梁启超》，中国广播电视出版社 1997 年版。

杨天宏：《新民之梦——梁启超传》，四川人民出版社 1995 年版。

杨晓明：《梁启超文论的现代性阐释》，四川民族出版社 2002 年版。

易新鼎：《梁启超和中国学术思想史》，中州古籍出版社 1992 年版。

袁咏红：《梁启超对日本的认识与态度》，中国社会科学出版社 2011 年版。

张朋园：《梁启超与民国政治》，吉林出版集团有限责任公司 2007 年版。

张朋园：《梁启超与清季革命》，吉林出版集团有限责任公司 2007 年版。

张勇：《梁启超与晚清“今文学”运动》，北京大学出版社 2017 年版。

郑匡明：《梁启超启蒙思想的东学背景》，上海书店出版社 2009 年第 2 版。

钟珍维、万发云：《梁启超思想研究》，海南人民出版社 1986 年版。

（二）论文

陈慧：《近 50 年来梁启超思想研究之检讨》，《哲学动态》2001 年第 10 期。

陈来：《梁启超的“私德”论及其儒学特质》，《清华大学学报》（哲社版）2013 年第 1 期。

陈敏荣：《个人自由与国家自由的张力——梁启超自由主义思想探析》，《武汉大学学报》（人文科学版）2009 年第 3 期。

董德福：《晚年梁启超与现代新儒家》，《天津社会科学》1996 年第 6 期。

董四代、李玉杰：《梁启超与早期国民党人社会主义思想再评价》，《政治学研究》2010 年第 4 期。

高力克：《梁启超的自由观：在国族与个人之间》，《浙江社会科学》2017 年第 6 期。

高力克：《晚年梁启超的文化自觉——〈欧游心影录〉的现代性反思》，《学习与探索》2019 年第 2 期。

侯杰、林绪武：《近百年来不同语境下的梁启超研究》，《文史哲》2004 年第 4 期。

黄克武：《梁启超与儒家传统：以清末王学为中心之考察》，《历史教学》2004 年第 3 期。

赖骏楠：《清末〈新民丛报〉与〈民报〉论战中的"国民"议题》，《法学研究》2018 年第 4 期。

李喜所：《剖析梁启超晚年的思想走向——以〈欧游心影录〉为中心》，《社会科学研究》2003 年第 5 期。

史云波、董德福：《梁启超五四新文化运动的先驱》，《中州学刊》1999 年第 1 期。

孙建昌、李素英：《论梁启超的社会主义观》，《山东社会科学》2015 年第 3 期。

魏义霞：《论康有为与梁启超的关系》，《黑龙江社会科学》2017 年第 4 期。

吴根友：《简论早期梁启超的自由观》，《湖北大学学报》（哲社版）2003 年第 6 期。

徐水生：《日译西学与中国哲学的近代转型——以居日期间的梁启超为中心》，《武汉大学学报》（人文科学版）2010 年第 6 期。

颜德如、颜俊儒：《离合之间：梁启超与西方自由主义》，《江苏社会科学》2004 年第 2 期。

叶兴艺：《梁启超宪政思想探析》，《当代法学》2002 年第 4 期。

应学犁：《梁启超在二十年代初社会主义问题争论中的角色》，《南京大学学报》（哲学·人文·社科版）1995 年第 2 期。

俞政：《严复和梁启超自由思想的几点比较》，《社会科学研究》2004 年第 4 期。

三　其他著作

［德］黑格尔：《哲学史讲演录》，贺麟、王太庆译，商务印书馆 1978 年版。

［德］康德：《实践理性批判》，韩水法译，商务印书馆 1999 年版。

［法］贡斯当：《古代人的自由与现代人的自由》，阎克文、刘满贵译，上海人民出版社 2005 年版。

［法］卢梭：《社会契约论》，何兆武译，商务印书馆 2003 年版。

［法］孟德斯鸠：《论法的精神》上册，张雁深译，商务印书馆 1961 年版。

［古希腊］亚里士多德：《政治学》，吴寿彭译，商务印书馆 1981 年版。

［美］艾尔曼：《从理学到朴学——中华帝国晚期思想与社会变化面面观》，赵刚译，江苏人民出版社 1995 年版。

［美］本杰明·史华兹：《寻求富强——严复与西方》，叶凤美译，江苏人民出版社 1996 年版。

［美］费正清、费维恺编：《剑桥中华民国史（1912—1949 年）》，杨品泉、刘敬坤等译，中国社会科学出版社 1994 年版。

［美］费正清、刘广京编：《剑桥中国晚清史（1800—1911 年）》，中国社会科学院历史研究所编译室译，中国社会科学出版社 1985 年版。

［美］列文森：《儒教中国及其现代命运》，郑大华、任菁译，中国社会科学出版社 2000 年版。

［美］路易斯·亨金：《宪政·民主·对外事务》，邓正来译，生活·读书·新知三联书店 1996 年版。

［美］林毓生：《中国传统的创造性转换》，生活·读书·新知三联书店 1988 年版。

［美］林毓生：《中国意识的危机——"五四"时期激烈的反传统

主义》，贵州人民出版社 1986 年版。

[美] 塞缪尔·亨廷顿：《文明的冲突与世界秩序的重建》，周琪、刘绯、张立平、王圆译，新华出版社 2002 年版。

[美] 托马斯·库恩：《科学革命的结构》，金吾伦、胡新和译，北京大学出版社 2012 年第 2 版。

[美] 萧公权：《近代中国与新世界：康有为变法与大同思想研究》，汪荣祖译，江苏人民出版社 1997 年版。

[美] 萧公权：《中国政治思想史》，辽宁教育出版社 1998 年版。

[美] 约翰·罗尔斯：《正义论》，何怀宏等译，中国社会科学出版社 1988 年版。

[日] 岛田虔次：《中国近代思维的挫折》，甘万萍译，江苏人民出版社 2010 年第 2 版。

[日] 近代日本思想史研究会：《近代日本思想史》，马采译，商务印书馆 1983 年第 2 版。

[英] 阿克顿：《自由与权力——阿克顿勋爵论说文集》，侯健、范亚峰译，商务印书馆 2001 年版。

[英] 边沁：《道德与立法原理导论》，时殷弘译，商务印书馆 2000 年版。

[英] 哈耶克：《自由秩序原理》，邓正来译，生活·读书·新知三联书店 1997 年版。

[英] 霍布豪斯：《自由主义》，朱曾汶译，商务印书馆 1996 年版。

[英] 霍布斯：《利维坦》，黎思复、黎廷弼译，商务印书馆 1985 年版。

[英] 柯林武德：《历史的观念》，何兆武、张文杰译，商务印书馆 1997 年版。

[英] 李提摩太：《亲历晚清四十五年：李提摩太在华回忆录》，李宪堂、侯林莉译，天津人民出版社 2005 年版。

[英] 斯宾诺莎：《伦理学》，贺麟译，商务印书馆 2009 年版。

[英] 以赛亚·伯林：《自由论》，译林出版社 2003 年版。

[英] 约翰·洛克：《政府论》下篇，叶启芳、瞿菊农译，商务印

书馆 1964 年版。

［英］约翰·密尔：《论自由》，许宝骙译，商务印书馆 1959 年版。

《李达文集》编辑组编：《李达文集》，人民出版社 1980—1986
年版。

柴松霞：《出洋考察与清末立宪》，法律出版社 2011 年版。

陈独秀：《独秀文存》，安徽人民出版社 1987 年版。

陈独秀等：《新青年》，王中江、苑淑娅选编，中州古籍出版社
1999 年版。

陈少明：《儒学的现代转折》，辽宁大学出版社 1992 年版。

陈少明、单世联、张永义：《被解释的传统：近代思想史新论》，中
山大学出版社 1995 年版。

陈旭麓：《近代中国社会的新陈代谢》，上海人民出版社 1992 年版。

冯桂芬：《校邠庐抗议》，戴扬本评注，中州古籍出版社 1998 年版。

冯契：《中国近代哲学的革命进程》，人民出版社 1989 年版。

冯友兰：《中国现代哲学史》，广东人民出版社 1999 年版。

高军、王桧林、杨树标主编：《五四运动前马克思主义在中国的介
绍和传播》，湖南人民出版社 1986 年版。

高瑞泉：《天命的没落——中国近代唯意志论思潮研究》，上海人民
出版社 1991 年版。

高瑞泉：《中国现代精神传统：中国的现代性观念谱系》，上海古籍
出版社 2005 年版。

高瑞泉主编：《中国近代社会思潮》，华东师范大学出版社 1996
年版。

葛兆光：《中国思想史》，复旦大学出版社 2001 年版。

故宫博物院明清档案部编：《清末筹备立宪档案史料》，中华书局
1979 年版。

顾肃：《自由主义基本理念》，中央编译出版社 2003 年版。

广东省社会科学院历史研究室等编：《孙中山全集》，中华书局
1981—1986 年版。

郭齐勇：《中华人文精神的重建：以中国哲学为中心的思考》，北京

师范大学出版社 2011 年版。

　　郭嵩焘:《郭嵩焘日记》,湖南人民出版社 1982 年版。

　　郭嵩焘:《郭嵩焘奏稿》,杨坚校补,岳麓书社 1983 年版。

　　郭湛波:《近五十年中国思想史》,山东人民出版社 1997 年版。

　　贺麟:《文化与人生》,商务印书馆 1988 年版。

　　贺麟:《五十年来的中国哲学》,上海人民出版社 2012 年版。

　　侯外庐:《中国近代启蒙思想史》,人民出版社 1993 年版。

　　侯外庐主编:《中国近代哲学史》,人民出版社 1978 年版。

　　胡逢祥:《社会变革与文化传统——中国近代文化保守主义思潮研究》,上海人民出版社 2000 年版。

　　胡绳:《从鸦片战争到五四运动》,人民出版社 2001 年版。

　　胡伟希:《观念的选择:20 世纪中国哲学与思想透析》,云南人民出版社 2002 年版。

　　胡伟希、高瑞泉、张利民:《十字街头与塔——中国近代自由主义思潮研究》,上海人民出版社 1991 年版。

　　黄克武:《自由的所以然——严复对约翰弥尔自由思想的认识与批判》,上海书店出版社 2000 年版。

　　姜文华、朱维铮编注:《章太炎选集》(注释本),上海人民出版社 1981 年版。

　　姜义华、张荣华编校:《康有为全集》,中国人民大学出版社 2007 年版。

　　蒋国保、余秉颐、陶清:《晚清哲学》,安徽人民出版社 2002 年版。

　　克柔编:《张东荪学术文化随笔》,中国青年出版社 2000 年版。

　　李剑农:《中国近百年政治史(1840—1926 年)》,复旦大学出版社 2002 年版。

　　李世涛主编:《知识分子立场——民族主义与转型期中国的命运》,时代文艺出版社 2000 年版。

　　李维武:《二十世纪中国哲学本体论问题》,湖南教育出版社 1991 年版。

　　李泽厚:《中国近代思想史论》,人民出版社 1979 年版。

李泽厚：《中国现代思想史论》，天津社会科学院出版社 2003 年版。

梁漱溟：《东西文化及其哲学》，商务印书馆 2010 年版。

梁漱溟：《中国文化要义》，学林出版社 1987 年版。

林则徐：《四洲志》，华夏出版社 2002 年版。

刘桂生主编：《时代的错位与理论的选择——西方近代思潮与中国"五四"启蒙思想》，清华大学出版社 1989 年版。

刘军宁等编：《直接民主与间接民主》，生活·读书·新知三联书店 1998 年版。

刘军宁等编：《自由与社群》，生活·读书·新知三联书店 1998 年版。

罗荣渠：《现代化新论——世界与中国的现代化进程》（增订版），商务印书馆 2004 年版。

毛泽东：《毛泽东选集》，人民出版社 1991 年版。

牟宗三：《政道与治道》，吉林出版集团有限责任公司 2010 年版。

欧阳哲生编：《胡适文集》，北京大学出版社 2013 年第 2 版。

钱穆：《中国近三百年学术史》，商务印书馆 1997 年版。

石毕凡：《近代中国自由主义宪政思潮研究》，山东人民出版社 2004 年版。

谭嗣同：《仁学》，印永清评注，中州古籍出版社 1998 年版。

汤志钧：《戊戌变法史》，人民出版社 1984 年版。

唐明邦主编：《中国近代启蒙思潮》，江西人民出版社 1993 年版。

王汎森：《中国近代思想与学术的系谱》，吉林出版集团有限责任公司 2011 年版。

王人博：《宪政文化与近代中国》，法律出版社 1997 年版。

王人博：《中国近代的宪政思潮》，法律出版社 2003 年版。

王栻主编：《严复集》，中华书局 1986 年版。

王守常等编：《马克思主义哲学在中国》，首都师范大学出版社 2002 年版。

王韬：《弢园文录外编》，陈恒、方银儿评注，中州古籍出版社 1998 年版。

王先谦：《荀子集解》，沈啸寰、王星贤点校，中华书局 1988 年版。

王先慎：《韩非子集解》，钟哲点校，中华书局 1998 年版。

王中江：《近代中国思维方式演变的趋势》，四川人民出版社 2008年版。

韦庆远、高放、刘文源著：《清末宪政史》，中国人民大学出版社1993 年版。

韦政通：《伦理思想的突破》，中国人民大学出版社 2005 年版。

魏源：《海国图志》，陈华等点校注释，岳麓书社 1998 年版。

吴根友：《明清哲学与中国现代化哲学诸问题》，中华书局 2008年版。

吴光、钱明、董平、姚延福编校：《王阳明全集》，上海古籍出版社1992 年版。

夏东元编：《郑观应集》，中华书局 2013 年版。

夏勇：《中国民权哲学》，生活·读书·新知三联书店 2004 年版。

萧萐父、许苏民：《明清启蒙学术流变》，辽宁教育出版社 1995年版。

谢俊美：《政治制度与近代中国》（增补本），上海人民出版社 2000年第 2 版。

熊月之：《西学东渐与晚清社会》（修订版），中国人民大学出版社2011 年版。

熊月之：《中国近代民主思想史》（修订本），上海社会科学院出版社 2002 年版。

徐继畬：《瀛环志略》，上海书店出版社 2001 版。

徐迅：《民族主义》，中国社会科学出版社 2005 年版。

徐友渔：《宪政论丛》，群言出版社 1986 年版。

许纪霖编：《二十世纪中国思想史论》，东方出版中心 2000 年版。

许苏民：《中西哲学比较研究史》，南京大学出版社 2014 年版。

余英时：《中国思想传统的现代诠释》，江苏人民出版社 2004 年版。

喻大华：《晚清文化保守思潮研究》，人民出版社 2001 年版。

张岱年：《中国伦理思想研究》，中国人民大学出版社 2011 年版。

张东荪:《理性与民主》,岳麓书社 2010 年版。

张光芒:《启蒙论》,上海三联书店 2002 年版。

张君劢:《新儒家思想史》,中国人民大学出版社 2006 年版。

张枏、王忍之编:《辛亥革命前十年间时论选集》,生活·读书·新知三联书店 1977 年版。

张朋园:《立宪派与辛亥革命》,吉林出版集团有限责任公司 2007 年版。

张朋园:《知识分子与近代中国的现代化》,百花洲文艺出版社 2002 年版。

张朋园:《中国民主政治的困境(1909—1949):晚清以来历届议会选举述论》,吉林出版集团有限责任公司 2008 年版。

张汝伦:《现代中国思想研究》,上海人民出版社 2001 年版。

张世保:《从西化到全球化——20 世纪前 50 年西化思潮研究》,东方出版社 2004 年版。

张之洞:《劝学篇》,李忠兴评注,中州古籍出版社 1998 年版。

郑大华、邹小站主编:《思想家与近代中国思想》,社会科学文献出版社 2005 年版。

郑大华、邹小站主编:《中国近代史上的民族主义》,社会科学文献出版社 2007 年版。

郑家栋:《现代新儒学概论》,广西人民出版社 1990 年版。

中共中央马克思恩格斯列宁斯大林著作编译局编译:《马克思恩格斯选集》,人民出版社 1995 年版。

周桂钿主编:《中国传统政治哲学》,河北人民出版社 2007 年版。

朱熹:《四书章句集注》,中华书局 1983 年版。

后　记

　　本书是我主持的国家社科基金一般项目"梁启超与中国近代政治思想范式转换研究"的结题成果。2019 年是梁启超先生逝世 90 周年，谨以此书表达对梁先生的纪念和深深的敬意！

　　梁启超一代知识分子，成长生活在历史的风云变幻中，经历了太多重大的社会变迁，这注定了他们思考的问题是错综复杂的，在那样一个复杂的时代，已无法追求一种思想上的"纯粹"。他们带着传统的深深印痕而来，又奔着那现代的世界而去，他们以文化精英的自觉，对于国家和未来有着宏大的构想。与传统文化绵延的情结，与西学无边的纠结，让他们在时代的风潮里辗转前行，希望中充满困惑，痛切中不乏喜悦，在向着切近而又遥远的目标行进的旅程中奏出一曲曲悲歌，也留下了至今仍能动人心弦又引人深思的篇章。梁启超是其同辈人中的翘楚。他是一位政治家型的学者，又是一位思想家型的政治活动家，他从中国当下的社会现实出发，以其早醒的自觉意识和强烈的民族责任感，不遗余力地绍介西学，开启民众，寻求中西文明的融通，力图构筑新的价值体系和制度规范，从而实现中华民族的复兴。他因一生思想屡变而受到指责，却客观上使得其一生的经历和著论成为近代中国情势变迁的一个缩影。有人说，读懂梁启超，就能读懂近代中国。从某种程度上说，此话不无道理。历史作为最权威的检阅者，已证明了这位思想家的卓越和不朽。

　　我与梁启超结缘于武汉大学。2003 年，我幸运地考入武汉大学哲学学院攻读中国哲学专业的博士学位。我的导师是吴根友教授。考虑到我是跨专业、基础薄弱，吴老师建议我将选题定在近现代中国哲学部分，我对中国近代人物与近代思想史充满浓厚兴趣，因而欣然接受了吴老师的建议，最后确定选题为《梁启超自由主义思想研究》。应该说，选这个题目对我来说是一个极大的挑战，因为一方面，"自由主义"是现代政治哲学中最具歧义的基本概念之一，其内涵十分丰富而复杂，分支流派众多，不容易把握；另一方面，梁启超的思想体系庞杂且前后多变，这使得梳理工作难度较大。对于能否做好这个题目，我开始并没有太大的信心，吴老师不断鼓励我，说有挑战性才更有意义。在吴老师的鞭策和悉心指点下，我在三年后终于完成论文并顺利通过答辩。

　　由于某些原因，我的毕业论文一直被搁置而未出版，至2012年，我以其为基础申请的国家社科基金项目获得立项，得以继续研究梁启超及相关人物的思想。记得我曾与友人笑谈，我与梁启超"再续前缘"，会不会后半生都要傍着这位"大款"吃饭呢？若能成真，那何尝不是一种幸福啊。但时至今日，我内心是深感心虚和惭愧的，过多纠缠于俗务琐事，不能沉潜于学术，致使十余年过去，我却没能取得理想的研究成果，即便是将要出版的此书，也还有太多缺漏不足之处，尤其是梁启超与中国近代政治思想范式转换之间的关系，未能处理得令人满意。若与任公的缘分还能延续，希望以后能进一步扩展深化。

　　回想这些年来的经历和变故，我感慨良多，但心中更多的还是感恩。

　　我要特别感谢我的恩师吴根友教授。除了对我学业上的指导和提携，吴老师还关心我的就业并给予了很大的帮助。每每念及此，感激之情便会涌上心头。在这里，我特别想说的是，吴老师既对学术有着虔诚之心，孜孜以求、治学严谨，又十分注重和提倡个人的全方位发展。他自己就是一位爱好广泛、极具现代气质的学者：精通诗词、书法和棋类，擅长各种球类运动，能歌善舞；性情率直，富有民主和平等精神。如此全能而富有个人魅力的导师，恐怕是不多见的。吴老师也要求每位学生不仅要认真做学问，而且至少要有一门艺术特长（放宽要求后，写诗、朗诵等也算），使自己的人生更丰富多彩。于是，我们在学习工作之余，偷偷地苦练技艺，以期在约定的某个时日能"秀"一把，但愿我届时能蒙混过关。回想读博的时光，十分怀念，那时，同门师兄弟姐妹们有时会聚集在吴老师家的客厅，边吃点心边讨论各种问题，轻松愉快的氛围弥漫在整个房间。那些温馨的画面至今仍历历在目，它让我们觉得，读书不是"苦行"，而是人生的一种乐趣。

感谢武汉大学中国哲学学科点各位师长的授课和教诲，他们严谨的治学态度、所传授的知识和方法将使我终身受益。在我的毕业论文开题报告会上，郭齐勇、李维武、徐水生、丁四新四位老师对我的写作提纲提出了重要的修改意见，这些意见在论文中都得到了体现。

清华大学的胡伟希教授、中山大学的陈少明教授、上海师范大学的陈卫平教授、南京大学的许苏民教授、湖北大学的罗炽教授、华中师范大学的何卓恩教授都曾对我的论文给予了宽厚的肯定并提出了宝贵的意见；在课题结项时五名匿名评审专家也提出了不少中肯的修改建议，在此对他们表示诚挚的谢意！

在我搜集资料的过程中，北京理工大学的陈洁博士给我寄来英文复印资料，对我帮助甚大；还有龚培、张文涛、孙卫华、黄敦兵等同学从不同的角度给了我论文的写作以很大的启发。在此一并感谢！

特别感谢我的同学刘元青和彭传华两位教授。前者在我进行国家课题论证和研究的过程中，提出了诸多宝贵的意见和建议；后者作为课题参与人，做了不少实质性的贡献。

中南民族大学法学院对于本书的出版给予了资助，在此衷心感谢法学院的领导和老师们对我的关心与支持！也感谢马克思主义学院马原教研室的同事们曾给予我的慷慨帮助！中国社会科学出版社的任明老师为本书的出版付出了辛勤的劳动，在此谨示谢忱！

最后我要感谢我的家人。他们的理解、关爱和默默支持使我在写作论文和进行课题研究时完全无后顾之忧；2017 年暑假，为了让我全心做课题、尽快结项，女儿李晨不顾炎热，承担了家务，几乎每天为我做可口的饭菜，每每想起，我便觉无比幸福。

感谢所有关心和支持我的人！

陈敏荣

2019 年 4 月于武汉